Die Autorin

Brandon Bays arbeitete mehr als zehn Jahre lang mit Anthony Robbins und leitete weltweit Seminare in den Bereichen ganzheitlicher Gesundheit und Bewusstseinsentwicklung, bevor sie den *Journey*®-Prozess entwickelte. Heute lebt sie in England und reist durch die ganze Welt, um *The Journey*® allen Menschen nahe zu bringen.

Weitere Informationen erhalten Sie unter: www.thejourney.com

Von Brandon Bays sind in unserem Hause erschienen:

In Freiheit leben
The Journey® – *Der Highway zur Seele*
The Journey® *Für Kids*
The Journey® *Karten* (Allegria)
The Journey® – *Der Highway zur Seele* (CD)

Brandon Bays

In Freiheit leben

Aufbruch zum wahren Selbst

Aus dem Amerikanischen
von Angelika Hansen

Ullstein

Besuchen Sie uns im Internet:
www.ullstein-taschenbuch.de

Allegria im Ullstein Taschenbuch
Herausgegeben von Michael Görden

Umwelthinweis:
Dieses Buch wurde auf chlor- und säurefreiem Papier gedruckt.

Neuausgabe im Ullstein Taschenbuch
1. Auflage Januar 2008
2. Auflage 2008
© der deutschsprachigen Ausgabe 2006
by Ullstein Buchverlage GmbH, Berlin
© der Originalausgabe 2006 by Brandon Bays.
Umschlaggestaltung: FranklDesign, München
Titelabbildung: www.leeladhar.com
Satz: Keller & Keller GbR
Gesetzt aus der Baskerville
Druck und Bindearbeiten: GGP Media GmbH, Pößneck
Printed in Germany
ISBN: 978-3-548-74398-1

Inhalt

Einführung	7
Müheloses Sein	13
Loslassen	39
Jetzt-Bewusstsein	65
Würdigung und Verehrung	91
Emotionen	115
Dankbarkeit	151
Liebe	179
Vergebung	209
Erleuchtung	241
Danksagungen	279
Kontakte	284
Über die Autorin und ihre Arbeit	285

*In Dankbarkeit
der Unendlichen Gnade gewidmet,
die wir in allem Leben finden*

Einführung

Dieses Buch wurde in der Absicht geschrieben, Ihnen eine *lebendige* Erfahrung von Freiheit zu vermitteln. Es ist ein machtvoller Ruf aus Ihrem eigenen tiefsten Inneren, der Sie auffordert, heimzukommen zu der grenzenlosen, allgegenwärtigen Präsenz der Gnade. Es ist nicht als schnelle Lesekost konzipiert, durch die Sie sich mehr Fakten oder kleine anekdotische Leckerbissen einverleiben. Vielmehr ist es als Mittel konzipiert, Ihnen eine sublime *Erfahrung* des Unendlichen zu bieten. Es ist eine Einladung an Sie, sich zu entspannen, still zu werden und sich tief einer wortlosen Präsenz zu öffnen, die in den Räumen *zwischen* den Worten lebt. Wenn Sie jetzt innehalten, in diesem Moment... wenn Sie innerlich zur Ruhe kommen, werden Sie eine starke Präsenz fühlen, die Sie in Ihr Innerstes zieht, in die wortlose Weisheit, die schon immer hier ist. Diese Präsenz ist Ihre eigene Essenz. Sie ist endlos, frei und makellos. Sie ist ein riesiges, ungeborenes Potenzial; voller Kreativität, Genialität, Weisheit – in der Lage, alles zu kreieren. Sie ist erfüllt von Gnade, immer hier und ständig verfügbar. *Dieses Buch bietet Ihnen die Möglichkeit eines natürlichen, mühelosen Zugangs zu dieser exquisiten Präsenz, und es gibt Ihnen die Mittel, alles zu klären und zu beseitigen, was Ihre Erfahrung dieser Präsenz behindern könnte – in sehr realer, praktischer und verständlicher Weise.*

Dies ist kein Buch *über* Freiheit. Vielmehr ist es ein Buch, das Sie hineinzieht *in diese* Freiheit, in das Unendliche, in die grenzenlose Präsenz Ihres eigenen Seins.

Während Sie dieses Buch lesen, wenden Sie es an. Trinken Sie die Worte in sich hinein, lassen Sie sich von ihnen verführen und sie durch Ihr ganzes Wesen strömen. Nehmen Sie sich die Zeit, in der Stille zu baden, die im Raum *zwischen* den Sätzen herrscht. Diese Stille ruft Sie in die Umarmung des Unendlichen. Sie ruft Sie in diesem Moment. Halten Sie inne ... Atmen Sie tief und ruhig ... Lauschen Sie mit Ihrem ganzen Sein. Dieses Rufen ist Ihnen total vertraut. Sie kennen es bereits. Ihre eigene Essenz ruft Sie nach Hause.

Jedes Kapitel ist darauf angelegt, Sie tief in einen jeweils anderen Aspekt Ihrer Essenz zu tragen. Wenn es auch in Wahrheit kein bestimmtes, *spezifisches* Wort gibt, das diese grenzenlose Präsenz beschreiben kann, so gibt es doch diverse Eigenschaften, die aus ihr zu entstehen scheinen. Wie mit einer Rose, deren ausströmender Duft nicht die Rose selbst ist, verhält es sich auch mit den verschiedenen Aspekten der Gnade. Obwohl die Gnade wortlos ist, zeitlos, unendlich und nicht als eine einzige Eigenschaft festgelegt werden kann, strömen von dieser Präsenz bestimmte Düfte aus. Dieses Buch ist eine Einladung, loszulassen und in den Duft jedes einzelnen Kapitels einzutauchen, sich von der Freiheit in all ihrer Schönheit umfangen zu lassen und einem profunden Lernen zu erlauben, mühelos aus Ihrem eigenen Inneren an die Oberfläche zu steigen.

Jeder Lektion folgt eine geführte Meditation, eine Introspektion, ein Prozess oder eine Kontemplation, deren Ziel es jeweils ist, Ihnen zu einer größeren Offenheit zu verhelfen, Sie direkt und durch Ihre eigene Erfahrung in die unendliche Umarmung der Gnade zu ziehen. Ein Teil der Prozess-Arbeit ist sehr tief greifend und braucht Zeit, während andere Kontemplationen nur ein paar Minuten dauern. Jedes einzelne dieser Werkzeuge wird im Laufe des jeweiligen Tages weiter auf Ihr inneres Wesen einwirken und dazu führen, dass Sie Ihren Frieden finden und dass Sie eine stärkere Verbindung sowohl mit sich selbst als auch mit anderen Menschen fühlen.

Die Arbeit ist praktisch, leicht anwendbar und kann angenehm und mühelos in Ihren gewohnten Tagesablauf integriert werden.

Wenn Sie das Buch erst einmal in seiner Ganzheit erfahren haben, möchten Sie vielleicht dazu übergehen, täglich damit zu praktizieren. Sie können zum Beispiel das Buch an einer beliebigen Stelle aufschlagen, Ihr Bewusstsein auf dieser Seite ruhen lassen und darum bitten, von innen heraus geführt zu werden. Während Sie lesen, lassen Sie Ihr Bewusstsein entspannt und weit sein: hören Sie *jenseits* der Worte auf das Geschriebene und lassen Sie sich in die tiefe Umarmung der jeweiligen, bestimmten Eigenschaft Ihrer eigenen Essenz fallen. Indem Sie sich öffnen, wird sich Ihnen Ihre eigene tiefere Weisheit ganz selbstverständlich offenbaren.

Wenn Sie anfangen, dieses Buch auf sich wirken und Ihr Leben transformieren zu lassen, wird es zu einer lebendigen, atmenden Lehre. Vielleicht möchten Sie sich jeden Tag fünfzehn Minuten Zeit nehmen und diese als Momente der Stille betrachten, die Sie mit sich selbst verbringen und in welchen Sie sich jedes Mal neue Lektionen und tief greifendere Lehren von Ihrer inneren Weisheit enthüllen lassen. Wenn Sie zuweilen beim Lesen eines Abschnitts innehalten, um ihn auf sich einwirken zu lassen, wird Ihre eigene Wahrheit Ihnen zeigen, inwieweit die entsprechende Eigenschaft momentan in Ihrem Leben gegenwärtig ist. Oder vielleicht machen Sie die spontane Erfahrung, wie diese Eigenschaft dazu beitragen könnte, eine spezifische Situation zu heilen oder zu lösen. Manchmal, während die Worte in Ihr Inneres eindringen, werden Sie eine profunde Stille empfinden, erfüllt von kristallener Klarheit, die sich durch eine sinnvolle, richtungweisende Qualität auszeichnet, und Sie werden eine ausgeprägte innere Führung spüren. Falls Sie sich dazu angeleitet fühlen, können Sie zum Ende des Kapitels gehen und den dort beschriebenen detaillierten Entdeckungs-Prozess vornehmen, um Ihre Erfahrung und Erkenntnis zu vertiefen.

Jedes Mal, wenn Sie sich Ihrer eigenen Essenz öffnen, wird es wie beim ersten Mal sein, da die Gnade immer frisch, immer neu ist. Selbst wenn Sie bereits hineingetaucht sind und das ganze Buch vom Anfang bis zum Ende erfahren haben, wird es Ihnen jedes Mal, wenn Sie es öffnen, etwas Unerwartetes enthüllen, etwas, mit dem Sie nicht gerechnet haben. Und irgendwie wird das, was sich Ihnen enthüllt, perfekt zu dem jeweiligen Augenblick in Ihrem Leben passen.

Keine Meditation, Introspektion oder Kontemplation ist wie die andere, und während Sie sich ihr in aller Unschuld öffnen und sich selbst vertrauen, werden Sie erfahren, dass jedes Mal eine tiefere und elementarere Weisheit enthüllt wird. Manchmal wird sich diese Erkenntnis durch Worte äußern, manchmal wird sie ohne Worte wie aus einem tiefen inneren Wissen entstehen.

Indem Sie lernen, sich rückhaltloser zu öffnen und umfassender zu vertrauen, kann es durchaus sein, dass dieses Buch zu einem lieben Freund oder spirituellen Gefährten wird, der Sie zu sich selbst nach Hause ruft und Sie einlädt, die Umarmung der Gnade zu erfahren, die immer gegenwärtig ist. Dieses Buch ist ein Abenteuer, eine Reise im wahrsten Sinne des Wortes: voller Enthüllungen, Entdeckungen, Erfahrungen des Unendlichen und klärender Arbeit mit Hilfe tiefer, geführter Meditationen und wunderbar ergiebiger Kontemplationen. Es ist bis zum Rand angefüllt mit inspirierenden Geschichten, die kontinuierlich tieferes Verstehen wecken und praktische, anwendbare Techniken bereithalten, die Sie in allen Bereichen Ihres Lebens benutzen können.

Und schließlich ist es Ziel dieses Buches, Ihr Leben zu einer Erfahrung müheloser Leichtigkeit zu transformieren, erfüllt von Gnade und Freude. Es zeigt Ihnen, wie Sie auf sehr reale und einfache Art Ihre eigene Weisheit in alltäglichen Situationen anwenden können. Und es gibt Ihnen die Werkzeuge in die Hand, die Ihnen helfen, Ihr Leben in Dankbarkeit, Liebe und Freiheit zu führen.

Dieses Buch ist wahrhaftig eine Reise in Ihr Inneres – in die unendliche Präsenz der Freiheit, die das ist, was Sie wirklich sind.

Mögen Sie sich in diese Präsenz verlieben, und möge die köstliche Umarmung der Gnade Sie immer tiefer berühren.

Müheloses Sein

Müheloses Sein ist die sublime Präsenz,
die jeden Duft der Gnade erfüllt.
Sie ist makellos, frei und ungezwungen -
und sie erfordert nichts.

Entspannen Sie sich einfach... Vertrauen Sie...
Öffnen Sie sich...
und lassen Sie sich zuversichtlich in die Erfahrung
mühelosen Seins fallen.

Müheloses Sein

Es scheint passend zu sein, unsere gemeinsame Reise mit der Erfahrung mühelosen Seins zu beginnen, da es sich hierbei um die Qualität der Gnade handelt, die ein wesentlicher Teil aller Aspekte des Unendlichen ist. Jedes Mal, wenn Sie sich der unendlichen Präsenz Ihres inneren Selbst öffnen, wird eine mühelose Präsenz Sie leicht und anmutig dorthin geführt haben. Tatsächlich führt der einzige mir bekannte Weg zu erleuchtetem Bewusstsein durch müheloses Sein.

Warum stürzen wir uns also nicht sogleich hinein? Anstatt darüber zu reden, sollten wir lieber direkt erfahren, was es damit auf sich hat.

Atmen Sie einige Male tief ein und wieder aus. Lassen Sie Ihr ganzes Wesen entspannen, während Sie sich selbst ganz in die folgende Szene begeben und sie so erleben, als würde sie tatsächlich in diesem Moment stattfinden. Nehmen Sie sich Zeit zwischen den einzelnen Sätzen, um sich weiter zu öffnen und zu fühlen, was es wirklich heißt, sich in den jeweiligen Situationen zu befinden. Stellen Sie sich einfach vor, wie es wäre, wenn *Sie* der in dieser Geschichte beschriebene Charakter wären...

... Sie befinden sich weit draußen im Meer und versuchen angestrengt, den Kopf über Wasser zu halten. Je mehr Sie sich abmühen, desto erschöpfter werden Sie. Jede Anstrengung fühlt sich von Mal zu Mal kraftraubender an. Sie kämpfen gegen das Ertrinken an und glauben, Sie müssten noch mehr kämpfen, sich noch mehr bemühen... Sie versuchen mit Ihrem ganzen Sein, nach einem festen Untergrund zu greifen, Sie motivieren die letzten Kraftreserven Ihres Körpers, strengen Ihren Verstand an und versuchen, Ihre ganze Energie darauf zu fokussieren, über Wasser zu bleiben... Sie kämpfen um Ihr Leben. Ihre Aktivitäten werden immer frenetischer. Ein ermüdendes Gefühl der Sinnlosigkeit Ihrer Anstrengungen beginnt sich auszubreiten, doch Sie erkennen, dass Sie nicht aufgeben können, egal was geschieht. Sie zwingen Ihren Verstand auf die höchste Alarmstufe. Sie kämpfen mit allen Ihnen zur Verfügung stehenden Kräften. Ihre Anstrengungen werden immer verzweifelter.

Ein freundlicher Mensch wirft Ihnen einen Rettungsring zu, doch er landet außerhalb Ihrer Reichweite. In der Überzeugung, dass Mühe die einzige Antwort ist, mobilisieren Sie jede Faser Ihres Körpers in dem verzweifelten Versuch, den Rettungsring, die Antwort auf Ihre Gebete, greifen zu können... in dem Wissen, dass aller Friede, alle Sicherheit, das Leben selbst nur eine Armlänge entfernt ist... nur ein wenig außerhalb Ihrer Reichweite... wenn Sie sich nur ein bisschen mehr bemühen, wird Ihnen der Lohn der Freiheit, werden Ihnen Entspannung und Sicherheit gewiss sein...

Doch mit jeder verzweifelten Bewegung erreichen Sie nur, dass Sie den Rettungsring noch weiter von sich stoßen. Der Kampf wird immer intensiver. Sie spüren, wie Sie langsam die Kontrolle über Ihren Verstand verlieren. Sie zwingen ihn, zu funktionieren... alles hängt davon ab, dass Sie diesen letzten Kampf gewinnen... Doch gerade Ihre verzweifelten Anstrengungen treiben den Rettungsring immer weiter weg... immer weiter... und weiter...

Schließlich springt der freundliche Fremde ins Wasser, und als er wieder an die Oberfläche kommt, hört jede Bewegung auf. Er lässt sich einfach auf den Wellen treiben. Er scheint sich nicht zu bewegen... so als würde er nur ruhen, ganz vertrauensvoll. Sanft bewegen sich seine Beine unter der Oberfläche im Rhythmus der Wellen; mühelos gleitet er auf dem Wasser, im totalen Vertrauen auf die Mühelosigkeit der Gnade. Das Wasser wird still, und der Rettungsring, der nicht mehr länger durch die wilden Versuche, ihn zu greifen, weggestoßen wird, ist frei, sich in seine Richtung zu bewegen... Ruhend... Vertrauend... Sich entspannend... Schwimmzug um Schwimmzug nähert sich der Fremde dem Rettungsring, und beinahe ganz ohne Bewegung – eher wie ein sanft geflüstertes Gebet als eine tatsächliche Bewegung – lässt er ihn in auf Sie zugleiten.

Hektisch greifen Sie nach dem Rettungsring, und erneut treibt er von Ihnen weg. Die Verzweiflung wird unerträglich...

Sie hören eine beruhigende Stimme, die sagt: »ENTSPANNE dich... ENTSPANNE dich einfach... Du bist in Sicherheit... Vertraue... Es wird dir nichts geschehen... Alles, was du brauchst, *ist bereits hier*.« Und wieder schiebt der freundliche Fremde, der dem Ozean vertraut, dem Leben vertraut, der Gnade vertraut, den Rettungsring in Ihre Richtung.

Er ist nur eine Armlänge von Ihnen entfernt. Der Wunsch, nach ihm zu greifen, ist sehr stark. Der Impuls, ihn zu packen, ist groß. »Nur noch eine letzte Anstrengung, und ich habe es geschafft«, hören Sie sich selbst sagen, doch bevor Sie Ihre Hand nach dem Rettungsring ausstrecken können, vernehmen Sie wieder die Stimme des Fremden, der sagt: »ENTSPANNE DICH EIN-FACH...«

Jetzt wird Ihnen bewusst, dass der Rettungsring Sie gerade an der Brust berührt hat... und in diesem Augenblick erkennen Sie, dass Sie ihn in Wahrheit gar nicht brauchen, ihn *nie* gebraucht haben. Sie treiben in einem Meer von Vertrauen. Mit Rettungsring, ohne Rettungsring... Es macht keinen Unterschied.

Sanft bewegt sich Ihr Arm auf den Rettungsring zu, und Sie schauen sich um, um zu sehen, ob noch jemand unnötigerweise im Wasser um sein Überleben kämpft... Und dann werden *Sie* der freundliche Fremde.

Ein leises ironisches Lächeln stiehlt sich auf Ihr Gesicht, als Sie die absurde Verrücktheit des Kämpfens gegen das Leben erkennen. Es ist wie ein riesiger, kosmischer Witz. Sie begreifen, dass alles, was Sie gesucht haben, bereits in dem Augenblick hier ist, in dem Sie *mit dem Kämpfen aufhören, sich entspannen und vertrauen.* Was so weit außerhalb Ihrer Reichweite zu sein schien, erweist sich als etwas, das überall ist, in allem. Und »das, was irgendwo da draußen ist, wenn ich es nur greifen könnte«, wird als etwas erkannt, das bereits hier ist, in diesem Moment, wie eine endlose Umarmung, die Sie ununterbrochen in einem Meer der Präsenz sanft umfangen hält.

Und genauso verhält es sich mit der Gnade. Je mehr Sie kämpfen, sich anstrengen oder Ihren Verstand auf ein bestimmtes Ziel hin ausrichten, desto weiter entfernen Sie sich von dem Frieden, den Sie suchen. Und der Augenblick, in dem Sie innehalten, Ihren Körper entspannen, sich nicht mehr abmühen, *das Kämpfen aufgeben,* erfahren Sie den ersehnten Frieden unmittelbar als etwas, das als eine weite, unendliche Präsenz mühelosen Seins jetzt und hier gegenwärtig ist.

Die Natur der Gnade ist mühelose Leichtigkeit. Sie ist perfekt, makellos, frei, unendlich und offen. Sie weiß von sich aus, auf welche Weise sie sich um jeden Aspekt Ihres Lebens kümmern muss, und sie befindet sich immer im Fluss. Wie ein Fluss, der über Steine fließt, die vom Wasser glatt geschliffen sind, so zeichnet sich auch die Gnade durch eine natürliche Leichtigkeit aus. Es hat den Anschein, als gäbe es niemanden, der irgendetwas tut oder dafür sorgt, dass »der Fluss fließt«. Die Gnade *existiert einfach*. Sie ist zugleich aufs wunderbarste ruhig und sprühend lebendig. Es ist, als würde dieses Fließen in jedem Moment genau wissen, was zu tun ist. Es gibt nicht »jemanden«, der sein natürliches Moment kontrolliert, überwacht und dirigiert. Mit müheloser Leichtigkeit fließt die Gnade durch das Leben.

Als Kindern wurde uns oft gesagt: »*Versuche*, dein Bestes zu tun.« Und unser Fokus richtete sich auf das *Versuchen*. Wir quälten uns, strengten uns an, kämpften. Wäre uns statt dessen gesagt worden: »Entspanne dich, mein Kleines – du bist bereits makellos und perfekt, und es gibt ein riesiges Potenzial, das sich danach sehnt, durch dich realisiert zu werden – du musst dich nur entspannen«, dann *hätten* wir uns entspannt und wären mühelos bereit gewesen, unsere eigene Genialität, Kreativität und Liebe erstrahlen zu lassen. Wir hätten uns einfach in aller Unschuld der Gnade geöffnet und unserer Weisheit erlaubt, ganz natürlich in Erscheinung zu treten. Wir wären entzückt gewesen, einfach ein Teil des kreativen Prozesses zu sein.

Leider werden die meisten von uns dahingehend konditioniert, dass Kampf und Mühe gut sind und uns stark machen, und so fühlen wir uns bereits schuldig, wenn wir uns nur ein paar Augenblicke der Entspannung gönnen. Doch ironischerweise steht wahre Genialität und Kreativität nur dann zur Verfügung, wenn wir uns vollkommen entspannen und loslassen.

Haben Sie schon einmal versucht, sich an den Namen eines Menschen zu erinnern und das Gefühl gehabt, als läge Ihnen der Name auf der Zunge und müsste Ihnen eigentlich im nächsten Augenblick einfallen? Und egal, wie sehr Sie sich bemühten, er ist Ihnen einfach nicht eingefallen? Und erinnern Sie sich, was dann passiert ist? – wie Sie den Kampf aufgegeben, sich entspannt und aufgehört haben, Ihren Verstand zu benutzen – und im nächsten Moment, als Ihr Verstand endlich zur Ruhe gekommen war, fiel Ihnen der Name des Betreffenden wieder ein?

Mit der Gnade verhält es sich ebenso. Wenn Sie sich dazu zwingen, zu meditieren und Ihren Verstand in eine bestimmte Bahn lenken, ein Objekt fokussieren, sich konzentrieren und Mantras wiederholen, dann sind Ihre diesbezüglichen Bemühungen genau das, was Sie von dem Frieden fernhält, den Sie suchen. Doch wenn Sie sich einfach entspannen, sich aller Geräusche in Ihrer Umgebung bewusst werden, keine andere Absicht haben als Ihre Augen zu schließen und einfach nur »zu sein«, ohne sich darum zu sorgen, ob Gedanken kommen oder gehen, sondern sich einfach ganz natürlich in ein unendlich weites Bewusstsein gleiten lassen, werden Sie feststellen, dass Sie still in einem tiefen Ozean heilender Präsenz baden. Und sollten sich dann Gedanken melden, erkennen Sie, dass die Ruhe von allem unberührt bleibt, was sie durchzieht.

Der Moment, in dem Sie einen Gedanken festhalten und versuchen, ihn zu interpretieren, seine Bedeutung verstehen wollen, verflüchtigt sich das Bewusstsein des Ozeans in den Hintergrund, und Ihr ganzes Wesen wendet sich dem Gedanken zu. Nur wenn Sie den Entschluss fassen, die Konstrukte des Verstandes nicht länger analysieren zu wollen, spüren Sie, wie Sie erneut fallen … zurück in den stillen, tiefen Ozean des Friedens – den Ozean des mühelosen Seins. *Alle* Qualen, Anstrengungen und Mühen führen nur dazu, dass Sie sich aus diesem Ozean entfernen. *Alles* Loslassen, Sichöffnen, Akzeptieren, Vertrauen erlaubt Ihnen, sich tiefer und tiefer in diese wohltuende Umarmung sinken zu lassen.

Stellen Sie alle Aktivitäten ein und ruhen Sie einfach.

Jegliche Mühe, die Sie sich beim Meditieren geben, drückt die Gnade weg. Und dies gilt für alle Aspekte des Lebens.

Ich erinnere mich, wie ich einmal mit meinem Großvater in seiner Werkstatt gearbeitet habe. Großvater war Doktor der Physik, und er liebte es, Dinge zu erfinden und mit seinen Händen zu arbeiten, seine eigenen Kreationen zu schaffen, sie in eine physische Form zu bringen.

Als ich dreiundzwanzig war, kam mir der Gedanke, meinem Mann ein ganz besonders Weihnachtsgeschenk zu machen. Er spielte für sein Leben gern Backgammon, also ging ich zu Großvater und erklärte ihm meine Vision: dass ich bei Liberty's in London einen herrlichen Stoff gekauft hatte und ein Backgammon-Set kreieren wollte, das die Schönheit des Stoffes klar zum Ausdruck bringen würde. Ich hätte gerne einen Kasten aus Glas gemacht, doch da dieser unmöglich herzustellen war, ganz zu schweigen davon, wie unpraktisch er wäre, beschloss ich, transparentes Perspex (Plexiglas) zu verwenden. Großvater liebte Herausforderungen, und er begann, sich nach den verschiedenen Arten, Stärken und Eigenschaften von Perspex umzusehen.

Nachdem er alles zusammengetragen hatte, was er zu dem Thema finden konnte, entschied er sich für eine besonders widerstandsfähige Version, die nicht so schnell Sprünge oder Kratzer bekam wie andere Arten, doch warnte er mich, dass dieser Kasten in jedem Fall »mit Samthandschuhen« angefasst werden musste.

Wir verbrachten einen gemeinsamen Nachmittag damit, den Behälter zu entwerfen und herauszufinden, wie man die Winkel zusammenfügen und das Ganze zu etwas Widerstandsfähigen und Brauchbaren formen konnte. Als schließlich das bestellte Perspex geliefert wurde, gingen wir in die Werkstatt meines Großvaters, um mit der Konstruktion unseres komplexen, jedoch gut durchdachten Kastens zu beginnen.

Großvater fing an, indem er das Perspex vorsichtig bog, um seine Flexibilität und Stärke zu prüfen und herauszufinden, an welchem Punkt es brechen würde. Aufgrund seiner umfangreichen handwerklichen Erfahrungen beim Bauen aller möglichen Dinge hatte er drei besondere Sägestärken bereit gelegt, die wahrscheinlich in der Lage sein würden, das Material durchzusägen (wenn er auch zugeben musste, dass Schneiden mit einem Laser, der uns leider nicht zur Verfügung stand, am besten gewesen wäre). Nach mehreren Brüchen und falsch angewandtem Druck gelang es ihm, eine gerade Linie zu ziehen, woraufhin er vorsichtig seine Säge ansetzte und einige wunderbare Nuten kreierte, bevor er das Reststück perfekt abbrach.

Es sah so spielerisch leicht aus.

Weil er nicht wollte, dass ich mich irgendwie befangen fühlte, sagte er wie nebenbei: »Okay, den Rest überlasse ich dir und gehe mal nach oben um zu sehen, was deine Großmuter macht.«

Behutsam zog ich eine Linie und setzte langsam die Säge an. Zunächst schien alles ganz gut zu laufen, doch dann gab es ein knackendes Geräusch und ich sah, dass das Perspex in zwei Teile zerbrochen war.

Ich holte tief Atem. Diese Art von Plexiglas war sehr teuer, schwer zu bekommen und musste extra bestellt werden. »Also gut, dieses Mal werde ich vorsichtiger sein. Ich muss meinen Verstand fokussieren und meine Hand ruhig halten.« Ich zwang meinen Willen dazu, es richtig zu machen. Ich hatte die besten Absichten. »Dieses Mal wird es mir gelingen«, wiederholte ich immer wieder in meinem Kopf.

Ich hielt den Atem an. Ich zeichnete eine gerade Linie auf das Perspex. Ich sorgte dafür, dass meine Hand ruhig war und begann zu sägen. Es funktionierte nicht. Ich drückte stärker auf die Säge. Es *musste* einfach funktionieren.

»Knacks!« Das nächste Stück Perspex war zerbrochen.

Die Tränen stiegen mir in die Augen. Ich konnte es mir nicht leisten, noch ein Stück Perspex unbrauchbar zu machen. Ich nahm meine ganze Konzentration zusammen, meinen ganzen Willen. Ich fokussierte verbissen die vor mir liegende Aufgabe – und wieder machte es »Knacks!«

Schwindel überkam mich. Heiße Tränen liefen mir übers Gesicht. Ich wischte sie mit dem Ärmel meiner Bluse ab, und mit roter Nase und zusammengebissenen Zähnen ging ich nach oben zu Großvater und gab zu, dass ich alles kaputt gemacht hatte. Es war mir einfach nicht gelungen, so *sehr* ich es auch versucht hatte.

Großvater, der in seinem Leben oft vor frustrierenden Situationen gestanden hatte, lächelte mir tröstend zu: »Es ist doch nur Plastik, mein Schatz. Wir können problemlos neues bestellen.« »Aber Großvater, bei dir sah es so einfach aus.«

»Nun, warum gehen wir nicht noch nochmal runter in die Werkstatt und sehen, was wir da zurechtbasteln können? Vielleicht kann ich die einzelnen Stücke mit meiner Gasfackel zusammenschmelzen oder sie mit Sandpapier bearbeiten, die Ränder glätten und dann zusammenkleben. Eventuell sieht man den Riss dann gar nicht mehr. Komm, lass es uns versuchen.«

Wir gingen nach unten. Er sah sich das Resultat meiner verunglückten Bemühungen an und sagte: »Zeig mir, wie du das Perspex schneidest, Liebling.«

Ich nahm ein neues Stück und wollte mit dem Schneiden beginnen, doch kaum hatte ich die Säge mit leichtem Druck angesetzt, als es auch schon wieder »Knacks« machte – und das teure Perspex in zwei Teile zerbrach. Großvater sagte: »Brandon, schau mir in die Augen. Kannst du sehen, wie ruhig ich innerlich werde, *bevor* ich ein Werkzeug auch nur in die Hand nehme? Und jetzt schau, wie es leicht in meiner Hand liegt. Du musst diese Säge in Gedanken wie eine Feder betrachten, die du leicht durch Wasser ziehst... sanft, leicht, mühelos... Schau her.«

Dieser starke Bär von einem Mann hielt die Säge zart in der Hand, so als sei sie aus Luft gemacht. Mit der Leichtigkeit eines sanften Streichelns zeichnete er eine perfekte Rille auf das Perspex. Die Säge begann, anmutig durch das Plastik zu schneiden. Es sah völlig unmöglich aus, doch je weniger Mühe er anwandte, desto exakter und freier war seine Bewegung. Er nahm meine Hand und hielt sie in der seinen, so als würde er einen kleinen Vogel halten. »Genauso, Brandon... Weniger ist mehr... Lass die Säge einfach nur durch deine Hand gleiten... Lass sie einfach ihren eigenen Weg finden. Lass dir von dem Perspex *zeigen*, wie tief und wie schnell du sägen darfst.«

Und genau das tat es. Ich gab mich hin und erlaubte dem Material, mich zu lehren. Das Resultat war die wundersame Entstehung eines exquisiten, unzerbrechlichen Perspex-Glaskastens.

Es ist mittlerweile fast dreißig Jahre her, seit ich mit Hilfe meines Großvaters zum ersten Mal die Macht mühelosen Seins entdeckte und mich ihr öffnete, und bis heute habe ich noch nie ein schöneres Backgammon-Set gesehen als jenes.

Die Macht und Präsenz mühelosen Seins hatte sich in Wahrheit bereits viel früher in meinem Leben bemerkbar gemacht. Immer wieder einmal hatte ich einen Blick auf dieses Potenzial erhascht, glaubte es zu schmecken, doch waren diese Augenblicke schnell vorbei, und in der Regel wusste ich nicht, um was es sich dabei handelte.

Als ich zweiundzwanzig Jahre alt war, schmeckte ich diese namenlose Qualität eines Tages besonders stark. Ich war frisch verheiratet, und als Hochzeitsgeschenk hatte mir mein Mann einen meiner innigsten Wünsche erfüllt. Für die erste Nacht unserer Flitterwochen hatte er uns Tickets in der begehrtesten Loge einer viel gelobten Aufführung des Balletts »Romeo und Julia« in der Metropolitan Opera in New York City besorgt. Rudolf Nurejew war der Protagonist, und die Leute hatten ihre Tickets bis zu sechs Monate und mehr vor der Aufführung erstanden, um sich bei diesem außergewöhnlichen Ereignis einen guten Platz zu sichern.

Ich werde diese Nacht nie vergessen, solange ich lebe. Es war reine Magie. Und irgendwann kam dann der Augenblick, in dem mir ein unerwarteter Einblick in die Gnade gewährt wurde. Rudolf, der wunderbar getanzt hatte und uns den ganzen Abend lang schier den Atem geraubt hatte mit seiner Anmut und Kraft, schien sich in einem exquisiten Fluss der Gnade zu befinden. Dann, während eines seiner Soli, passierte etwas Unerklärliches. Während er seine herrlichen hohen Sprünge machte und sich in perfekten Pirouetten über die weite offene Bühne drehte, schien er in eine Art gloriose Träumerei zu fallen. Und gerade als er sich darauf vorbereitete, erneut in die Luft zu springen, stand die Zeit für den Bruchteil einer Sekunde still... Wir alle fühlten es und hielten den Atem an. In diesem Augenblick, wo alles zum völligen Stillstand kam, schien es, als ob Rudolf seine ganze hart erarbeitete Fertigkeit und Expertise losließ. Wie ein weiter, unsichtbarer Umhang fiel sie von ihm ab... man konnte es deutlich spüren. Und als er zum Sprung ansetzte, war es, als sei er auf eine magische Weise von jeglicher Schwerkraft frei geworden: frei, sich wie ein Vogel in die Luft zu erheben und davonzuschweben. Sein starker, athletischer Körper schien aus Luft gemacht zu sein. Er hatte sich voll und ganz in einen Zustand müheloser Gnade begeben. Als er sprang, schien er einen Moment lang in der Luft zu schweben, und dann geschah das Unmögliche. Seine Beine streckten sich zu beiden Seiten seines Körpers wie Flügel, während er sich gleichzeitig noch ein wenig mehr in die Luft erhob.

Wir alle stießen Laute der Verwunderung aus; die Haare standen uns zu Berge, während eine Welle unerklärbarer und doch greifbarer Erkenntnis wie ein elektrischer Strom durch das Publikum ging. Der Sprung schien gar nicht mehr aufzuhören und dauerte eine zeitlose Ewigkeit.

Sprachlos erlebten wir alle gemeinsam dieses Unfassbare. Ein Mensch hatte sich ohne Mühe und rückhaltlos dem unendlichen Sein geöffnet, und *wir alle* waren Zeugen geworden. Wir fühlten es wie eine Welle, die durch uns hindurchging. Wir hatten den Geschmack der unendlichen Präsenz des Seins gekostet.

Als der Vorhang fiel, erfüllte tosender, nicht enden wollender Applaus das Theater; die Menschen hatten tränenüberströmte Gesichter, und ihr begeistertes Klatschen und ihre Bravorufe schien nie mehr aufhören zu wollen. Es schien uns nicht möglich zu sein, einen angemessenen Weg zu finden, unsere Dankbarkeit auszudrücken. Wir platzten schier vor Freude, und unser Beifall hielt eine Dreiviertelstunde lang an – und das alles, weil man uns einen kleinen Geschmack müheloser Gnade geschenkt hatte.

Es ist wirklich so, dass uns dann, wenn wir unser ganzes verstandesmäßiges Wissen, unsere Konditionierungen, all unsere harte Arbeit beiseite legen und alles loslassen, von dem wir *denken*, dass wir es gelernt haben, mühelose Gnade offenbart wird. Wenn wir mutig unseren unsichtbaren Umhang des »Gewussten« ablegen – und es ist ein schwerer Umhang, den wir da mit uns herumtragen – kommt der Moment, in dem wir voller Unschuld in den Zustand müheloser Gnade fallen.

Mühelose Gnade ist immer präsent, immer verfügbar; Sie sind immer von ihr umgeben und von ihr durchdrungen. Sie ist Ihre wahre Essenz. Und sie enthüllt sich Ihnen in dem Augenblick, in dem Sie beschließen, Ihre Vorstellungen darüber, wie die Dinge sein *sollten*, aufzugeben und sich einfach der Unschuld des Unbekannten öffnen.

Aus dieser mühelosen Gnade wird wahre Genialität geboren, und das ist der Moment, in dem Magie entsteht.

Mein Vater besaß eine andere Art von Genialität als Rudolf Nurejew. Als Wissenschaftler und Ingenieur zeigte sich sein Genie im Erfinden unglaublich komplexer Radarsysteme. Während der Sechziger und bis in die Siebziger Jahre des zwanzigsten Jahrhunderts hinein war er für das amerikanische Verteidigungsministerium tätig, und seine Aufgabe bestand darin, den Bau von Radargeräten zu entwickeln und zu überwachen, die uns vor möglichen Angriffen feindlicher Raketen warnen würden. Er entwarf irrsinnig komplizierte Systeme, um seine amerikanischen Landsleute zu schützen, und fühlte sich regelrecht erdrückt von der Verantwortung, die er auf sich genommen hatte.

Da er der Erfinder und Designer dieser Geräte war, besaß nur er die Expertise und das Verständnis ihrer Kompliziertheit – wenn also während der konzeptionellen Phase oder beim Bau der Geräte irgendetwas schief ging, wusste nur er, wie man es reparieren konnte. Da er das Gewicht dieser Verantwortung ganz allein auf seinen Schultern trug, war er oft nächtelang wach und brütete über Kalkulationen auf den mehr als 400 Seiten voller

Daten, die der unhandliche Thinktank-Computer ausgespuckt hatte. Wenn es einen Irrtum gab, war es dem Computer nicht möglich, ihn zu finden – diese Aufgabe musste mein Vater übernehmen.

Eines Nachts um vier Uhr früh wurden die Anspannung und Sorge einfach zu groß. Er konnte den Fehler nicht finden, konnte die Lösung nicht greifen. Irgendwo in jenen mehr als 400 datengefüllten Seiten war der Fehler versteckt, doch es schien, als sei er ebenso unmöglich zu finden wie die berühmte Nadel im Heuhaufen.

Voller Verzweiflung ging er zu Bett, und bevor er einschlief *gab er einfach auf.* Das einzige, was er noch fertig brachte, war ein Gebet, das er für völlig sinnlos hielt und in dem er dennoch bat, dass ihm am Morgen die Lösung irgendwie enthüllt werden würde. Unter Berücksichtigung der Tatsache, dass er ein überaus praktischer, logischer, analytischer Mann war, schien diese Bitte absolut lächerlich zu sein, doch sie war der letzte Gedanke, bevor er in einen kurzen, tiefen Schlaf fiel.

Um 6.45 Uhr am nächsten Morgen schlug mein Vater seine Augen auf, und als er nach dem Wecker griff, um ihn abzustellen, erschienen plötzlich sowohl der Fehler als auch die perfekte Lösung vor seinem inneren Auge.

Er sprang aus dem Bett, blätterte hastig die Datenblätter durch und fand das Gesuchte. Da war der Fehler, schwarz auf weiß, und nicht zu übersehen. Um 8.00 Uhr hatte mein Vater den Fehler korrigiert und die korrigierten Berechnungen weitergegeben. Er ging zur Arbeit mit der Lösung in der Hand, stolz und glücklich darüber, dass sein aus mehreren hundert Mitarbeitern bestehendes Team sich wieder an den Bau des Radargerätes machen konnte.

Am selben Abend beim Essen erzählte mein Vater der ganzen Familie von seinem Erlebnis. Er sagte, es sei der Augenblick gewesen, als er sein Wissen, alles, was er gelernt hatte, seinen Background, selbst sein analytisch waches und geschultes Genie losließ, in dem aus einem tiefen Ort in seinem Bewusstsein die Antwort plötzlich mühelos hochkam. Als alle Mühen und Anstrengungen aufgehört hatten, alle Ängste losgelassen waren, wurde die Antwort plötzlich sichtbar.

Wenn ich an die zahllosen schlaflosen Nächte denke, die mein Vater durchleiden musste, wünschte ich mir von Herzen, er hätte dieses Geheimnis früher entdeckt. Und ich wünschte, dass er sich öfter an diese erstaunliche Geschichte erinnert hätte. Er machte sich selbst das Leben so schwer.

Doch genau wie mein Vater sind die meisten von uns darauf konditioniert, unserem Verstand und unseren Gedankenprozessen zu vertrauen, selbst wenn wir den Geschmack einer tieferen Wahrheit gekostet haben. Wir sind an einen Punkt gelangt, an dem wir die Gedanken verehren und als das Höchste betrachten, in dem Glauben, sie seien real – anstatt auf etwas zu vertrauen, das tiefer ist als unser Verstand, etwas, das sich nur in einem Zustand gedankenfreien Bewussteins enthüllt: Gnade.

Wenn wir wahre Antworten finden wollen, müssen wir die arrogante Überzeugung aufgeben, dass unser Verstand die Kontrolle hat und alle Antworten weiß. Erst wenn wir loslassen und uns dem Unendlichen öffnen, kann die Gnade unseren Verstand als neutrales Vehikel benutzen, das aus der zeitlosen, ewigen Präsenz geborenes Wissen greifbar macht.

Selbst Albert Einstein wusste um dieses einfache Prinzip. Um wahre Genialität anzuzapfen und jene Theorien zu formulieren, die die Art und Weise transformieren sollten, wie die Menschheit das Universum wahrnimmt, gab Einstein offen zu, dass er im entscheidenden Moment die Augen schloss, innerlich ruhig wurde und sich in den »stillen, dunklen Raum begab, in dem Gott lebt.« Wenn er auch nicht die gleichen Worte benutzte wie wir heute, so war sein Handeln doch das eines Mannes, der die Macht des Unendlichen verstand. Es war die Gnade, die alle Genialität freisetzte, alle Kreativität, alle Antworten. Seine einzige Aufgabe bestand darin, seine Augen zu schließen und sich mühelos in diese Gnade hineinfallen zu lassen.

Müheloses Sein ist der Schlüssel, der die Weisheit des Universums aufschließt. Und er ist immer hier gewesen, wird immer hier sein und ist immer verfügbar, sobald *Sie sich entschließen, den Kampf aufzugeben.*

Ich selbst habe mich im Laufe der Jahre unsterblich in den Zustand müheloser Gnade verliebt. Und wann immer sich der Impuls meldet, mich anzustrengen oder zu quälen, um ein bestimmtes Ziel zu erreichen, empfinde ich dies sofort als verdächtig. Ich *weiß* ohne den geringsten Zweifel und mit jeder Faser meines Seins, dass die Gnade allumfassend ist, perfekt, vollkommen, dass sie nichts erfordert, nichts benötigt und mit Sicherheit *nicht* meine Hilfe oder Bemühungen braucht. Wenn ich heutzutage auch nur die geringste Tendenz in mir spüre, mich anzustrengen, halte ich auf der Stelle inne; ich erkenne, dass mein Ego versucht, eine Sache an sich zu reißen oder die Kontrolle zu übernehmen, und ich weiß, dass jegliche wie auch immer gearteten Bemühungen nur dazu führen werden, den mühelosen Fluss der Gnade zu stoppen.

Im Zusammenhang mit den Journey-Seminaren passiert in jedem Jahr so ungeheuer viel – zahllose Reisen in andere Länder, unzählige Leben von Grund auf transformiert – wie es normalerweise vielleicht in fünf Jahren möglich wäre! Diese Tatsache kann eigentlich nur dadurch erklärt werden, dass die Gnade immer ungehindert fließen konnte. Selbst das komplette Journey-Team hätte die Fülle und die überwältigend positiven Resultate nicht manifestieren können, die der Gnade möglich waren. Es nimmt mir jedes Mal den Atem, wenn ich zurückblicke und die Vielseitigkeit der Wunder erkenne, mit der die Gnade uns gesegnet hat.

Daher bin ich heute sehr wachsam: Sollte auch nur das Flüstern einer Bemühung hörbar werden, erkenne ich sofort, dass es unter Umständen den magischen Fluss der Gnade unterbrechen könnte, die in perfekter Weise alles in meiner Umgebung manifestiert, und ich halte sofort inne mit allem, was ich gerade tue oder denke... Ich schließe meine Augen, ich *wähle* bewusst Akzeptanz und Vertrauen und lasse mich in müheloses Sein fallen. Dann bete ich darum, die Gnade möge mir die beste Handlungsweise zum richtigen Zeitpunkt offenbaren, und überlasse den göttlichen Kräften die Führung.

Ich sage den Leuten oft im Scherz, dass die Gnade mich an einer langen Leine hält – voller Unschuld folge ich ihr und gehe dahin, wohin sie mich führt. Dann, wenn sich all die außergewöhnlichen Heilungen, Transformationen, Erkenntnisse und Befreiungen um mich herum manifestieren, weiß ich, dass die Gnade die Kontrolle übernommen hat. Nur das Unendliche kann für solche Herrlichkeit verantwortlich sein. Aller Dank gebührt der Gnade.

Würde ich die Führung übernehmen und Kontrolle ausüben wollen oder andere in dem Glauben lassen, ich persönlich hätte die üppigen Wunder der Manifestation der Gnade kreiert, wäre das genauso absurd, als würde ein Zweig, der von einem reißenden Strom ins Meer getragen wird, behaupten, er sei aus eigen Kräften dorthin gelangt.

Der Fluss der Gnade ist allwissend, alles durchdringend, unvermeidlich, unaufhaltsam, und für mich gibt es keine andere Möglichkeit als aufzugeben, mich hinzugeben, zu vertrauen, zu entspannen und mich dem Unendlichen zu öffnen.

Ich bete darum, dass auch Sie sich so sehr in dieses mühelose Sein verlieben werden, dass Sie jeglichen Impuls zum Kämpfen als eine sofortige Einladung verstehen, sich zu entspannen, zu öffnen und zu akzeptieren.

Geführte Introspektion für Müheloses Sein

Haben Sie sich in letzter Zeit in irgendeiner Weise angestrengt? Haben Sie sich gegen irgendetwas aufgelehnt, das nun einmal so ist, wie es ist? Haben Sie gegen irgendetwas gekämpft, das so ist, wie es ist, oder versucht, dafür zu sorgen, dass die Dinge so laufen, wie Sie es wollen und dabei das Gefühl gehabt, als würden Sie versuchen, etwas Unmögliches zu erzwingen?

Haben Sie die Nase voll von diesem fruchtlosen und verrückten Spiel? Und sind Sie bereit, den Kampf gegen Ihre Papiertiger einzustellen und sich der mühelosen Leichtigkeit hinzugeben? Dann sind Sie bereit für eine geführte Introspektion. Vielleicht möchten Sie sie auf Kassette aufnehmen, damit Sie sich einfach entspannen und Ihre Augen schließen und Ihrer eigenen Stimme lauschen können. Oder Sie können einfach anfangen, indem Sie langsame, tiefe Atemzüge nehmen, Ihr Bewusstsein leicht und weit halten und die Introspektion als Meditation mit offenen Augen lesen.

. . . Also atmen Sie bitte langsam ganz tief ein . . . . und jetzt wieder aus . . . Und noch einmal tief und langsam einatmen . . . Lassen Sie den Atem sanft wieder hinaus fließen . . . Und noch einmal leicht und lange einatmen . . . und langsam wieder ausatmen . . .

Nun lassen Sie Ihr Bewusstsein sich immer weiter vor Ihnen ausdehnen . . . Lassen Sie es auch nach hinten offen und weit werden . . . Fühlen Sie, wie es sich weit nach allen Seiten ausdehnt . . . Bemerken Sie die Weite unter Ihnen . . . und den endlosen Himmel über Ihnen . . . und ruhen Sie einfach als offene Weite . . . als eine tiefe, weite, offene Umarmung der Stille . . . Ruhen Sie einfach in diesem Zustand der Offenheit . . .

Nun tasten Sie Ihren Körper mit Ihrem Bewusstsein ab . . . Wahrscheinlich wird es einige Stellen geben, die angespannter sind als andere . . . Gehen Sie zu einem Bereich, in dem es ein wenig Spannung gibt, und intensivieren Sie diese Spannung noch ein bisschen, intensivieren Sie sie . . . Verstärken Sie den Widerstand . . . Nun lassen Sie die Spannung auf einmal los . . . Atmen Sie in diese Spannung hinein und spüren Sie, wie Ihr Atem jegliche verbleibende Härte auflöst . . . Atmen Sie weiterhin langsam und tief, und Ihr Atem wird die Spannung immer weiter auflösen . . .

Jetzt wenden Sie sich einem anderen Spannungsbereich zu . . . Intensivieren oder kontrahieren Sie diesen Bereich . . . und atmen Sie die Spannung auf einmal aus . . . Spüren Sie die Entspannung . . . Erfüllen Sie diesen Bereich Ihres Körpers mit Ihrem Bewusstsein . . . Atmen Sie Weite hinein . . . Und während Sie in diesen Bereich hineinatmen, spüren Sie, wie sich die Spannung mit jedem Ausatmen immer weiter auflöst . . .

Fahren Sie fort mit dem Kontrahieren und Loslassen, bis sich Ihr ganzer Körper vollkommen entspannt und offen anfühlt . . .

Nun wenden Sie sich Ihrem Verstand zu . . . Fühlen Sie, wie er sich wie eine Faust zusammenballt . . . sich festklammert, zusammenzieht, widersetzt . . . Und jetzt blasen Sie beim Ausatmen die Spannung heraus . . . Spüren Sie, wie sie weniger wird, weicher, wie sie langsam nachlässt . . . Atmen Sie mit jedem Atemzug Weite in sich hinein . . . und atmen Sie Wärme und Leichtigkeit aus . . . Atmen Sie so lange weiter ein und aus, bis sich die Spannung in Ihrem Kopf total aufgelöst hat . . .

Und jetzt schauen Sie sich Ihr ganzes Wesen an . . . Sollte es irgendetwas geben, woran Sie sich festhalten, wo Sie mit dem

Leben kämpfen oder sich den Gegebenheiten widersetzen, dann intensivieren Sie dieses Gefühl für einen Moment . . . Und nun seufzen Sie es heraus . . . Fühlen Sie, wie Ihr ganzes Wesen sich entspannt . . . Lassen Sie alle verbleibende Spannung los, indem Sie weiterhin tief einatmen und schließlich mit einem Seufzen wieder ausatmen . . .

Erlauben Sie noch einmal dieser wunderbaren Entspannung, sich in Ihrem ganzen Wesen auszubreiten . . . Sie dehnt sich immer weiter vor Ihnen aus . . . wird nach hinten frei und offen . . . nach allen Seiten endlos weit . . . endlos auch nach unten . . . und weit und offen nach oben . . . Ruhen Sie einfach in diesem mühelosen Zustand . . . wie ein Meer entspannender Präsenz . . . tief und weit . . .

Und jetzt rufen Sie sich etwas ins Bewusstsein, um das Sie sich in letzter Zeit bemüht oder gegen das Sie angekämpft haben . . . Lassen Sie zu, die Spannung und Kontraktion voll zu fühlen, die Sie empfinden, wenn Sie mit dem kämpfen, was ist . . . Wie jener Mensch im Meer, der um sein Leben kämpft, spüren Sie die Intensität und Vergeblichkeit des Versuches, zu kämpfen und sich dem Leben zu widersetzen . . . Fühlen Sie, wie dieser Versuch sich auf Ihren Körper auswirkt . . . auf Ihren Geist . . . auf Ihr ganzes Wesen . . . Seien Sie bereit, dieses Gefühl immer intensiver zu spüren . . . Kämpfen Sie noch stärker, kreieren Sie noch mehr Widerstand . . . Bringen Sie alle Mühe auf, zu der Sie fähig sind . . .

Was wäre, wenn Sie entdecken würden, dass *alles so ist, wie es sein soll*? . . . Was wäre, wenn Sie erkennen würden, dass alles, was passiert, aus einem bestimmten Grund und zu einem bestimmten Zweck passiert, den Sie im Moment noch nicht voll verstehen können? . . . Was wäre, wenn Sie vollkommen und rückhaltlos *einfach akzeptieren würden, was jetzt ist*? . . .

Was wäre, wenn es sich dabei um den Willen der Gnade handelt und nicht unserer Kontrolle unterliegt? ... Was wäre, wenn es nichts gibt, was Sie tun können, tun sollen oder tun müssen, um die Situation zu verbessern? ... Was wäre, wenn Sie schließlich spüren, wie es sich anfühlt, vollkommen *entspannt zu sein und zu akzeptieren*, dass das, was jetzt gegeben ist, in diesem Moment, genau so und nicht anders sein soll? ...

Was wäre, wenn Sie sich in völliger Akzeptanz dessen, was ist, entscheiden, *mit dem Kämpfen aufzuhören ... sich zu entspannen* ... einfach loszulassen? ...

Was wäre, wenn Sie in dem Moment, in dem Sie loslassen, fühlen, wie Sie in die tiefe Umarmung der unendlichen Präsenz fallen, sich ihr öffnen und sich in sie hinein entspannen? ... Was wäre, wenn diese Präsenz Sie umgibt, durchdringt ... Sie immer tiefer und tiefer in sich hinein zieht ... und Sie sich öffnen ... sich entspannen ... *vertrauend ... vertrauend ... vertrauend*? ...

Wie würde es sich anfühlen, in einem Meer von Vertrauen zu ruhen ... einfach nur zu sein ... in einem Zustand mühelosen Seins? ...

Was wäre, wenn Sie die Notwendigkeit aufgeben würden, verstehen zu müssen, was passiert, es korrigieren zu müssen, zu verändern, richtig zu machen? ... Was wäre, wenn Sie einfach nur *akzeptieren* ... dass das, was jetzt und hier ist, jetzt und hier genau so sein soll?

Entspannen Sie sich einfach in diese Umarmung reines Seins ... Nichts muss getan werden ... kein Aktionsplan ... kein Wunsch ... kein Versuch, etwas zu verstehen ...

Nur dieses . . . nur dies, das jetzt hier ist in der Fülle von allem, was ist . . .

Und was wäre, wenn Sie die Erlaubnis hätten, sich einfach nur auszuruhen und mühelos nichts zu wissen? . . . Wie würde sich das anfühlen? . . .

Tauchen Sie für einige Minuten einfach in den herrlichen Zustand müheloser Gnade ein . . .

Ohne etwas gewinnen, lernen, erreichen oder verändern zu wollen, fragen Sie: »Wenn die Gnade sich dieses Problems oder Umstandes annehmen würde, wie könnte die Situation dann leicht und mühelos gehandhabt werden?«

Und nun lassen Sie die Frage los . . . Lassen sie vollkommen gehen . . . und überlassen Sie es der Gnade, Ihnen die Antwort auf die ihr eigene mysteriöse Weise zu enthüllen . . . in ihrem göttlichen Timing . . . wenn der richtige Augenblick gekommen ist . . .

Und sollten Sie dann bei einer bestimmten Aktion oder Lösung von der Gnade als Instrument benutzt werden, sind nicht Sie es, der das Resultat bestimmt . . . Es ist die Gnade . . . Es gibt keinen, der etwas tut . . . keinen Plan . . . niemanden, der behaupten kann, er habe die Lösung herbeigeführt . . . einfach nur nicht-persönliches Geführtsein . . .

Überlassen Sie die Situation den Händen der Gnade. Sollten Sie einen Teil dazu beitragen müssen, wird es mühelos geschehen . . .

Wenn Sie zu irgendeinem Zeitpunkt das Gefühl haben, sich Mühe geben zu müssen, dann sagen Sie innerlich: »*Stopp!*« Strengen

Sie sich nicht an, sondern entspannen Sie Ihren Körper und lassen Sie die Gnade tun, was sie perfekt zu tun weiß . . .

Nehmen Sie einen langen, tiefen Atemzug . . . und atmen Sie wieder aus . . . Und noch einen schönen tiefen Atemzug . . . Und wieder ausatmen . . .

Und sollten Ihnen die Augen zugefallen sein, dann können Sie sie jetzt wieder öffnen . . .

Loslassen

Wenn sich die Stricke des Gefesseltseins lockern
und von dir abfallen,
wirst du in Freiheit auf den Flügeln
der Gnade emporschweben.

Loslassen

Ich habe eine Lektion im Loslassen gelernt, die meine Beziehung zu den äußeren »Dingen« in meinem Leben – meinem Besitz, meinem Zuhause, meinen Beziehungen, meinem Lebensstil, sogar meinem eigenen Körper – für immer verändert hat.

Vor ungefähr fünfzehn Jahren saß ich in einem Meditationsretreat mit Gurumayi, einer erleuchteten Meisterin, die ihre Lehren oft auf traditionelle Weise durch eindrucksvolle Geschichten weitergab. Eine ganz bestimmte Geschichte übte eine besonders tiefe Wirkung auf mich aus. Sie ging mir unter die Haut und begann als lebendige Erfahrung mein Wesen zu durchdringen; und als ich drei Jahre später vor der Notwendigkeit stand, alles, was mir im Leben wichtig war, loszulassen, fand ich mich in einem Meer der Ganzheit ruhend wieder – einer Ganzheit, die so vollkommen war, dass nichts außerhalb von mir sie hätte vollkommener machen oder ihr etwas nehmen können.

Häufig halten wir an einer Sache oder einem Menschen fest, weil wir tief im Inneren fürchten, ohne sie oder ihn nicht vollkommen zu sein. Wir haben Angst, angesichts des Unbekannten loszulassen und haben das Gefühl, ohne diesen äußeren Besitz, Menschen, Lebensstil beraubt, verloren, alleine und verlassen zu sein. Tatsächlich haben sich viele von uns so sehr mit diesen äußeren Dingen identifiziert, dass wir sie als unsere wahre Identität empfinden... Ich bin Herr oder Frau So-und-so... Ich bin Lehrer, Ingenieur, Unternehmer... Ich lebe in... Meine Kinder sind... Mein Lebensstil ist... Ich, ich, ich... Mein, mein, mein...

Manchmal kann diese Identität so real für uns werden, dass wir fürchten, ohne sie nicht existieren zu können. Wir fürchten uns vor der eigenen Nicht-Existenz.

Selbst die Frage: »Wer wäre ich ohne mein Auto, meinen Job, mein Geld, meinen Mann, meine Frau, meine Familie, meine Fähigkeiten, meinen materiellen Besitz, mein Haus, meine Freunde, meine Kontakte?« führt zu einem inneren Suchen nach etwas, an dem man sich festhalten bzw. die eigene Identität ankuppeln kann. Aus diesem Grund ist es nicht verwunderlich, dass für fast jeden von uns das Festhalten an äußeren Dingen irgendwann zu einem wichtigen Thema wird.

Wenn dann irgendein arroganter Jüngling, der als allwissender Guru oder erleuchteter Weiser auftritt, es wagt, uns zu sagen, dass der Schlüssel zur Freiheit im Nicht-Festhalten, im Loslassen liegt, sind wir entrüstet. »Er ist ein Mönch – was weiß er schon vom ›wahren‹ Festhalten. Ich bin nicht wirklich ein Materialist«, hören Sie sich selbst sagen. »Es ist natürlich, an seinen Liebsten zu hängen, im Beruf das Beste zu geben, sich einen angenehmen Lebensstil zu schaffen, stolz auf das zu sein, was man erreicht hat, die Dinge zu schätzen, die man im Laufe jahrelanger pflichtbewusster Arbeit erworben hat. Natürlich ist es normal, an einem Zuhause zu hängen, in das man seine ganze Liebe und Fürsorge gesteckt hat oder an dem Wissen, das man im Laufe der Jahre angesammelt hat. Wie könnte einen etwas so Natürliches als die Wertschätzung dessen, was man aus sich selbst und aus seinem Leben gemacht hat, von wahrer Freiheit fernhalten?«

All dies sind Gefühle und Gedanken, die ich vor fünfzehn Jahren vielleicht genauso empfunden habe – bis ich die folgende Geschichte hörte. Während ich Gurumayis Worten lauschte, begannen sich die Stricke, mit denen ich mich an Dinge und Personen gefesselt hatte, geheimnisvoll und mühelos zu lockern und im Laufe der Zeit ganz natürlich abzufallen. Ich wusste nicht einmal, dass es so war, bis mich das Leben eines Tages vor die Tatsache stellte, alles verloren zu haben, was ich liebte.

Vielleicht möchten Sie es sich jetzt so richtig schön gemütlich machen und Ihr Herz öffnen, so wie ein kleines Kind, wenn es kuschelig im Bett liegt und jemand ihm eine wirklich faszinierende Gutenachtgeschichte vorliest. Öffnen Sie sich einfach innerlich und entspannen Sie sich.

Vor langer, langer Zeit lebte einmal ein erleuchteter Meister, der außerdem ein sehr reicher Familienvater und Eigentümer mehrerer Fabriken war. Er und seine hingebungsvollen Schüler gingen eines schönen Tages nichts ahnend durch ein entlegenes, staubiges Dorf, als sie an einem Geschäft vorbeikamen, in dem es allerlei Schnickschnack und sonstige Kleinigkeiten zu kaufen gab. Dann sahen sie im Schaufenster einen völlig unerwarteten Gegenstand, was den erleuchteten Meister dazu veranlasste, stehen zu bleiben und sich den Gegenstand näher anzuschauen. Es handelte sich um eine Porzellantasse, die zwischen all dem Schnickschnack ganz verloren dastand, und als er näher hinschaute, erkannte er, dass es dieselbe seltene, kostbare Teetasse war, nach der er seit dreißig Jahren gesucht hatte. Endlich hatte er die eine Teetasse gefunden, die sein unbezahlbares, einzigartiges Teeservice, das noch aus den Zeiten der alten Rajas stammte, vollkommen machen würde. Er besaß bereits die anderen elf Tassen, und dies war die letzte, die ihm noch fehlte.

Er war entzückt über das große Glück, das ihm widerfahren war und hatte das Gefühl, als sei ihm an diesem günstigen Tag eine außergewöhnliche Gnade zuteil geworden, denn dreißig Jahre sind eine lange Zeit, um eine Teetasse zu suchen.

Jetzt bemerkte der Eigentümer, der ungesehen im dunklen Inneren des Ladens stand, wie der erleuchtete Meister in sein Schaufenster schaute, und das Herz schlug ihm bis zum Hals. »Mein Gott!... Endlich ist er gekommen! Heute ist mein Glückstag. Jeder weiß, dass dieser Meister ein sehr reicher Mann ist. Nach dreißig Jahren können meine Frau und ich uns endlich zur Ruhe setzen. Dies ist die letzte Teetasse, die er braucht, um das kostbarste Teeservice der Welt komplett zu machen... wir haben es geschafft!« rief er fröhlich aus, während er seine Lippen leckte und sich gierig die Hände rieb...

Er forderte seine Frau auf, sich in der Küche zu verstecken. Die Götter hatten auf sie heruntergelächelt, und sie würden endlich in der Lage sein, den Laden zu schließen und die lang ersehnte Pilgerreise zur heiligen Stadt Varanasi zu machen. Sie würden wie Könige leben, und nie mehr würde es ihnen an etwas fehlen.

Begierig, den hohen Herrn in seinem Laden willkommen zu heißen, öffnete der Besitzer die Tür und bat den Meister und seine Schüler mit einer tiefen Verbeugung, sein Geschäft zu betreten. Er setzte sein liebenswürdigstes Lächeln auf und sagte mit einer kriecherischen, öligen Stimme: »Namaste, Swamiji. Womit kann ich Ihnen heute dienen?«

Der Meister erklärte ihm sanft, dass er an der Teetasse im Schaufenster interessiert war. »Oh, ich sehe«, erwiderte der Ladenbesitzer. »Das ist mein erlesenstes Stück. Vielleicht ist Ihnen bewusst, dass es sich hierbei um die kostbarste Tasse der Welt handelt. Sie gehört zu einem zwölfteiligen Service, und sie ist die letzte.«

»Ja«, sagte der Meister, »ich kenne das Service sehr gut, es gehört zu meinen Lieblingsstücken. Ich möchte gerne diese Tasse kaufen. Was verlangen Sie dafür?«

42

Der Ladenbesitzer bekam einen trockenen Mund, und sein Herz begann heftig zu schlagen. Er dachte:»Dieser Swami weiß um die Seltenheit der Tasse. Er wird jeden Preis bezahlen, den ich ihm nenne«, und in der Aufregung des Augenblicks nannte er eine astronomische Summe.

Als der Meister den Preis hörte, antwortete er schlicht:»Nein, werter Herr, ich werde nur *diesen* Betrag bezahlen«, und nannte eine großzügige, angebrachte Summe.»Das ist ein fairer Preis.«

Der Ladenbesitzer schreckte zurück. Er hatte gedacht, es würde leichter sein, dem Swami die Tasse für teures Geld zu verkaufen; schließlich ist ein erleuchteter Meister nicht irgendein Fischverkäufer, der auf dem Markt um den Preis feilscht. Ein wenig aus der Fassung gebracht, aber nicht entmutigt, ging der Mann im Preis um die Hälfte herunter, nicht ohne dem Meister zu erklären, welch Verlust dies für in bedeute, indem er wiederholt klagte, dass es sich hierbei schließlich um die einzige Teetasse dieser Art handelte, die es noch auf der Welt gab.

Der Meister bestätigte, dass dem tatsächlich so sei. Die Tasse war unersetzlich – die kostbarste und seltenste, keine Frage, doch er sagte noch einmal freundlich, dass er nur *diesen* Preis zahlen würde, die Summe, die er ihm ursprünglich angeboten hatte, und fügte hinzu:»Das ist ein fairer Preis.«

Völlig verwirrt begann der Ladenbesitzer, die Lage innerlich zusammenzufassen:»Okay, okay. Dieser Meister will also um den Preis feilschen. Ich werde noch nochmals um die Hälfte heruntergehen, aber mehr nicht. Dann werde ich zum Schluss immer noch ein reicher Mann sein«, sagte er zu sich selbst.

Mit einem wenig überzeugenden Lächeln, und ohne dass ihm noch irgendein Argument eingefallen wäre, sagte er:»Swamiji, es ist wirklich nicht einfach, mit Ihnen ins Geschäft zu kommen. Ich sage Ihnen, was ich tun werde. Ich gehe im Preis nochmals um die Hälfte herunter, doch mehr nicht – das ist mein letztes Angebot.«

Eine leise Trauer überzog das Gesicht des Meisters, und mit ruhiger Stimme erwiderte er schlicht: »Es tut mir leid, mein Herr. Ich nehme an, Sie haben mich nicht verstanden. Ich werde nur *diesen* Betrag bezahlen. Es ist ein fairer Preis.«

Er gab seinen Schülern zu verstehen, dass es an der Zeit sei zu gehen, verabschiedete sich mit einem Namaste von dem Besitzer und verließ gemessenen Schrittes den Laden.

Als sie noch keine fünfzig Schritte die Straße hinuntergegangen waren, hörten sie jemanden rufen, und als sie sich umdrehten, um zu sehen, wer es war, erkannten sie den Ladenbesitzer, der ihnen mit wild fuchtelnden Armen entgegenrannte, völlig außer Atem, und sie anflehte: »Swamiji, Swamiji, kommen Sie zurück, bitte kommen Sie zurück. Sie können die Tasse zu Ihrem Preis haben.«

Und so gingen sie in den Laden zurück und führten den Handel auf freundliche Weise aus. Natürlich wusste der Ladenbesitzer im Geheimen, dass er und seine Frau ausgesorgt hatten. Auch der Meister wusste dies, und beide waren hoch zufrieden mit ihrem Handel.

Als das Geschäft besiegelt und die Teetasse eingepackt wurde, bemerkte der Schüler des Meisters einen wunderschönen Säbel an der Wand, genau über dem Kopf des Ladenbesitzers. Er konnte seinen Blick nicht von dem Schwert abwenden – es war das am reichsten verzierte und gleichzeitig machtvollste Schwert, das er je zu Gesicht bekommen hatte. Als er sich umdrehte, um seine Augen abzuwenden, merkte er, wie sein Blick ständig zu dem Schwert zurückgezogen wurde – er fühlte sich von ihm wie hypnotisiert.

Er dachte: »Ich muss dieses Schwert unbedingt haben. Ich werde es mein ›Schwert der Wahrheit‹ nennen. Es wird den Ehrenplatz in meinem Haus bekommen, gleich über dem Altar. Niemals zuvor habe ich ein solch herrliches Schwert gesehen. Ich *muss* es einfach haben.«

»Ich bin nicht reich«, sprach er zu sich selbst, »doch wenn ich es genauso mache wie der Meister, vielleicht kann ich das Schwert dann wesentlich billiger bekommen.«

Indem er also versuchte, einen gelangweilten und leicht desinteressierten Eindruck zu machen, wies der Schüler wie nebenbei auf das Schwert an der Wand und sagte zu dem Ladenbesitzer: »Das ist ein recht hübsches Schwert, das Sie da oben hängen haben. Ich habe zwar eigentlich keinen Gebrauch dafür, doch würde ich gerne wissen, was es kostet.«

Der Ladenbesitzer schaute dem Schüler durchdringend in die Augen. Er war ein gerissener Mann, und wenn er auch ein bescheidenes Leben führte, so mochte er es dennoch nicht, wenn man mit ihm spielte. Täuschungsversuche seitens der Kunden hinterließen einen bitteren Geschmack in seinem Mund. Nichtsdestotrotz und weil er durch den Verkauf der Teetasse das Geschäft seines Lebens gemacht hatte und daher guter Laune war, beschloss er, großzügig zu sein und nannte dem Interessenten einen nur unwesentlich erhöhten Preis.

Der Schüler tat so, als würde ihm vor Schreck die Luft wegbleiben und sagte, seinen Meister imitierend: »Nein, werter Herr, ich werde nur *diesen* Betrag bezahlen. Es ist ein fairer Preis.«

Der Ladenbesitzer, immer gerne bereit zu feilschen, denn schließlich gehörte das zum Spiel, ging im Preis um die Hälfte herunter.

Der Schüler stöhnte und schien sich zu winden ob des immer noch viel zu hohen Preises und erwiderte: »Nein, mein Herr. Ich werde nur *diesen* Betrag bezahlen. Es ist ein fairer Preis.« Und der Ladenbesitzer reduzierte den Preis noch einmal um einiges.

Schließlich zuckte der Schüler mit den Schultern und sagte: »Ich nehme an, Sie haben mich nicht verstanden, mein Herr... Ich werde das Schwert nur für *diese* Summe kaufen. Es ist ein fairer Preis.« Und da der Meister mittlerweile seinen Kauf getätigt hatte, verließen die beiden ruhigen Schrittes den Laden.

Als sie ungefähr fünfzig Schritte gemacht hatten, drehte sich der Schüler um, weil er sehen wollte, ob der Ladenbesitzer ihnen gefolgt war, doch nein, die Ladentür blieb geschlossen. Schweigend setzten die beiden Männer ihren Weg fort, wobei der Schüler immer wieder vorsichtig über seine Schulter spähte, völlig verblüfft darüber, dass der Ladenbesitzer nicht hinter ihnen hergerannt war. Er hatte alles genauso gemacht wie sein Meister. Warum hatte es nicht funktioniert?

Als sie nach ungefähr eineinhalb Kilometern auf ihrem Weg anhielten, um etwas zu trinken, meldete sich der Schüler schließlich zu Wort: »Meister, warum ist der Ladenbesitzer nicht hinter mir hergerannt, so wie er es bei Euch getan hat?« Der Meister, ein Mann weniger Worte, sagte nichts.

»Warum ist er uns nicht gefolgt?« beharrte der Schüler.

Endlich sprach der Meister: »Verlangst du immer noch nach diesem Schwert?«

»Oh ja, Meister«, erwiderte der Schüler. »Natürlich tue ich das.«

»Dieser Ladenbesitzer kann dein Verlangen *riechen*. Er weiß, dass es dich nach dem Schwert gelüstet, und außerdem weiß er, dass morgen früh, wenn er seinen Laden aufmacht, du sein erster Kunde sein wirst, und dass du das Schwert zu dem von *ihm* genannten Preis nehmen wirst.«

Der Schüler war einen Augenblick lang still, während er die Worte seines Meisters auf sich wirken ließ, und fuhr dann mit seinen Fragen fort: »Aber Meister, hat es Euch nicht nach der Teetasse gelüstet? Ihr habt mehr als dreißig Jahre lang danach gesucht. Habt Ihr Euch nicht danach gesehnt, Euer Teeservice zu vervollständigen?«

Der Meister sagte nichts, und in der eingetretenen Stille erkannte der Schüler, dass es den Meister natürlich nicht nach einer bloßen Teetasse gelüstet hatte. Ein wenig beschämt darüber, dass er so dreist gewesen war anzunehmen, dass es einen Meister nach irgendetwas gelüsten konnte, fragte er demütig: »Doch worin besteht Euer Geheimnis, Meister?«

Und der Meister antwortete ruhig: »Er ist mir hinterhergelaufen, weil er wusste, dass ich es wirklich so meinte, als ich ihm sagte, ich würde die Teetasse zu einem fairen Preis kaufen – ich hatte mein Glück nicht an dem Erwerb der Teetasse festgemacht. Dein Verlangen konnte er *riechen*, und er weiß, dass du zurückkommen wirst.«

»Doch wie könnt Ihr kein Verlangen nach einer Tasse verspüren, die Eure kostbarste aller Sammlungen vervollständigen würde?«

»Lass mich dir mein Geheimnis erzählen«, antwortete der Meister. »Jeden Abend, bevor ich zu Bett gehe, knie ich mich hin und danke Gott von ganzem Herzen für alle Segnungen des Tages. Und dann biete ich Gott mit meinem ganzen Wesen alles an, was mir lieb und teuer ist. Ich biete ihm meine Fabriken an, meinen Ashram, meine Häuser. Ich biete ihm meine Schüler an, meine Freunde und sogar meine geliebte Frau und kostbaren Kinder – vor meinem inneren Auge sehe ich die Fabriken und den Aschram niedergebrannt; ich sehe meine Familie und meine Liebsten, wie sie mir genommen werden und in den Armen Gottes ruhen. Und nachdem ich mit meinem Gebet fertig bin, gehe ich als armer Mann schlafen. Wenn ich am Morgen aufwache, schaue ich mir meine Umgebung an, um den frischen, neuen Tag zu begrüßen, und ich sehe, dass Gottes Gnade mich noch immer umgibt. Und von Dankbarkeit erfüllt, knie ich mich hin und danke Gott aus tiefstem Herzen, dass er mich einen weiteren Tag lang mit diesen unvergleichlichen Gaben gesegnet hat. Ich erkenne, dass ich nur sein Verwalter bin. Diese Gaben haben von Anfang an *nie mir gehört*. Sie sind nur eine Leihgabe. *Alles ist eine Leihgabe*.« ▪

... Alles ist eine Leihgabe ...

Diese Worte zu hören, hatte eine tief greifende Wirkung auf mich. Sie durchdrangen mein ganzes Wesen, und als ich nach dem Retreat mit Gurumaji zu Hause ankam, schwor ich mir innerlich, diese Lehre in mein Leben aufzunehmen. Wie der Meister in der Geschichte, nahm ich mir von nun an jeden Abend ein paar Minuten Zeit, um Gott aus ganzem Herzen für all die Segnungen des Tages zu danken und bot der Gnade alles an, was mir lieb und kostbar war – unser Zuhause, unsere Familie, unseren Lebensstil, meine Ehe, unseren Besitz und unseren materiellen Reichtum. Und ich stellte fest, dass ich jeden Morgen mit einem von Dankbarkeit erfüllten Herzen aufwachte, überwältigt von der Tatsache, dass ich einen weiteren Tag lang Gottes Segen auf mir ruhen fühlte.

Meine Beziehungen zu den physischen Dingen in meiner Umgebung zeichnete sich zunehmend durch eine Qualität der Leichtigkeit aus. Mir war bewusst, dass diese Dinge mir nicht gehörten. Sie waren ein Geschenk der Gnade, und meine Verantwortung oder mein Dharma lag darin, dass ich sie schätzte, sie ehrte und den Segen genoss, sie um mich zu haben.

Zudem begann ich meine Beziehungen zu Menschen anders zu sehen. Ich empfand die Beziehung zu meiner Tochter als äußerst kostbar und betrachtete sie als einen großen Segen; und ich spürte, dass sich auch in meiner Ehe ein noch tieferes Gefühl der Achtung und Würdigung einstellte. Alles in meiner Umgebung fühlte sich plötzlich wie etwas Besonderes an. Alles schien von einer leichten, funkelnden Qualität durchdrungen zu sein. Ich wurde mir der vergänglichen Natur aller Dinge im Leben bewusst – wie kurz in Wahrheit unsere Zeit hier auf diesem Planeten ist, und wie glücklich wir über die üppigen Segnungen sein können, von denen wir umgeben sind.

Es war eine einfache, unschuldige Praktik, doch ihre Lehren reflektierten sich in immer tieferen Lektionen über die flüchtige Natur der Existenz und darüber, dass es unser Geschenk ist, sie zu hüten und zu pflegen, solange sie andauert.

Indem ich für die Dinge in meiner Umgebung sorgte, stellte ich fest, dass ein Teil des Geschenkes darin besteht, den Segen, der mir so gnädig verliehen worden war, an andere weiterzugeben. Und mir fiel immer häufiger auf, dass die materiellen Dinge in meinem Leben in der Lage waren, anmutig zu kommen und zu gehen, während die Vollkommenheit und Dankbarkeit, in der ich ruhte, unberührt blieben. Nach einer Weile wurde deutlich, dass es nirgends einen Besitz gab, an dem man sich festhalten konnte ... sondern einfach nur das Leben in einem immer größeren Kontext der Gnade.

Ein Paradox begann sich in meinem Leben zu entfalten. Auf der einen Seite gab es die profunde Erkenntnis, dass alles eine Leihgabe war und daher ein Segen, den man schätzen sollte; doch gleichzeitig herrschte eine totale persönliche Akzeptanz dahingehend, dass die geliebten Dinge anmutig aus meinem Leben in die Hände anderer Menschen übergehen, sollte die Gnade es so wünschen. Ich liebte das Geschenk von Herzen, hatte jedoch ein völlig neutrales Gefühl und keinerlei Wunsch, daran festzuhalten, wenn es aus meinem Leben verschwand. Meine Beziehung zu den äußeren Dingen in meinem Leben wurde auf diese Weise gleichzeitig reicher und leichter.

Drei Jahre nach dem Retreat war ich für einige Fernsehauftritte nach New York gereist, als mich eine liebe Freundin aus Kalifornien anrief. Unser bescheidenes Haus am Strand von Malibu, in dem ich mit meiner Familie gewohnt hatte und in dem sich alles befand, was mir kostbar war – Fotografien, Geschriebenes, Erinnerungen an Ferien mit der Familie, Geburtstagsgeschenke, geerbtes Porzellan, geliebte Bücher, Tagebücher, Hochzeitsfotos – lauter Erinnerungen, die sich im Laufe von achtzehn Jahren angesammelt hatten, war in einem riesigen Waldbrand in Flammen aufgegangen. Wir waren finanziell ruiniert und standen materiell vor dem Nichts.

Ich erinnere mich so deutlich daran, wie ich diese Nachricht hörte und darauf wartete, einen vernichtenden Schlag in der Magengrube zu spüren... denn natürlich war es eine Tatsache, dass es keine Möglichkeit gab, diese unschätzbaren Dinge je wieder ersetzen zu können. Wir hatten von Haus aus ein bescheidenes Leben geführt, daher *erwartete* ich, Angst darüber zu empfinden, dass wir kein Dach mehr über dem Kopf hatten und wir materiell vor dem Nichts standen, doch diese Angst manifestierte sich nicht!

Stattdessen fühlte ich mich eigenartig leicht, so als wäre irgendein altes Karma von meinen Schultern genommen worden – als wäre ein großes Gewicht von mir gefallen. All jene Dinge waren von Anfang an nur eine Leihgabe gewesen, und die Dankbarkeit und Vollkommenheit, in der ich ruhte, fühlte sich *völlig unberührt* an.

Diejenigen unter Ihnen, die mein erstes Buch – The Journey – gelesen haben, werden wissen, dass das Feuer nur der Beginn einer riesigen Welle von Abschiednehmen und Loslassen war, die im Laufe der nächsten zwei Jahre über mich hinwegschwappte.

Ein Jahr später ging überraschenderweise meine Ehe auseinander, meine Tochter entfremdete sich mir, und die Steuerbehörden beschlagnahmten unsere Konten. Alles, was ich als meinen Lebensstil bezeichnet hatte, löste sich in nichts auf, und ich blieb im wahrsten Sinne des Wortes besitzlos zurück.

Und dennoch fühlte sich diese unendliche Gnade, in der ich ruhte, so üppig an, so voll. Ich kann ehrlich mit der Hand auf meinem Herzen sagen, dass die Vollkommenheit *nicht weniger* vollkommen wurde. Sie wurde lediglich nach außen hin sichtbarer! Ohne Frage machte ich die natürliche Erfahrung von Trauer, Verlust, Verletzung und Loslassen durch. Doch diese Erfahrung war eingebettet in den übergeordneten Kontext des Gefühls, bereits ganz und vollkommen komplett zu sein.

Im Laufe der letzten Jahre hat mich die Gnade mit neuen Beziehungen gesegnet, einer neuen, tief beglückenden Ehe, einem völlig neuen Beruf, Büchern, die zu Bestsellern wurden, und einer so zauberhaften und von Segen erfüllten Lebensweise, wie ich sie mir nicht einmal im Traum hätte vorstellen können. Und dennoch bin ich mir nach wie vor bewusst, *dass alles in meinem Leben stets eine Leihgabe war und ist.* Ich habe heute eine noch leichtere Beziehung zu den äußeren Dingen in meinem Leben. Die Dankbarkeit ist tiefer geworden; die Erkenntnis, dass das Leben vergänglich ist und jeder seiner kostbaren Tage genossen werden muss, hat sich noch weiter vertieft, und das Gefühl außergewöhnlichen Gesegnetseins ist nur umso ergreifender geworden.

Tatsächlich ist das Loslassen unsere Einladung zur Erlangung vollkommener Freiheit.

Äußere Dinge sind nicht das einzige in unserem Leben, woran wir uns festhalten. Es gibt noch eine subtilere, ebenso machtvolle, jedoch heimtückische Art des Verhaftetseins, die in unserem *inneren* Leben stattfindet – das Festhalten an unseren Gedanken, unserem angesammelten Wissen und erlernten Glaubenssätzen.

Viele von uns haben die unterschiedlichsten Ausbildungen genossen, haben viel gelernt und sind zu erfahrenen Experten in verschiedenen Berufen, Disziplinen und Aspekten des Lebens geworden. Darüber hinaus hat unsere Lebenserfahrung zu Glaubenssätzen geführt, die wir als verbindliche Wahrheit betrachten. Wir sind auf subtile Weise mit diesen Glaubenssätzen verankert. Zuweilen werden sie von uns bewusst als ein Pseudo-Rückzugsgebiet benutzt und als Schutzmöglichkeiten verstanden, die sich scheinbar in konkrete Realität verwandeln können. Wenn wir an der Überzeugung festhalten, dass diese Sicht der Welt die Dinge so zeigt, wie sie wirklich sind, geben wir uns selbst das stillschweigende Einverständnis, das Leben nicht mehr länger zu untersuchen. Es besteht kein Bedürfnis mehr, das Leben immer wieder mit neuen Augen zu sehen, denn wir haben ja unsere Glaubenssätze, auf die wir zurückgreifen können – was dazu führt, dass unsere Neugier abgewürgt wird und wir unsere natürliche Ehrfurcht und Staunen verlieren.

Dann wird das »Gewusste« eine tote Sache, ausschließlich geboren aus unseren vergangenen Erfahrungen, und wir schleppen es wie eine riesige Last mit uns herum – wir ziehen unsere Glaubenssätze und unsere Gewissheiten hinter uns her, und es fällt uns nie ein, ihren heutigen Wert oder ihre Brauchbarkeit in unserem Leben in Frage zu stellen. Wenn wir glauben, wir wüssten über alles Bescheid, halten wir es nicht länger für nötig, uns immer wieder neu zu öffnen. Stattdessen verstecken wir uns hinter unserem Wissen, bilden uns ein, alles besser zu wissen als andere, und verlieren auf diese Weise das Gefühl für unsere Unschuld und Offenheit gegenüber allem, was ist.

Wenn eine solche Menge totes Treibholz in unserem Kopf herumschwimmt, kommt uns nicht einmal der Gedanke in den Sinn, die Wahrheit dessen, was wir als Realität akzeptiert haben, zu hinterfragen. Und dann werden unsere Glaubenssätze zu einem Gefängnis, das uns davon abhält, Freiheit, Gnade und Wahrheit im Hier und Jetzt zu erleben.

Tatsächlich kann unser Festhalten an diesem leblosen, überholten, angesammelten Wissen es verhindern, dass wir das Leben in seiner ganzen Fülle erfahren. Schließlich sehen wir nur noch alles durch die Filter unserer Glaubenssätze, indes das Leben voller Freude und wunderbar weitergeht, sich selbst in jedem Augenblick neu erschaffend, während wir in dem Alten gefangen bleiben – und alles nur, weil wir unsere gut gesicherten Glaubenssätze nicht aufgeben wollen.

Erst wenn wir alles loslassen, von dem wir *denken*, es sei wahr, alles, was wir *wissen* – erst dann kommt der Moment, wo Freiheit im *Nicht-Gewussten* greifbar wird. Erst wenn wir unser gesamtes angesammeltes Wissen loslassen, kann sich die unendliche Weisheit enthüllen.

Es gibt eine wunderschöne Geschichte, die seit hunderten von Jahren von Meistern an ihre Schüler weitergegeben wurde. Sie ist eine Einladung an uns, all das tote Treibholz dessen, was wir als wahr betrachten, wegzuwerfen und uns endlich der unverbrauchten Frische des Nicht-Gewussten zu öffnen.

Erlauben Sie Ihrem Bewusstsein, sich auszudehnen und werden Sie neugierig wie ein Kind, während Sie diese inspirierende Parabel auf sich einwirken lassen.

Vor langer, langer Zeit gab es einen Wahrheitssucher, dem es von ganzem Herzen danach verlangte, Erleuchtung zu erlangen – die Weisheit der vom Rad des Schicksals befreiten Meister zu besitzen und zu verkörpern.

In dem Glauben, dass die Meister all ihr Wissen aus heiligen Schriften bekamen, begann dieser Suchende, sich den Inhalt aller wichtigen spirituellen Texte einzuverleiben, die der Menschheit bekannt sind. Er lernte die Upanischaden, meisterte die 27.000 Verse des Ramajana, konnte die Veden rezitieren und eignete das gesamte spirituelle Wissen an, welches den vedischen Ritualen zugrunde liegt; er tauchte ein in das Mahabharata und lernte jede Silbe auswendig. Er kannte das Jakobsevangelium der Bibel und verschlang seltene, uralte Übersetzungen, die es in den lokalen Büchereien nicht gab. Er meisterte alle bekannten Mantras, und die vielen verschiedenen Formen des Yoga waren ihm zur zweiten Natur geworden. Er konnte ganze Abschnitte des Koran aufsagen, und auch der Thora widmete er lange, ausgiebige Studien. Es gab kein spirituelles Buch, das er nicht gelesen, keine Technik, die er nicht erlernt und kein Ritual, das er nicht selbst erlebt hatte.

Mittlerweile war er sechzig Jahre alt und wurde als größter spiritueller Gelehrter seiner Zeit verehrt. Keiner konnte jemals eine

Debatte mit ihm gewinnen, da er stets irgendeinen obskuren Fakt aus irgendeinem seltenen Text kannte, um jedes akademische Argument gegenstandslos zu machen. Im Laufe der Jahre hatte er sich zwar in zunehmendem Maße mit all den ihm gewidmeten Lobeshymnen, seinen spirituellen Verdiensten und seinem Wissen identifiziert.

Doch in tiefster Seele spürte er, *wusste* er, dass er immer noch keine Vollkommenheit erlangt hatte. Die Erleuchtung hatte sich ihm verweigert, und da es kein Wissen mehr gab, das er sich aneignen konnte, entschied er, dass es an der Zeit sei, einen erleuchteten Meister aufzusuchen.

Er hatte von einem alten Eremiten gehört, der auf einem Berg im Himalaja lebte, und wenn die Reise dorthin auch lang und mühevoll sein würde, so hoffte er doch inständig, dass ihm dort das letzte Wissen zuteil werden möge, das er zu seiner Erleuchtung brauchte. Also machte er sich, nur mit seinen seltensten, kostbarsten Büchern und dem notwendigen Proviant bepackt, auf den Weg.

Nach drei Wochen und drei Tagen hatte er gerade mal zwei Drittel des Weges zurückgelegt. Sein mit Büchern und Proviant gefüllter Beutel war ihm schwer geworden, und er fühlte sich zusehends erschöpfter. Wie konnte er seine Last erleichtern? Er sah sich seine Besitztümer eins nach dem anderen an und stöhnte jedes Mal: »Oh nein, *dieses* Buch kann ich unmöglich hergeben – es ist das einzige seiner Art auf der Welt. Oh, und *jener* Text wurde mir als Auszeichnung für außergewöhnliche Verdienste als Gelehrter überreicht – den kann ich auf keinen Fall zurücklassen.« Er stellte fest, dass er keines seiner Bücher entbehren konnte. Sie repräsentierten für ihn die Summe all seines Wissens. Sie waren unbezahlbar und unersetzlich – sie waren ein wesentlicher Teil seiner selbst.

Stattdessen begann er, Teile seiner Ausrüstung zurückzulassen, die er nicht unbedingt brauchte. Dieser Zinnbecher zum Beispiel – schließlich konnte er seine Hände zusammenlegen und auf diese Weise Wasser aus dem Fluss trinken. Und dieser schwere Teller – als Unterlage beim Essen reichte auch ein Palmblatt. Und mehr als ein Messer brauchte er nicht – alle anderen Besteckteile konnten ausrangiert werden. Auf diese Weise entledigte er sich eines Großteils seiner Lasten und führte seinen beschwerlichen Weg den Berg hinauf fort.

Neun Tage später erreichte er endlich die Einsiedelei des Meisters, genau am Rande einer hohen Klippe gelegen. Erschöpft und müde ließ er den Gehilfen des Meisters wissen, dass er eine lange Reise hinter sich hatte, nur um die letzte Lehre zur Erlangung der Erleuchtung zu empfangen. »Bitte sag dem Meister, dass ich ein studierter Mann bin, ein Gelehrter, der sämtliche spirituellen Texte gemeistert hat, die Mantras und alle Veden. Es ist nicht meine Absicht, seine Zeit zu vergeuden. Ich möchte nur das notwendige Wissen zur Erleuchtung erlangen.«

Der Gehilfe nickte mit dem Kopf, ging zu der Hütte des Meisters, überbrachte die Botschaft und kehrte dann zu dem erwartungsvollen Suchenden zurück: »Der Meister sagt, dass er Eure Botschaft gehört hat, und er wird Euch rufen, wenn er so weit ist.«

»Aber ich bin ein viel beschäftigter und wichtiger Mann. Ich bin nicht diesen ganzen beschwerlichen Weg hierher gekommen, um irgendwelche rudimentären Lehren zu empfangen. Es gibt nichts mehr, was ich noch lernen müsste. Ich kenne jeden heiligen Text auswendig. Ich bin nur hier, um Erleuchtung zu erlangen. Ich habe nicht viel Zeit zu verschwenden.«

Der Gehilfe ging wieder zur Hütte des Meisters und kehrte mit der Antwort des Meisters zurück: »Er wird Euch sehen, wenn er soweit ist. Im Moment hat er anderes zu tun.« Auf diese Weise vergingen drei Tage: Der Gelehrte bat um die Erlaubnis, den Meister sehen zu können, doch der Meister war zu beschäftigt, um diesem Wunsch nachzukommen. Als der Gehilfe zum letzten Mal zurückkam und wieder die gleiche Botschaft übermittelte, stieß der Gelehrte ihn schließlich ungeduldig zur Seite, ging hinüber zu der Hütte und trat ohne zu fragen in den Raum des Meisters ein – ein einfacher Raum, mit nichts als einer Matte und zwei Kissen auf dem Boden.

Der erleuchtete Weise saß auf einem Kissen und war dabei, Wasser für eine Schale Tee zu kochen. Er schaute von seiner Beschäftigung auf, sah den Mann, und ohne ein Wort zu sagen, wandte er sich wieder der Zubereitung des Tees zu.

Verblüfft konnte sich der angesehene Gelehrte, der es gewohnt war, mit dem höchsten Respekt behandelt zu werden, nur auf das zweite Kissen niederfallen lassen und darauf warten, dass der Meister das Wort an ihn richtete. Doch der Meister sagte nichts. Er schien mehr an den Teeblättern in seiner Schale interessiert zu sein als an dem Mann, der soeben seine Hütte betreten hatte.

Ungeduldig und verärgert meldete sich der berühmte Gelehrte schließlich zu Wort. Er begann, indem er seine diversen akademischen Grade aufzählte, die zahllosen spirituellen Schriften auflistete, die er gemeistert hatte, bevor er erklärte, dass er sämtliche Rituale kannte, ein Meister des Yoga war und als gelehrtester Mann im ganzen Lande galt. Er gab zu verstehen, dass er nur zu dem Meister gekommen war, um das letzte Wissen für die Erleuchtung zu empfangen und dass er – da er ein vielbeschäftigter und wichtiger Mann war – weder seine eigene Zeit noch die des Meisters mit irgendwelchen unnötigen Dingen vergeuden wollte. Er wüsste bereits alles, was es zu wissen gab, und war nur gekommen, um die letzten Lehren zu erhalten.

Der Meister hörte den Worten des Gelehrten zu, und als der geendet hatte, widmete er sich wieder der Zubereitung des Tees. Als der Tee fertig war, sprach der Meister endlich und sagte: »Willst du eine Schale Tee mit mir trinken?«

Wütend darüber, dass der Meister anscheinend die Dringlichkeit oder Wichtigkeit seiner Bitte nicht verstand, zuckte der Gelehrte mit den Schultern, erklärte sich mit dem Angebot einverstanden und wiederholte noch einmal alles, was er vorher aufgesagt hatte – doch dieses Mal lauter und deutlicher, indem er die eindrucksvolleren Details hervorhob und größere Betonung auf die besonderen Lehren legte, von denen er glaubte, dass der Meister darauf reagieren würde.

Als er damit fertig war, sagte der Meister wieder kein Wort und begann einfach, den Tee in eine Schale zu schütten. Die Schale füllte sich und begann dann überzufließen, wobei sich der Tee über den Lehmboden ergoss.

Während er aufsprang, um nicht von dem heißen Tee verbrüht zu werden, schrie der Gelehrte: »Meister, Meister! Hört auf zu schütten! Könnt Ihr es nicht sehen? Die Schale fließt über!« – wobei er heimlich dachte, der Weise sei infolge seines hohen Alters vielleicht senil geworden.

Schließlich schaute der Meister zu dem Gelehrten auf und sagte einfach: »Ja, ich sehe es ausgezeichnet... Du bist wie diese Schale – so voll von deinen Ideen, Konzepten, Wissen und erlernter Weisheit, dass mir nichts bleibt, was ich dir geben könnte. Die Gnade des Wissens kann nicht in eine Schale fließen, die bereits voll ist – sie würde nur an den Seiten hinunter rinnen und verschwendet sein. Wenn du wirklich das finden willst, wovon du behauptest, dass du hierher gekommen bist, um es zu finden, dann nimm all deine kostbaren Bücher und mache etwas

Sinnvolles damit: benutze sie als Brennstoff, verbrenne sie, denn es ist kalt hier. Dann nimm all deine Auszeichnungen und Zertifikate und gib sie den Kindern des Dorfes zum Spielen, denn sie sind nichts als amüsante Spielsachen zum Entzücken von Kleinkindern. Und dann, wenn deine Schale wirklich leer ist, können wir ein wenig Tee zusammen trinken. Dann wirst du vielleicht das erhalten, warum du hierher gekommen bist.«

Freiheit kann nur in der Leere des Nicht-Festhaltens erfahren werden; des Nicht-Festhaltens an unseren Ideen, Glaubenssätzen und angesammeltem Wissen, die allesamt lediglich mentale Konstrukte sind, geboren aus dem toten Treibholz unserer Vergangenheit, die unsere Aufmerksamkeit von dem ablenken, was immer hier ist – das Neue, Unverbrauchte des gegenwärtigen Augenblicks. Diese Konstrukte agieren als Filter, die die Realität färben und verzerren. Wenn Sie sich entscheiden, alles loszulassen, von dem Sie *denken*, dass Sie es wissen, fallen sämtliche Filter weg, und ungehindertes Bewusstsein ist alles, was zurückbleibt. Wir erkennen, dass alle Erleuchtung *jetzt hier* ist. Durch das Loslassen des Gewussten wird die unendliche Präsenz des *Nicht*-Gewussten erkannt.

Ihre angelernte Expertise, lieb gewordene Sichtweisen und angesammeltes Wissen sind wie Schmutz auf Ihrer Windschutzscheibe der Realität – wenn Sie Windex nehmen und die Scheibe sauber waschen, bleiben Sie als kristallklares Bewusstsein und strahlende Präsenz zurück.

Es wird gesagt, dass jene, die *wissen*, nichts wissen – und jene, die *nichts wissen, wissen.*

Wenn wir voller Unschuld in der Bereitschaft ruhen, gar nichts zu wissen, wird uns die Wahrheit enthüllt. Ihr ganzes Bewusstsein in die Dinge zu versenken, an denen Sie hängen – sei es die innere Welt mentaler Gedankengebäude, Glaubenssätze oder Erfahrungen oder die äußere Welt der Beziehungen, Lebensweise oder materieller Besitztümer – wird dazu führen, dass Sie den Blick auf den übergeordneten Zusammenhang verlieren, in dem alles enthalten ist.

Doch Sie können weit offen bleiben und dem herrlichen Spiel der Manifestation erlauben, leichtfüßig durch Ihr offenes Bewusstsein zu tanzen. Sie können sich daran entzücken, köstliche Freude daraus gewinnen und sich stets des größeren Zusammenhanges bewusst bleiben, in dem alles enthalten ist. Auf diese Weise identifizieren Sie sich weder mit Ihrer äußeren materiellen Welt, noch fallen Sie Ihren inneren mentalen Konstrukten zum Opfer. Alles ist frei, sich mühelos durch das Bewusstsein zu manifestieren – kein Festklammern, kein Greifen, kein Habenwollen, keine Identifikation, kein *Festhalten*.

Nur *dies*. Offene Freiheit, erleuchtete Gegenwart.

Loslassen – eine geführte Introspektion

Vielleicht möchten Sie Ihre eigene Stimme auf Kassette aufnehmen, damit Sie Ihre ungeteilte Aufmerksamkeit nach innen richten können, während Sie diesen Worten lauschen.

Wählen Sie einen ruhigen Ort, an dem Sie sich wohl und ungestört fühlen, und erlauben Sie sich, innerlich still zu werden. Fühlen Sie, wie Ihr Bewusstsein sich ausdehnt und öffnet.

Bei dieser geführten Introspektion ist es wichtig, dass Sie sich viel Zeit nehmen, um öfters Pausen einzulegen und sich selbst die Möglichkeit zu geben, Ihre eigene innere Reaktion ganz zwanglos aus der Tiefe Ihres Wesens hochkommen zu lassen. In dieser besonderen Form der Selbstprüfung werden Sie vielleicht eine nonverbale Reaktion erhalten – mehr wie ein einfaches inneres Wissen, oder vielleicht empfinden Sie ein Gefühl der Ausdehnung und Weite.

Lassen Sie alles einfach ganz natürlich passieren. Es handelt sich hierbei wirklich um einen Prozess der Selbstentdeckung. Erleuchtete Präsenz wird automatisch erfahren, wenn die inneren Fesseln locker geworden sind, sich aufgelöst haben und abfallen. Jede Art von Festklammern, Halten, Greifen nach dem Gewussten – sei es in Form von Ideen, Glaubenssätzen oder erlerntem Wissen – zieht Ihr Wesen wie in einer Kontraktion zusammen. Jedes Festhalten an oder Identifizieren mit Zugehörigkeiten, Beziehungen, materiellem Besitz, Lebensweisen sorgt nur dafür, dass wir uns vom Unendlichen getrennt fühlen.

Die Bereitschaft, das zu erfahren, was nach dem Wegfallen alles »Gewussten« übrig bleibt, ist ein Schlüssel zur Freiheit.

Sie können beginnen, indem Sie Ihrem Bewusstsein erlauben, sich vor Ihnen auszudehnen ... Fühlen Sie, wie es weit und offen wird ... hinter ihnen ... unendlich nach allen Seiten ... grenzenlos nach unten ... und weit nach oben ... weit im Inneren ... weit außen ... Überall nur unendliche Weite ...

Und während Sie in dieser unendlichen Weite ruhen, können Sie anfangen, sich die folgenden Fragen zu stellen. Sobald Sie eine Frage gehört haben, schließen Sie die Augen und spüren Sie, wie Sie sich öffnen, um eine Antwort aus Ihrem eigenen Inneren zu empfangen. Zunächst werden sich vielleicht Worte melden, doch wenn Sie weitere Fragen stellen, fühlen Sie sich vielleicht in eine weite, grenzenlose Präsenz der Gnade fallen, in der es weder Worte noch Gedanken gibt. Seien Sie bereit, die Antworten so zu erfahren, *wie Sie sie erfahren.*

1. Wenn Ihnen alle äußeren Dinge, mit denen Sie sich in der Vergangenheit identifiziert haben, Ihre materiellen Besitztümer, Ihre Familie, Ihre Lebensweise genommen würden, was würde dann bleiben? ... Wer würde bleiben? ... Wer sind Sie wirklich ohne all diese Dinge? ... Wer sind Sie? ...

2. Wenn Sie nicht all Ihre Glaubenssätze, Konstrukte, Ideen, erlerntes Wissen, Erfahrungen hätten; wenn dies alles wegfallen würde – was würde bleiben? ... Wer sind Sie? ...

3. Wenn Sie sich nicht durch irgendetwas identifizieren könnten – weder durch eine Rolle, noch durch einen Job, noch durch erlerntes Wissen, noch durch Besitz, Heim, Beziehung – wenn all diese Dinge nicht mehr existierten, wer wären Sie dann? ... Was würde bleiben? ... Wer sind Sie? ...

4. Ohne alle die Bezeichnungen und Hinweisschilder, die auf Sie hindeuten, Sie identifizieren, definieren, wäre dann noch irgendjemand da? . . . Ohne all diese Merkmale, wer würden Sie sein? . . . Wer sind Sie? . . .

5. Wenn Sie weder Ihre Familie noch Ihre Herkunft, Ihre Besitztümer, Ihr Wissen, Ihren materiellen Reichtum oder Ihren Job benutzen könnten, um sich auf andere Menschen zu beziehen oder mit ihnen in Kontakt zu treten, was würde dann übrig bleiben? . . . Wer würden Sie sein? . . . Wer würde der Sprecher sein? . . . Was würde durch Sie sprechen? . . . Wer sind Sie? . . .

6. Wenn alle Bezeichnungen wegfallen und Sie sich ehrlich öffnen und fragen würden: »Wer bin ich?«, welche Antwort würde emporsteigen? . . .

Wer sind Sie? . . .

Wer sind Sie *wirklich*? . . .

Was bleibt? . . .

Wer sind Sie? . . .

Nun ruhen Sie einfach in der ungehinderten Präsenz Ihrer eigenen Essenz, und wenn Sie bereit sind, können Sie Ihre Augen öffnen.

Alle Manifestation wird willkommen geheißen, leichten Fußes durch die endlose offene Weite Ihres eigenen Wesens zu tanzen.

Gegenwärtiges Bewusstsein

*Es liegt eine große Kraft darin, das eigene Bewusstsein
in den gegenwärtigen Moment zu bringen.*

*Wenn Ihr ganzes Wesen sich diesem jetzigen Moment
hingibt und vollkommen präsent ist, erfahren Sie Freiheit
als etwas, das bereits gegeben ist.*

Gegenwärtiges Bewusstsein

Es liegt eine große Kraft darin, Ihren ganzen Fokus, Ihre Aufmerksamkeit, Ihr Bewusstsein in den gegenwärtigen Moment zu bringen. Es ist tatsächlich so, dass in dem Augenblick, in dem alle Gedanken enden und alle Aufmerksamkeit auf die Gegenwart fixiert ist, die Präsenz der Gnade automatisch und sofort als etwas enthüllt wird, das bereits hier ist.

Warum es sich so verhält, ist ein großes Mysterium, dennoch ist es wahr. Und wenn wir das Prinzip auf die Probe stellen wollen, indem wir unsere eigene unmittelbare Erfahrung überprüfen, wird diese Tatsache so offensichtlich, so deutlich, dass sie uns staunen lässt, wie wir diese einfache, profunde Wahrheit jemals übersehen konnten. Wenn Sie Ihr Bewusstsein in den gegenwärtigen Moment bringen, erkennen Sie, dass Freiheit bereits hier ist.

Warum machen Sie nicht ein Experiment? Bringen Sie jetzt Ihr ganzes Bewusstsein in den gegenwärtigen Augenblick... kein Gedanke an die Vergangenheit... kein Gedanke an die Zukunft... nur dieser Augenblick... Lassen Sie Ihre Aufmerksamkeit mühelos in den Worten ruhen, die Sie gerade lesen... Achten Sie darauf, wie die Buchstaben aussehen... Fühlen Sie das Gewicht dieses Buches... Und jetzt fühlen sie die Dicke der Seite, die Sie lesen... Vielleicht fällt Ihnen sogar der schwache Duft des Papiers auf... oder die Gerüche im Raum... Lassen Sie Ihr Innerstes ganz still werden... Machen Sie sich bewusst, dass für diese kurze Zeit alles Bewusstsein *in diesem Augenblick* sanft zur Ruhe kommen kann. Vielleicht gibt es Geräusche im

Hintergrund... Entspannen Sie sich in das Bewusstsein darum... Nehmen Sie sich genügend Zeit... *Seien Sie einfach in diesem Moment präsent.*

Wenn Sie feststellen, dass Ihr Verstand sich meldet, umherschwirrt oder bemüht ist, etwas zu fokussieren, lassen Sie die Anspannung oder das Zusammenziehen in Ihrem Gehirn weicher werden. Erlauben Sie Ihrem Bewusstsein, jede Öffnung oder Schließung wahrzunehmen, die in Ihrem Kopf vor sich geht. Wenn Sie Ihr Bewusstsein weit und offen lassen, ohne den Wunsch, irgendetwas zu verändern, wird sich die Kontraktion oder Spannung ganz automatisch auflösen und Ihr Geist sich öffnen... Indem Sie einfach weit offen bleiben, achten Sie darauf, wie Ihr Verstand sich anfühlt, während er sich entspannt und weit wird... Und nun machen Sie sich bewusst, *worin* der Verstand erscheint... Werden Sie sich des Bewusstseins selbst bewusst... Was ist es, worin der Körper erscheint?... Was ist es, worin Gedanken erscheinen?... Worin steigen Emotionen an die Oberfläche?... Seien Sie still und präsent *nur für diesen Moment.*

Was ist jetzt hier?

Wenn Sie wirklich ganz *jetzt hier* sind, in diesem Moment, ohne einen anderen Gedanken als das Bewusstsein, das auf diesen Augenblick fixiert ist, werden Sie sich einer ihm innewohnenden Stille bewusst werden... einer Weite... einer ungeheuren Ausdehnung. Das ist Freiheit, und sie ist immer hier. Dennoch haben wir so lange unser Bewusstsein überallhin gerichtet, *nur nicht auf diesen Augenblick.* Gegenwart kann nur erfahren werden, wenn alles Bewusstsein auf diesen Moment fixiert ist.

Seit Jahrhunderten haben Yogis in Erkenntnis der Macht eines ruhigen Geistes, der auf den gegenwärtigen Moment gerichtet ist, versucht, die Aufmerksamkeit des Geistes einzusetzen, indem sie ihn *zwangen*, sich auf das Göttliche, auf ein spezifisches Objekt oder auf eine Gottheit zu fokussieren. Sie haben Bücher darüber geschrieben, wie man den Geist ruhig stellen kann, indem man sich immer wieder bestimme Tonfolgen anhört oder besondere Mantras oder Gebete wiederholt. Sie haben ihren Schülern beigebracht, wie man sich auf Kerzenflammen, Asanas, Chakras oder das innere Licht fokussieren kann in dem Versuch, den immer in Aktion befindlichen Verstand zum Stillstand zu bringen. Sie versuchten, buchstäblich mit Hilfe des Verstandes den Verstand ruhig zu halten und glaubten, dass man unendliche Stille und von allen Gedanken befreites Bewusstsein erlangen kann, wenn es einem nur gelingt, den Verstand zum Schweigen zu bringen.

Und wenn es auch wahr ist, dass uns dann, wenn der immerwährende Dialog in unseren Köpfen nachlässt und ganz aufhört, offenes freies Bewusstsein als etwas enthüllt wird, das bereits gegenwärtig ist, so ist es doch genauso wahr, dass genau diese Kraft, dieses Training, die Anstrengungen, Bereitschaft, das Schmeicheln und Beurteilen der Gedanken die Erfahrung von Freiheit nur noch schwieriger macht, was dazu führt, dass uns die ersehnte Stille weiterhin versagt bleibt. Man kann den Dialog des Verstandes nicht mit verstandesmäßigem Dialog zum Schweigen bringen, denn sobald der Wille auch nur ein wenig schwächer wird, fluten alle Gedanken automatisch in das Bewusstsein zurück. Es ist, als würde man versuchen, mit einem dreckigen Tuch Schmutz aufzuwischen. Es wird alles nur noch schmutziger.

Was wäre, wenn es am Verstand gar nichts auszusetzen gäbe? Was wäre, wenn der tatsächliche Fehler darin besteht, dass wir uns unseren Gedanken *widersetzen und sie werten*? Was wäre, wenn das wirkliche Problem der Wunsch nach Abwesenheit der Gedanken ist sowie der Versuch, sie durch Einsatz des Willens zum Verschwinden zu bringen oder, schlimmer noch, mit ihnen zu kämpfen und sich zu bemühen, sie durch Willenskraft, Töne, Mantras oder leere, positive Affirmationen zu überwinden?

Was wäre, wenn unsere Gedanken überhaupt keine Bedeutung hätten außer der, die wir ihnen geben? Und was wäre, wenn wir erkennen würden, dass Gedanken tatsächlich nur eine Menge von Silben sind, die durch unser Bewusstsein ziehen? Können Sie ein Gespür dafür entwickeln, wie der Einsatz all dieser Energie, dieser Aufmerksamkeit, dieses Willens genau die Gedanken, von denen Sie frei werden wollen, nur weiterhin aufrechterhält? Das Ganze ist ein sinnloses, das Gegenteil bewirkende Unterfangen.

Was wäre, wenn Ihre eigene Erfahrung Ihnen zeigt, dass Sie ein weites Firmament offenen Bewusstseins sind, dass Sie mühelos im gegenwärtigen Moment ruhen und Ihre volle Aufmerksamkeit dem schenken können, was sich jetzt vor Ihnen befindet? Und was wäre, wenn Gedanken die Erlaubnis hätten, durch das Bewusstsein zu ziehen, ohne dass Sie an ihnen festhalten oder sich um sie kümmern müssen? Wie würde sich das anfühlen?

Ich persönlich fühle, wie eine lebhafte Aufgewecktheit, eine große innere Weite, ein Gefühl akuter Präsenz und Gedanken wie ein Schwarm Vögel durch den offenen Himmel des Bewusstseins schweben. Ich kann ihren fernen Ruf hören, doch ist der offene Himmel unberührt von ihrem Geräusch oder ihrer Bewegung. Meine Aufmerksamkeit ist mühelos auf den gegenwärtigen Moment fixiert – mühelos im Hier und Jetzt, und die Vögel gehen mich nichts an. Mein Bewusstsein ist sich einfach bewusst, dass sie vorübergeflogen sind. Es fühlt sich entspannend an, wahr, offen. Und es ist vollkommen mühelos.

Doch die Wahrheit ist, dass es den meisten von uns *gefällt*, von ihren Gedanken unterhalten zu werden. Wir finden sie faszinierend. Vielleicht glauben wir unsere eigene Geschichte von vergangenem Schmerz, Ungerechtigkeit und Verletzung. Wir glauben, durch unser Opfer-Sein definiert zu werden. Wer wären wir, ohne all diese Geschichten aus der Vergangenheit immer wieder auf noch unbekannte traurige Fakten zu untersuchen, neue hinzuzufügen und sie auf diese Weise aufrechtzuerhalten? Wir glauben, dass diese Geschichten uns Bedeutung und Kontext geben.

Doch was wäre, wenn all dies nur eine Lüge ist? Was wäre, wenn unsere Vergangenheit genau das ist – *vergangen, vorbei*? Tatsache ist, sie ist jetzt in diesem Augenblick *nicht* hier, existiert nicht mehr. Um die Erinnerung an den Schmerz, die Qual und die Verletzung wachzurufen, müssen Sie willentlich beschließen, Sie in Ihrem gegenwärtigen Bewusstsein willkommen zu heißen; dann müssen Sie die Flamme des Schmerzes am Brennen halten, sie immer wieder aufs Neue anfachen, müssen Ihre Gedanken benutzen, um einen Schmerz zu intensivieren, der als Teil des gegenwärtigen Augenblickes gar nicht existiert.

Nur dieser Augenblick ist hier, und glücklicherweise liebt Sie das Leben genug, Ihnen in jedem einzelnen Augenblick die Wahl zu lassen: Folge ich meinen Gedanken, bereite ihnen ein hübsches Festmahl, gebe ihnen meine Energie, meine Aufmerksamkeit, füge Farbe, Geschmack, Gewürz hinzu und sorge dafür, dass sie über alle Maßen wichtig werden – oder bleibe ich so offen wie der weite Himmel, bemerke Gedanken, wie sie durch mein Bewusstsein ziehen, achte nicht weiter auf sie, spüre, dass ich nicht das Geringste mit ihnen zu tun habe, und gestatte ihnen, zu kommen und zu gehen wie ein Wind, der durch den Himmel meines Bewusstseins weht?

Der offene Himmel wird *nicht* von dem berührt, was durch ihn hindurchzieht.

Wenn wir jedoch die Vögel vom Himmel herunterholen – sie füttern, bewundern, mit unserer Liebe tränken, sie fangen, festhalten und uns einreden, dass sie unserem Leben Bedeutung geben; und schlimmer noch, wenn sie wegfliegen (was sie unweigerlich tun werden, da Gedanken eine flüchtige Erfahrung sind, die nur so lange dauert, wie Sie sie in Ihrem Bewusstsein festhalten) und wir uns selbst die Erlaubnis geben, sie als Waffe zu benutzen, um andere oder das Leben für den Schmerz verantwortlich zu machen, den wir empfinden – können wir auf diese Weise unsere Geschichte des Leidens endlos weiterspinnen und am Leben erhalten.

Wir können sogar eine Lebensweise aus unserer Geschichte machen, unsere Freunde anrufen, um mit ihnen über unsere Gedanken zu klatschen und uns ihres Beistandes zu versichern, wenn es darum geht, anderen die Schuld für unsere Misere zu geben. Oder wir können zu einem Therapeuten gehen in der Absicht, unsere Geschichte analysieren, bis ins Kleinste auseinandernehmen zu lassen, bis es für uns nur noch unsere Leidensgeschichte gibt. Dann wird die Anbetung unserer Gedanken unsere Religion, unsere Identität, unser Leben.

Oder wir können *einfach mit dem Spiel aufhören*.

Meine persönliche Definition des freien Willens basiert auf wissenschaftlichen Erkenntnissen. In den letzten Jahren haben Wissenschaftler herausgefunden, dass jedes Mal, bevor sich irgendein Gedanke formt, eine winzige Pause entsteht, die dem Gedanken unmittelbar vorausgeht. In jenem Sekundenbruchteil wird Ihnen die Wahl gegeben: Folge ich dem Gedanken, gebe ihm meine ungeteilte Aufmerksamkeit, intensiviere meine Geschichte von Schmerz und benutze sie, um anderen, mir selbst oder dem Leben die Schuld daran zu geben, oder höre ich auf, bleibe offen – habe immer den endlos weiten Himmel des Bewusstseins vor Augen – und erlaube Gedanken, an die Oberfläche zu kommen und von mir unbeachtet durch offenes Bewusstsein zu fließen?

Sie haben die Wahl, und zwar in jedem Moment Ihres Lebens. Es liegt an Ihnen, welche Entscheidung Sie treffen. Dies ist eine wahre Definition des freien Willens. Sie sind frei, Ihren Gedanken zu folgen, sich selbst Schmerzen zuzufügen – und Sie sind frei, Ihren Gedanken zu gestatten, mühelos zu kommen und zu gehen, indem Sie sich nicht um sie kümmern.

Im Laufe der Jahre haben mich meine Gedanken immer mehr gelangweilt und ich bin meiner Geschichte so überdrüssig geworden, dass ich heute, wenn Gedanken kommen, das Gefühl habe, es kostet mich schon zuviel Mühe, sie mir auch nur anzuhören, sie zu bemerken oder ihnen überhaupt zu glauben. Ich glaube einfach nicht mehr an die Geschichte, die mein Verstand erfindet. Ich weiß, dass der innere Dialog nichts als eine Kette von Silben ist, die durch das Bewusstsein ziehen, und sie haben keine andere Bedeutung als die, die ich ihnen aus freiem Willen zugestehe.

Das Faszinierende und Erstaunliche daran ist, dass aufgrund meines Desinteresses an Gedanken über die Vergangenheit sowie am Konstruieren schmerzhafter Vorstellungen über die Zukunft mittlerweile meine Gedanken *mich* langweilig finden. Sie merken, dass ich sie weder füttere noch mich von ihnen verführen lasse oder ihnen irgendwelche Energie liefere, und daher machen sie sich oft gar nicht erst die Mühe zu erscheinen. Sie erkennen, dass es ihnen nicht gelingt, meine Aufmerksamkeit zu gewinnen, da ich wirklich nicht glaube, dass sie irgendeine Bedeutung haben. So werden lange Perioden in gedankenfreiem Bewusstsein verbracht. Nicht weil ich es angeordnet habe oder mich auf Mantras konzentriert oder Affirmationen wiederhole oder meinen Geist gezwungen oder trainiert habe, sondern einfach, weil ich Gedanken keinen Widerstand entgegensetze. Ich kann mir einfach nicht vorstellen, welchen Unterhaltungswert es haben könnte, wenn ich durch meine selbst gewählten Gedanken dafür sorge, dass es mir schlecht geht. Daher ruhe ich einfach voller Unschuld in gedankenfreiem Bewusstsein, und weil meine Gedanken sich mit mir langweilen und ich mich mit ihnen, tauchen sie gar nicht erst auf.

Gedanken sind frei zu kommen, Gedanken sind frei zu gehen. Sie können im unendlich weiten Himmel des Bewusstseins selbst ruhen, und es ist so mühelos, so befreiend und so leicht.

Warum machen Sie nicht jetzt sofort ein Experiment? (Wenn Sie möchten, können Sie Ihre eigene Stimme aufnehmen, wie sie diese geführte Meditation spricht.)

Schließen Sie Ihre Augen und werden Sie sanft des Bewusstseins gewahr... Zunächst erlauben Sie sich zu erkennen, wie offen und weit das Bewusstsein vor ihnen bereits ist... wie weit und frei es hinter Ihnen ist... wie ausgedehnt und offen es in alle Richtungen ist... es ist einfach frei... Nun bleiben Sie in diesem Bewusstseinszustand und laden alle Gedanken ein zu kommen – begrüßen Sie sie alle herzlich – ermuntern Sie alle Gedanken, in den weiten, offenen Himmel Ihres Bewusstseins zu fluten... Wenn es sein muss, können Sie das Ganze in einen regelrechten Tumult ausarten lassen, in jedem Fall erlauben Sie allen Gedanken zu kommen... Sie können nicht nur einfach *Ihre* Gedanken willkommen heißen, sondern alle Gedanken, die jemals gedacht wurden... die Gedanken der ganzen Menschheit.

Bleiben Sie weit offen und entspannen Sie Ihren Körper, während Sie zulassen, dass alle Gedanken, die kommen wollen, durch Ihr Bewusstsein fließen... Bleiben Sie still und offen...

Berührt irgendeiner dieser Gedanken tatsächlich Ihr essenzielles Wesen? ... Wirkt sich einer dieser Gedanken in irgendeiner Weise auf den offenen Himmel aus? ...

Viele Menschen, die diese Übung zum ersten Mal versuchen, empfinden eine solche innere Ruhe und Leichtigkeit, so freundlich, so weit und so offen, dass Gedanken *gar nicht erst auftauchen.*

Dies ist ein Geheimnis, ein Mysterium. Wenn Gedanken kein Widerstand entgegengebracht wird, wenn sie alle wirklich willkommen geheißen werden, erkennen die Gedanken, dass sie endlich frei sind zu kommen oder *nicht* zu kommen – sie erkennen, dass Sie sich ihnen weder widersetzen noch sich auf einen Kampf mit ihnen einlassen werden, und in der Regel ziehen sie einfach vorüber, und das Bewusstsein bleibt offen und frei.

Manchmal kommt beim ersten Mal, wenn Sie dieses Experiment machen, ein ganzer Schwarm von Gedanken angeflogen. Wenn das der Fall ist, geben Sie einfach die Wahrheit dieser Erfahrung zu. Berühren diese Gedanken Sie in irgendeiner Weise, haben sie eine Wirkung auf Sie oder verändern sie Ihre Freiheit? Oder bleiben Freiheit und offenes weites Bewusstsein von allem unberührt, was auftaucht? Wenn Sie bei diesem Experiment offen und ehrlich sind, werden Sie feststellen, dass Ihr essenzielles Selbst von allem unberührt bleibt, was hindurchweht. Daher stellt sich folgende Frage: Wähle ich, Gedanken aus dem Himmel zu pflücken, sie mit meiner Energie, Zeit und Lebenskraft aufzuladen und mein Drama und meinen selbst kreierten Schmerz zu verstärken, oder erlaube ich Gedanken zu kommen und zu gehen, während ich dabei so offen und frei bleibe wie der weite Himmel?

Sie haben die Wahl, und sie haben sie immer. Sie ist die wahre Definition des freien Willens.

Oftmals ist der Grund, warum wir auf unsere Gedanken hören, nicht der, dass wir unserem Leben mehr Leid hinzufügen wollen, sondern dass es einfach faszinierend ist, Antworten zu finden. Doch die Wahrheit ist, dass der denkende Verstand nur solche Antworten geben kann, die wir bereits kennen oder gelernt haben. Er kann lediglich konditionierte Antworten geben. Denn der denkende Verstand ist ein gezähmtes und trainiertes Tier, das stets den Vorgaben folgt, die wir ihm geben.

Andererseits ist der *unendliche* Geist ein ungeborenes Potenzial, fähig, wahre Genialität, Inspiration und freie Gedanken zu wecken. Doch wir sind so sehr daran gewöhnt, den gelernten und erworbenen inneren Dialog zu verehren, dass unser Bewusstsein im Gewussten gefangen ist. Wir haben für alles eine Antwort parat. Wir gehen mit erlernten Reaktionen durchs Leben.

Damit jedoch wahre Inspiration erwachen kann, müssen wir uns öffnen und *frisch im Nicht-Gewussten verweilen*. Es muss die Bereitschaft gegeben sein, *nicht* zu wissen, keine vorbestimmten Antworten zu haben, die wir auf Kommando ausspucken, nicht auf unsere gewussten Formeln, Redewendungen oder etablierte kulturell bedingte Glaubenssätze zurückzugreifen. Es muss die Bereitschaft gegeben sein, in jedem Augenblick mühelos in einem Zustand der Unschuld zu ruhen, für *diesen Augenblick*, der vorher nie gewusst werden kann, voll präsent zu sein. Es muss eine frische Offenheit für das gegeben sein, was das Leben in jedem Moment enthüllt.

Dieses Buch ist in seiner Gänze aus dieser offenen Präsenz heraus geschrieben worden. Ich habe im Voraus nie gewusst, was auf einer Seite stehen würde. Selbst beim Schreiben des letzten Satzes wusste ich nicht, was sich auf der Seite wieder finden würde, sondern fand es erst *danach* heraus, als ich es selbst las.

Die Bereitschaft, *nicht* zu wissen, braucht Mut. Und sie ist in erster Linie eine Entscheidung, eine Wahl, die man trifft. Unschuld und auf den gegenwärtigen Moment bezogenes Bewusstsein sind ein- und dasselbe. Denn für diesen gegenwärtigen Moment total offen zu sein bedeutet weder, dass Sie Ihre Vergangenheit konsultieren, noch dass Sie in die Zukunft schauen, um herauszufinden, was der Moment bedeuten könnte, sondern einfach jetzt hier zu sein, offen für das, was in diesem Augenblick ist. Dann wird der nächste Moment kommen, und wir werden für ihn präsent sein. Und der Moment danach kommt, und auch ihm gegenüber sind wir total unvoreingenommen und offen. Auf diese Weise wird das Leben zu einem nie endenden Strom ständig neuen »Jetztseins«. Immer hier, immer jetzt.

Meine liebe Freundin Catherine Ingram, Satsang-Leiterin und Verfasserin des Buches *Passionate Presence*, erwähnt häufig eine wunderbare Metapher, die ihr hilft, offen zu bleiben für das Hier und Jetzt.

Eine der Lieblingsfragen des denkenden Verstandes lautet: »Warum?« Diese Frage führt uns natürlich in einen endlosen Morast des Suchens und der Konfusion, des Fragens und der Mutmaßungen. Und sie katapultiert uns unweigerlich aus dem heraus, was genau jetzt in diesem Moment enthüllt wird. Wenn die Frage nach dem »Warum?« auftaucht, wie beispielsweise: »Warum ist der Himmel blau?«, »Warum ist gerade das Gesicht meiner Mutter vor meinem inneren Auge erschienen?«, oder »Warum will es mir nicht gelingen?«... (ad nauseatum), dann katapultieren uns diese Fragen direkt aus dem gegenwärtigen Moment hinein in den Verstand.

Catherine schlägt in diesem Fall gerne vor, einen imaginären Eimer zu benutzen. Sie nennt ihn den Eimer des »Nichtwissbaren«. Ich bezeichne ihn manchmal als einen Geheimnis-

Eimer, in den wir alle »Warum?«-Fragen hineinwerfen. »Warum ist der Himmel blau?« – Keine Ahnung, ab damit in den Eimer. »Warum ist gerade das Bild meiner Mutter vor meinem inneren Auge erschienen?« – Keine Ahnung, ab in den Eimer. »Warum will es mir nicht gelingen?« – Weiß ich nicht, in den Eimer damit.

Es ist so einfach und gleichzeitig so wirksam. Warum versuchen Sie es nicht jetzt gleich selbst einmal? Fragen nach dem »Warum?« ins Ungewusste zu entsenden erlaubt Ihnen, Ihr Bewusstsein ungeteilt im Hier und Jetzt zu lassen. Stellen Sie einfach eine »Warum?«-Frage ... Und jetzt achten Sie darauf, wie es sich anfühlt, sofort zu antworten »Weiß ich nicht« und sich dann vorzustellen, wie Sie die Frage in den Eimer des Nichtwissbaren werfen. Können Sie spüren, wie leicht und befreiend es ist?

Einige von Ihnen werden vielleicht sagen: »Schön und gut, doch wie soll ich *wissen*, was ich in einem gegebenen Augenblick tun muss?«

Nach meiner Erfahrung weiß die *unendliche Intelligenz* genau, was in jedem Moment zu tun ist – und nicht nur das – ihr Wissen zeichnet sich darüber hinaus durch eine wunderbare göttliche Zweckdienlichkeit aus. Sie weiß, wie und wann Sie Ihre Zähne putzen sollen, kann die Zahlen in Ihrer Steuererklärung addieren, für Ihr Kind sorgen, Ihre Akten ordnen. Wenn Sie allem, was Sie gerade tun, Ihre ganze Aufmerksamkeit schenken – sei es Geschirrwaschen, einem Freund zuhören oder das Internet nach bestimmten Informationen durchforsten – in der inneren Stille wird die Gnade die passende Reaktion, Antwort oder Handlungsweise finden. Doch endloses Fragen nach dem »Warum?« sorgt nur dafür, dass wir den gegenwärtigen Moment nicht mehr wahrnehmen, was zur Folge hat, dass wir weniger effizient, elegant, leichtfüßig – und manchmal sogar völlig ineffektiv werden.

Vor einiger Zeit sprach ich mit Tricia, einer unserer europäischen Mitarbeiterinnen, und sie erzählte mir, welche machtvollen, lähmenden Auswirkungen es hatte, wenn sie es zuließ, dass ihr Bewusstsein aus dem gegenwärtigen Moment herausgerissen wurde. Sie sagt, dass sie in Momenten, in denen besonders viel zu tun war, ihr Bewusstsein in katastrophale Vorstellungen bezüglich der Zukunft abgleiten ließ, in welcher sie von Arbeit überwältigt und nicht in der Lage war, ihre Aufgaben zu erledigen. Oder sie ließ ihr Bewusstsein in die Vergangenheit driften und erinnerte sich an Zeiten, in denen sie bestimmte Dinge einfach nicht auf die Reihe brachte – In solchen Momenten wurde sie – dank des Schuldgefühls aus der Vergangenheit und der lähmenden Angst vor der Zukunft – von der Unmöglichkeit des jeweiligen Unterfangens dermaßen überwältigt, dass ihr Bewusstsein vollkommen kollabierte und ihr Körper nicht mehr mitmachte. In solchen Momenten konnte sie natürlich überhaupt nichts mehr tun.

Dann erzählte sie mir von ihrer viel geübten Strategie zur Erlangung von Freiheit. Sie sagte, dass sie in dem Augenblick, in dem sie dieses alte Muster entdeckt, das Spiel durchschaut und beschließt, einfach damit aufzuhören, ihr Bewusstsein wieder in den jetzigen Moment zu bringen und der vor ihr liegenden Aufgabe ihre ganze Liebe und Aufmerksamkeit zu widmen. Ohne die geringste Mühe ist sie sofort präsent. Und in diesem Präsentsein findet sie Leichtigkeit, Gnade, Freiheit und absolut *null* Stress – was dazu führt, dass sich Aktivität effizient und mühelos entfaltet.

Stress ist das Resultat unserer Bereitschaft, uns in schwächenden Bildern der Vergangenheit zu aalen oder unser Bewusstsein in imaginäre, einschüchternde Bilder der Zukunft zu investieren. Die gute Nachricht ist, dass Sie die Wahl haben. Sie können entscheiden, sich Stress aufzuladen – oder in die Magie, Schönheit und elegante Effizienz des gegenwärtigen Augenblicks zu gleiten, wenn Ihre ganze Aufmerksamkeit auf das *Jetzt* fixiert ist.

Freiheit ist eine willentliche Entscheidung.

Sollte also die Frage nach dem »Warum?« auftauchen, dann *halten Sie einfach inne.* Sagen Sie »Weiß ich nicht«, und werfen Sie die Frage in Ihren Eimer des Nichtwissbaren. Bringen Sie einfach Ihr Bewusstsein zurück zu der vor Ihnen liegenden Aufgabe. Die Freiheit und Leichtigkeit, die Sie fühlen werden, wird Sie in Erstaunen versetzen.

Kürzlich wurde mir ein machtvoller, schöner Hinweis auf die Magie dessen zuteil, was die Gnade erreichen kann, wenn Ihr ganzes Wesen hingebungsvoll auf die Zeitlosigkeit des gegenwärtigen Momentes gerichtet ist. Selbst in den hektischsten und stressintensivsten Situationen können Wunder geschehen, wenn Sie bereit sind, sich ganz dem jeweiligen Moment zu widmen.

Es scheint, als wäre mein Seminar-Terminplan im Laufe der letzten paar Jahre immer voller geworden. Da so viele Länder auf verschiedenen Kontinenten nach der Arbeit dürsten, die wir anbieten, stellte ich fest, dass ich von 52 Wochen im Jahr 44 mit Seminaren beschäftigt war; der karge Rest der Zeit war ausgefüllt mit Schreiben, Talkshows, Presseinterviews und Familienferien. Und es geht nicht nur darum, wie viel Zeit ich der Arbeit widme, sondern auch, welches Ausmaß an Reisen erforderlich ist, um diesen Terminplan einzuhalten, da ich ständig weltweit unterwegs bin und durch Europa und die USA und dann weiter nach Australien und Neuseeland fahre, dann zurück über Südafrika nach England, um dort die Seminare für Fortgeschrittene und diverse Retreats zu leiten, bevor ich mit einer neuen weltweiten Tour beginne. Zu sagen, die Tour findet in einem atemlosen, doch konstanten Tempo statt, ist eine Untertreibung. Wenn Leute zu mir sagen: »Mein Gott, Brandon, Sie leiten dreimal mehr Seminare und Retreats als irgendein anderer Lehrer – wie bringen Sie das nur fertig?«, dann kann ich nur mit einem Achselzucken ehrlich zugeben, dass es die Gnade sein muss; denn allein könnte ich die Last eines solch unerbittlichen Terminplanes unmöglich tragen. Doch da ich nur stets zu einem bestimmten Zeitpunkt an einem Ort sein und mich nur der vor mir liegenden Aufgabe widmen kann, im gegenwärtigen Moment, gibt es nichts, wohin ich gehen könnte. Ich kann nur jetzt in diesem Augenblick ganz hier sein. Mir ist klar geworden, dass ich es mir nicht leisten kann, den vergangenen Moment in den jetzigen hineinzuziehen, und ich habe weder die Zeit noch die Energie, darüber nachzudenken, was in der Zukunft stattfinden könnte oder sollte, da es mich erschrecken würde, das Ausmaß und die Größe des Ganzen zu sehen. Daher *erfordert* meine Arbeit, dass ich allem gegenüber offen bin, was jetzt, in diesem Moment, geschieht. Jede Ablenkung vom Hier und Jetzt würde nur dazu führen, dass ich schnell meine gesamte Energie verlieren würde.

Diese Tatsache zeigte sich nie deutlicher als vor einigen Wochen, als ich mich bereit erklärt hatte, eine Hochzeitszeremonie für Maarten und Yvonne, zwei meiner jungen Mitarbeiter, hier in meinem Haus durchzuführen.

Ich war gerade aus den Sommerferien zurückgekommen, als bereits ein dicht gedrängter Terminkalender auf mich wartete, voll gepackt mit back-to-back Meetings, einem Fortgeschrittenen-Seminar und Mitarbeiterkonferenzen, Satsang und der Leitung von Vision-Quests, wobei mir klar war, dass ich direkt nach dem Sturm der »Vorbereitungs-Woche« zu einer großen Seminar-Tour mit Workshops und Retreats in ganz Europa, Südafrika und Australien aufbrechen würde.

Wenn ich mir erlaubt hätte, und sei es nur für einen Augenblick, mir all diese kommenden Ereignisse bildlich vorzustellen, so bin ich ehrlich davon überzeugt, dass ich unter dem schieren Gewicht der Verantwortung für alles, was vor mir lag, zusammengebrochen wäre. Doch es gab keine Zeit, weder über das nachzudenken, was noch nicht da war, noch über das, was eben erst geschehen war. Die Wahrheit ist, dass es *nur diesen Moment* gibt, hier und jetzt.

Maarten und Yvonnes Hochzeit sollte mitten in dieser stürmischen Woche stattfinden, und dennoch erforderte sie genügend Zeit für echte Würdigung und Respekt. Sie konnte nicht einfach in einen engen Spalt zwischen die anderen ebenso wichtigen Ereignisse gequetscht oder aufgeschoben werden.

Ich erwähne die Hintergründe dieser Situation deshalb, weil wir oft glauben: »Wenn ich nur nicht so einen voll gestopften Terminplan hätte, wenn nur alles unter Kontrolle und auf dem ihm zugewiesenen Platz wäre, dann könnte ich mir *die Zeit nehmen, präsent zu sein.*« Diese Denkweise ist falsch; sie führt dazu, dass Sie Dinge aufschieben, und ist tatsächlich das genaue Gegenteil der wahren Realität. Denn wenn Sie voll präsent sind, selbst im Auf und Ab des Sturms, kümmert sich die Gnade auf die richtige Weise und mühelos um alle Aspekte der Manifestation – falls Sie bereit sind, sich ihr hinzugeben und sich nur um die Bedürfnisse des jetzigen Augenblicks kümmern. Wenn unser Verstand seine Energie mit Gedanken an die Vergangenheit oder Vorstellungen über die Zukunft vergeudet, ist unser Bewusstsein nicht fokussiert und für das präsent, was jetzt hier ist. Die zu erledigende Aufgabe erfordert dann doppelt soviel Zeit, da der Verstand sich auf Irrwegen befindet.

In der Woche voller Konferenzen und Termine, die der Hochzeit vorausging, musste jeder Besuch des Brautpaares bei dem wir alles mögliche besprachen; Essen, Musik, Anmietung von Instrumenten, Timing, Programm, Platzanweiser, Ehegelöbnis, Texte, Einkaufen, Kleiderordnung, Blumen, Dekoration, Pavillon im Freien, Sitzordnung – Sie kennen das, die Liste ist endlos – irgendwie zwischen diverse geschäftliche oder berufliche Verpflichtungen gezwängt werden, die alle notwendig, wichtig und unmöglich aufzuschieben waren. Dennoch war jede Begegnung mit Yvonne und Maarten von einem Gefühl der Zeitlosigkeit geprägt, während wir mühelos die Erfordernisse des Augenblicks besprachen, uns Zeit nahmen, unsere Liebe und Energie in diese Themen zu investieren und unser Herz öffneten, um der Gnade zu erlauben, die Inspiration zur Schaffung einer schönen, eleganten Hochzeitszeremonie freizusetzen. Die Umstände erforderten, dass ich den zahllosen Bedürfnissen des Brautpaares gegenüber total geduldig, fokussiert und präsent blieb.

Je näher der Hochzeitstag rückte, desto mehr Dinge mussten erledigt werden: Speisen und Getränke mussten besorgt werden, Teller, Gläser, Tischtücher etc. mussten gemietet werden, man musste sich bezüglich der Blumenarrangements entscheiden, Programme mussten gedruckt und Musik organisiert werden, etc. etc.. Hierbei handelte es sich nicht um Dinge, die auf jemand anderen abgeschoben werden konnten. Jede dieser Notwendigkeiten musste besprochen, gewürdigt und entsprechend in die Tat umgesetzt werden.

Am Samstag, dem Tag vor der Hochzeit, sorgte die Gnade dafür, dass einige Mitarbeiter des Journey-Teams sich bereit erklärten mitzuhelfen, und sie machten sich mühelos an die Arbeit. Vielleicht denken Sie, dass ich mir als Gastgeberin, Hochzeitsplanerin, Dekorateurin und Leiterin der heiligen Zeremonie, die am Sonntag stattfinden sollte, zu irgendeinem Zeitpunkt die Erlaubnis gab, unter dem Druck zumindest vorübergehend vor Erschöpfung zusammenzubrechen. Doch die knappe Zeit gestattete einen solchen Luxus nicht. Totale Hingabe war die einzige Möglichkeit. Und ein bemerkenswertes, beinahe magisches Phänomen begann sich im Laufe des Tages bemerkbar zu machen. Von außen wirkte die Situation für alle, die zu diesem Zeitpunkt das Haus betraten, wahrscheinlich wie ein totales Chaos, ein Wirbelsturm der Aktivitäten: Ich habe tatsächlich gehört, wie ein Lieferant bemerkte: »Das ist ja hier wie im Zirkus.« Doch irgendwie hatten sich alle den zu erledigenden Aufgaben hingegeben und führten mühelos diverse Aufgaben wie Kochen, Saubermachen, Dekorieren und Arrangieren aus und verwandelten unser Heim auf wundersame Weise in eine exquisite Kapelle, einen herrlichen, gloriosen Tempel für die Hochzeit.

Inmitten dieses Wirbelsturms fühlte es sich an, als würde die Zeit stillstehen, während ich mich ruhig und geduldig mit dem Brautpaar hinsetzte und liebevoll-gewissenhaft jedes letzte Detail des Hochzeitstages mit ihnen besprach. Ich fühlte mich so offen, dass es schien, als wäre alles und jeder in meiner Umgebung in der Umarmung dieser Offenheit willkommen. *Nirgends gab es irgendeinen Widerstand.* Wir wurden des Öfteren unterbrochen, indem meine Aufmerksamkeit zum Beispiel auf die Blumenarrangements gezogen wurde oder weil ich irgendwelche Entscheidungen treffen musste. Ich wurde bei allem um klare Antworten gebeten, angefangen vom Standort des Pavillons bis hin zum Arrangieren der Stühle und Kissen und wo die Gäste ihre Autos parken sollten. Jemand wollte wissen, ob die Bruschetta mehr Salz brauchte, ein anderer fragte mich, wie die Musikanlage funktionierte.

Jedoch schien es erstaunlicherweise ungeheuer viel Zeit zu geben. Es fühlte sich tatsächlich an, als würde die Zeit sich ausdehnen – als wäre sie müßig und leichtfüßig, und als gäbe es genug davon, um alle Fragen zu beantworten und alle Entscheidungen zu treffen, dabei gleichzeitig offen und geduldig zu bleiben und das Brautpaar zu würdigen. Die Zeit fühlte sich so unendlich weit an, dass es sogar noch Raum für neue Inspirationen bezüglich der Zeremonie gab, die sich ganz spontan einstellten. Und es überrascht nicht, dass die Hochzeit am nächsten Tag zu einer gloriosen, sublimen, von reiner Gnade durchdrungenen, festlichen Angelegenheit wurde. Und das alles, weil die totale Hingabe an den Moment der Gnade den Dingen erlaubte, ungehindert zu fließen.

Vor einiger Zeit habe ich begonnen mich zu fragen, ob die Zeit vielleicht illusorisch wird und die Gnade das Ruder übernimmt und in Aktion tritt, wenn wir unser ganzes Wesen, unser Bewusstsein und unsere Liebe dem Moment hingeben. Natürlich kann ich nicht wissen, ob dem so ist, auf jeden Fall fühlt es sich für mich so an.

Manchmal denke ich, dass die Natur jedwede Leere verabscheut, und wenn Sie Ihr ganzes Wesen den Erfordernissen des gegenwärtigen Augenblickes hingeben – all Ihre Gedanken, Emotionen, Ihr ganzes Sein – so ist das, als bliebe eine Leere zurück, und die Gnade eilt herbei, um diese Leere zu füllen und durch Ihre Person alle Aktionen vorzunehmen. Alles, was ich weiß, ist, dass es sich mühelos anfühlt – als sei man aus Luft gemacht, leichtfüßig in Freiheit tanzend. Und dabei fühlt es sich an, als gäbe es gar keinen Handelnden. Irgendwie tanzt sich das Leben selbst.

Daher lautet die Einladung, einfach *aufzuhören. Hören Sie auf,* Entschuldigungen dafür zu geben, warum Sie nicht präsent sein können. *Hören Sie auf,* sich über die Vergangenheit oder Zukunft Gedanken zu machen. *Hören Sie auf,* nach dem Warum oder Wie zu fragen. *Hören Sie auf,* sich der endlosen Bewegung und Aktivität des Lebens zu widersetzen. *Stoppen* Sie Ihren inneren Dialog, der Ihnen sagt: »Aber es gibt soviel zu tun.« *Hören Sie auf,* sich den Gegebenheiten zu widersetzen.

Hören Sie einfach auf.

Die Ekstase der Freiheit wartet auf Sie, und Sie wird Ihnen in dem Augenblick enthüllt, in dem Sie *Ihr ganzes Sein dem jetzigen Moment hingeben*. Die Zeit ist gekommen, innezuhalten und Ihr ganzes Wesen rückhaltlos dem Leben zu öffnen. Sie haben die Wahl. Die Freiheit wartet darauf, von Ihnen entdeckt zu werden.

Die Freiheit ist bereits hier.

Geführter Prozess für Jetzt-Bewusstsein:
Selbstverurteilung – Loslassen und Vergebung

Im Folgenden möchte ich Ihnen einen Prozess anbieten, den ich als besonders nutzbringend empfinde, wenn ein ausgeprägtes inneres Muster der Selbstverurteilung und Selbstbestrafung vorliegt. Selbstverurteilung lenkt uns von dem gegenwärtigen Moment ab und vernebelt unser Bewusstsein, indem es uns aus dem Hier und Jetzt herausholt. Selbstverurteilung fungiert wie ein Schleier, der die Schönheit des gegenwärtigen Augenblicks verdeckt.

Wenn die Verurteilung losgelassen, verstanden und vergeben wird, dann ist Ihr ganzes Wesen frei, sich leicht und unbeschwert im jetzigen Moment niederzulassen. Hundertprozentig im Hier und Jetzt zu sein wird einfach, offensichtlich, und die im gegenwärtigen Moment beinhaltete Schönheit und Gnade enthüllt sich mühelos.

Was folgt, ist ein sehr wirkungsvoller Prozess, den ich bei Seminaren vorstelle, wenn ein großer Teil des Publikums in Selbstvorwürfen und Selbstverurteilung gefangen zu sein scheint und ständig auf einen inneren Kritiker hört, der einfach nicht zum Schweigen gebracht werden kann.

Wenn Ihr innerer Dialog sich in erster Linie mit kontinuierlicher Selbstkritik beschäftigt, kann dies tatsächlich sehr ermüdend werden, und meiner Meinung nach ist die beste Möglichkeit, damit umzugehen, ihn ans Tageslicht zu bringen, das Spiel als das zu erkennen, was es ist und sich schließlich dafür zu vergeben, ein solch gnadenloser Richter zu sein. Denn es ist eine Tatsache, dass die meisten von uns im Geheimen sehr hart mit sich selbst umgehen, und dieser Prozess kann Ihnen helfen, die Lüge dieses Spiels zu durchdringen und den Mind-Trip des Egos zu entschärfen.

Sie können die folgenden Worte mit Ihrer eigenen Stimme aufnehmen und sich vorspielen, oder Sie bitten einen Freund oder eine Freundin, sie Ihnen vorzulesen, damit Sie sich diesen geführten Prozess bequem mit geschlossenen Augen anhören können.

Schließen Sie zunächst Ihre Augen, atmen Sie ein paar Mal schön tief ein und seufzen Sie die Luft dann langsam und gleichmäßig heraus. Nun werden Sie wieder Ihres Bewusstseins gewahr . . . Spüren Sie, wie weit es sich bereits vor Ihnen ausdehnt . . . wie weit es hinter Ihnen ist . . . Fühlen Sie die Ausdehnung nach allen Seiten . . . und ruhen Sie einfach in einem Bad der Stille.

Nun stellen Sie sich vor Ihrem inneren Auge ein Lagerfeuer vor. Die Natur dieses Lagerfeuers ist die bedingungsloser Liebe und vollkommener Akzeptanz.

An diesem Lagerfeuer sitzen nur zwei Personen. Eine davon sind Sie in jungen Jahren, irgendwo zwischen Ihrer Geburt und Ihrem jetzigen Alter.

Und dann ist da natürlich noch Ihr gegenwärtiges Selbst, das bis heute voller Urteile, Vorwürfe und Selbstkritik gewesen ist.

Wenn Sie sich Ihr jüngeres Selbst anschauen, werden Sie sehen, dass es sich winzig fühlt, um nicht zu sagen erbärmlich, denn offensichtlich war alles, was Ihr jüngeres Selbst tat, nie gut genug. Und selbst wenn mal irgendetwas gut gelaufen zu sein schien, waren Sie dennoch immer schnell bei der Hand, es zu kritisieren und darüber zu klagen, wie es hätte besser gemacht werden können.

Ihr jüngeres Selbst ist dazu gezwungen worden, genau so zu sein wie alle anderen, sich der harschen Norm anzupassen, und den noch hatte es den Anschein, dass egal wie sehr Ihr jüngeres Selbst sich auch bemühte, es den Erwartungen der anderen einfach nicht gerecht werden konnte. Es war einfach nicht gut genug.

Und bei all diesen Vorwürfen und Verurteilungen sowie angesichts all dieser inneren Kritik verlor Ihr jüngeres Selbst den Blick für das, was es wirklich ist. Es vergaß die Schönheit, die Großartigkeit, die Gnade seines wahren Wesens und versuchte stattdessen, den Vorstellungen aller anderen darüber zu entsprechen, wie es sein sollte. Und selbst das war nicht genug.

Wenn Sie hinschauen oder spüren oder einfach wissen, erkennen Sie, wie erbärmlich und verzweifelt sich Ihr jüngeres Selbst fühlt. Daher möchten Sie dieses Gespräch am Lagerfeuer vielleicht beginnen, indem Sie Ihrem jüngeren Selbst laut sagen (wiederholen Sie mit lauter Stimme):

»Es tut mir leid, dass ich dich so oft verurteilt habe . . . Ich bin so hart mit dir gewesen, egal, was du getan hast, egal, wie sehr du dich bemüht hast, es war einfach nie gut genug für meine viel zu brutalen Maßstäbe . . . Ich habe versucht, dich in die Norm zu pressen, und wenn es dir nicht hundertprozentig gelang, dann habe ich dich noch mehr verurteilt . . . Ich bin so hart zu dir gewesen.

Es tut mir leid . . . Ich habe vergessen, dass dein Inneres von wahrer Schönheit erfüllt ist, von wahrer Gnade . . . Stattdessen habe ich mir die Ideen und Vorstellungen aller anderen darüber zu eigen gemacht, wie du sein solltest und den Blick auf dein wahres Wesen verloren . . . Es tut mir so leid . . . Wirst du mir bitte vergeben?«

Nun machen Sie Ihr Herz auf, so als würden Sie eine Rüstung ablegen, und erlauben Sie der Vergebung Ihres jüngeren Selbst, den

Körper und das Wesen Ihres heutigen Selbst zu durchdringen . . .
Nehmen Sie sich genügend Zeit und öffnen Sie sich, um die Vergebung für all Ihre Selbstkritik und Verurteilung zu empfangen.

Dann wenden Sie sich Ihrem jüngeren Selbst zu und sagen: »Es tut mir so leid, dass ich dein wahres Wesen aus den Augen verloren und versucht habe, dich in eine Norm zu pressen . . . und dass ich dich gnadenlos verurteilt habe, wenn es dir nicht gelingen wollte . . . Ich verspreche, ab sofort mit diesem traurigen Spiel der Vorwürfe und Schuldzuweisungen aufzuhören . . . Ich vergebe dir für all die Male, die du meinen viel zu brutalen Maßstäben nicht gerecht werden konntest.«

Nun öffnen Sie das Herz, die Rüstung Ihres jüngeren Selbst und fühlen Sie, wie die Präsenz der Vergebung und liebevollen Akzeptanz Ihr jüngeres Selbst durchdringt.

Während dies geschieht, sollten Sie vielleicht sagen: »Es tut mir so leid, was in der Vergangenheit geschehen ist . . . Von jetzt an werde ich das Licht in dir sehen, die Liebe in dir, die Einfachheit der Gnade, die deine Essenz ist.«

Und nun stellen Sie sich vor, wie Sie das Gewand des Schmerzes und Verurteilens von den Schultern Ihres jüngeren Selbst nehmen, diesen alten, dunklen Umhang, und ihn ins Feuer werfen.

Nun geben Sie dem jüngeren Selbst ein paar Ballons. Der erste ist erfüllt mit Selbstliebe . . . Lassen Sie Ihr jüngeres Selbst jetzt Selbstliebe einatmen, bis es ganz davon durchdrungen ist . . . Nun geben Sie ihm einen Ballon der Selbstakzeptanz . . . Lassen Sie es diese Qualität einatmen . . . Und einen Ballon des Wissens darüber, dass Sie die Präsenz göttlichen Seins sind . . . Lassen Sie es diese Qualität einatmen und Ihr jüngeres Selbst davon erfüllt und durchdrungen sein.

Dann stellen Sie sich vor, wie Sie sich dem jüngeren Selbst zuwenden und die Worte wiederholen: »Ich bedaure von ganzem Herzen all deinen früheren Schmerz und die Urteile, die du erdulden musstest... Von jetzt an werde ich dich lieben und beschützen und mich der außergewöhnlichen Essenz der Gnade öffnen, die unsere wahre Natur ist... Du bist ein wunderbares Wesen, voller Großartigkeit und Wahrheit.«

Dann, indem Sie Ihr jüngeres Selbst umarmen, lassen Sie es mit Ihrem heutigen Selbst verschmelzen, in die Umarmung der Selbstakzeptanz, der Selbstliebe und des Wissens um das eigene Wesen hineinwachsen und in die Erkenntnis, dass Sie die Gnade selbst und perfekt sind, so wie Sie sind.

Jetzt gestatten Sie dem Bewusstsein erneut, sich vor Ihnen auszudehnen... hinter Ihnen grenzenlos weit zu werden... offen nach allen Seiten... unendlich nach unten und so weit wie der Himmel nach oben, und ruhen Sie im Zustand vollkommener Akzeptanz.

Und wenn alle Teile Ihres Wesens voll integriert und bereit sind, von nun an aus diesem Bewusstsein der Freiheit und Selbstakzeptanz heraus zu leben, werden Sie feststellen, das Sie in der Lage sind, Ihre Augen zu öffnen und voll im gegenwärtigen Moment präsent zu sein.

Wenn Sie also bereit sind, können Sie jetzt Ihre Augen öffnen und in einem wohligen Bad der Selbstakzeptanz ruhen.

Ehrfurcht und Verehrung

Ehrfurcht und Verehrung -
die Flügel der Gnade.
Auf ihren Schwingen erreichen
Sie glückselige Freiheit.

Ehrfurcht und Verehrung

Ehrfurcht ist ein Duft der Gnade, der nur in einem Zustand von Unschuld und totaler Frische ausströmt.

Ehrfurcht ist nicht ein Wort, das uns im Kontext von Freiheit sofort in den Sinn kommt – und doch können Sie, wenn Sie in der Präsenz der Gnade ruhen, nicht umhin, eine natürliche Ehrfurcht für die Großartigkeit aller Schöpfung um Sie herum zu fühlen. Sie kommt ganz spontan, wenn das Herz vor Dankbarkeit für die Schönheit dessen, was ist, überläuft – im jetzigen Augenblick.

Diese Ehrfurcht ist jedoch nur als natürlicher Ausdruck spürbar, wenn Sie *voll im Hier und Jetzt* sind, ohne irgendwelche Gedanken an den nächsten Augenblick und ohne dass Sie die Vergangenheit in die Gegenwart holen. Sie ist spürbar, wenn alle Vergleiche wegfallen und alle Erwartungen sich aufgelöst haben.

Ich habe diese intensive Erfahrung eines warmen Sommerabends auf der Insel Maui in Hawaii gemacht. Die Sonne hatte gerade begonnen, hinter dem Meer unterzugehen, als ich am Kai stand und nach einem langen, faulen Tag an Bord eines Bootes, das für mein Wohlbefinden ein wenig zuviel geschaukelt hatte, eine entspannte Unterhaltung führte. Mit einem Gefühl leichter Übelkeit und dankbar, dass ich wieder auf festem Boden stand, ließ ich meinen Körper sein eigenes Gleichgewicht finden, während meine Freundin Betty munter drauflos plauderte. Sie ist eine liebe Freundin, die ich von Herzen gern habe, daher schenkte ich ihr meine ganze Aufmerksamkeit, während mein Körper seine eigene innere Balance wiederherstellte.

Während sie sprach, reflektierte ihre Sonnenbrille einen orangefarbenen Lichtblitz, was mich aus meinem leicht schläfrigen Zustand herausriss in ein scharfes Bewusstsein des gegenwärtigen Moments. Ich sagte zu Becky, dass sich gerade ein herrliches, aprikosenfarbenes Licht in ihrer Sonnenbrille gespiegelt hatte, und gemeinsam drehten wir uns arglos um, um zu sehen, woher es kam.

Dort, am Horizont, war die Sonne gerade dabei ins Meer zu tauchen – wie ein feuriger, flammend rot-oranger Ball. Der Himmel war durchglüht von korallenförmigen Wolkenfetzen, wie hingestreut über klares Türkis, das im Vergleich zu dem mittlerweile tiefen Blau des Meeres weich aussah. Ein weites, sich langsam über das Firmament hinziehendes Leuchten spiegelte sich im Meer wider und blitzte auf, wo es auf die Kämme der Wellen fiel und dabei ein funkelndes Kräuseln in dem schimmernden flüssigen Licht kreierte.

Uns blieb beiden die Luft weg. Das Schauspiel nahm uns regelrecht den Atem. Spontan füllten sich meine Augen mit Tränen, als ich voller Ehrfurcht dastand, verloren im gegenwärtigen Moment, nicht fähig zu sprechen. Ohne ein Wort zu sagen, bewegungslos, sahen wir dem spektakulären Schauspiel der Farben zu, die immer dunklere Schattierungen annahmen, bis die Sonne schließlich ganz hinter dem Horizont ins Meer tauchte und vollständig unseren Blicken entschwand.

Eine Ewigkeit verging. Alles war still – nur das sanfte Geräusch der Wellen war zu hören, wie sie an die Kaimauer schlugen und sich wieder zurückzogen.

Türkis wurde zu Indigo, während ein riesiger bleicher Mond aus dem Nichts auftauchte und eine kühle Brise wehte. Alles wurde vollkommen still.

Mein Herz, überwältigt von der Glorie dieses Augenblicks, fühlte sich an, als wäre es kaum in der Lage, solch unglaubliche Schönheit in sich aufzunehmen. Es war einfach zu immens. Ich glaubte, ich müsste vor lauter Entzücken zerbersten. Große Ehrfurcht für das Leben überflutete mein Bewusstsein – Dankbarkeit für das, was ist... reine Dankbarkeit. Tränen liefen mir über die Wangen. Ich hatte das Gefühl, als hätten wir seit jeher auf dieser Kaimauer gestanden, als seien wir immer nur hier gewesen – der Moment dauerte eine Ewigkeit.

Am nächsten Abend beschloss ich, wieder zu demselben Kai zu gehen in der Hoffnung, die gleiche wunderbare Großartigkeit zu erleben, die gleiche tiefe Ehrfurcht zu empfinden, doch leider musste ich feststellen, dass es nicht dasselbe war, wie sehr ich es auch versuchte. Irgendwie »suchte« ich nach der gleichen Erfahrung von Ekstase wie am Abend vorher, doch gerade meine Erwartung, meine Sehnsucht hielten mich davon ab, die einfache, subtilere Schönheit zu erleben, die auch an diesem zauberhaften Sommerabend überall um mich her erstrahlte. Ich rief mir immer wieder den vergangenen Abend in Erinnerung, sah vor meinem inneren Auge die lebhaften Farben und das spektakuläre Schauspiel, und irgendwie schien dieser sanftere Abend im Vergleich dazu zu verblassen. Dieser Abend war ein »pastellfarbener« Abend, und so lieblich er auch war, schien der Moment im Verhältnis zum Abend vorher flach zu sein. Irgendwie war das Gefühl, gesegnet zu sein, nicht da; ich empfand keine echte Verehrung.

Mit dem Gedanken, dass ich diese köstliche Empfindung vielleicht willentlich hervorrufen und wiederholen könnte, schloss ich die Augen. Mit meinem ganzen Wesen stellte ich mir den vorausgegangenen Abend in all seiner strahlenden Pracht vor. In der Hoffnung, die Gänsehaut zu spüren, die sich mit dem Gefühl der Ekstase eingestellt hatte, war mein Erlebnis an diesem Abend jedoch weniger intensiv. So als würde ich mir ein Foto in einem alten Familienalbum anschauen, wies er zwar all die richtigen Bilder auf, aber war einfach nicht lebendig, frisch, neu. Es wollte mir partout *nicht gelingen*, Ehrfurcht aufkommen zu lassen.

Da saß ich also, auf der Kaimauer, und vor mir breitete sich ein paradiesisches Panorama aus, doch konnte ich nicht sehen, was sich genau vor meinen Augen befand, da ich zu sehr damit beschäftigt war, es mit meiner vergangenen Erfahrung zu vergleichen. Da ich den Moment durch die Filter der Vergangenheit sah, konnte ich nur einen teilweise verdeckten Blick auf die Gegenwart erhaschen.

Ich übersah die Pracht, die sich jetzt in diesem Moment entfaltete – wenn auch in veränderter Form – mit anderen Farben, anderen Wolken, anderen Gerüchen. Doch da es nicht an das herankam, was ich mittlerweile als den ultimativen Sonnenuntergang betrachtete, konnte ich die natürliche Allgegenwart der Gnade, die mich umgab, nicht fühlen und ging enttäuscht nach Hause.

Am nächsten Abend sah ich wieder aufs Meer hinaus, *ohne etwas zu erwarten.* Die Gnade hatte mich im Stich gelassen. Schließlich war es nur ein verglühender Augenblick einer Pracht gewesen, die im Meer verschwunden war – ein flüchtiger Blick auf das Göttliche.

Ich wandte meinen Blick vom Meer ab – es würde mich letzten Endes nur enttäuschen – und vergrub meine Zehen im Sand. Als die Sonne hinter dem Meer zu verschwinden begann, bemerkte ich, wie die Schatten länger wurden und der Sand ganz plötzlich kälter. Eine raue, zerbrochene Muschel spielte mit meiner großen Zehe und eine Luftblase erschien im Sand, während die Wellen mich leise umspielten und meine Füße mit ihrem Schaum kitzelten, bevor sie wieder ins Meer zurückflossen. Wie ein Kind, völlig ungeplant und unerwartet, hatte ich mich in den kleinen Details des Augenblickes verloren, und eine stille, beinahe unmerkliche Ekstase begann von irgendwo in meinem Inneren aufzusteigen. Während ich den Sand betrachtete, fiel mir auf, dass die zerbrochene, von Salz und Wasser weißgewaschene Muschel sich rosa verfärbte, und als ich unschuldig meinen Kopf umwandte, um zu sehen, aus welcher Richtung dieses sanfte Leuchten kam, war ich wie verzaubert... die Sonne war gerade im Begriff, am Horizont unterzugehen, und die Schönheit dieses Anblicks nahm mir schier den Atem. Mein Herz explodierte in einem Gefühl der Dankbarkeit und Ehrfurcht, denn die Großartigkeit des Lebens war überall sichtbar.

Ohne den Wunsch zu vergleichen, festzuhalten oder mir diesen Augenblick in irgendeiner Weise einzuprägen, ruhte ich einfach in tiefer Ehrfurcht, bis die Sonne ins Meer glitt und meinem Blick entschwand.

Ich blieb in einer süßen Stille zurück, und als ich an diesem Abend nach Hause kam, waren keine Worte nötig. Das, was passiert war, konnte nicht mit Worten beschrieben werden, denn ich wusste, dass ich es durch die Beschreibung in die Vergangenheit gerückt hätte. Es wäre eine weitere Erfahrung geworden, die mit einem Etikett versehen worden wäre, was mich aus der süßen Stille des Momentes katapultiert hätte, in dem ich mich befand.

So verhält es sich mit der Gnade. Wir können nicht vergangene Gedanken, Ideen oder Erwartungen in diesen Moment zerren und sie als Maßstab benutzen, denn das Heranziehen irgendwelcher Dinge aus der Vergangenheit verdeckt die Gnade und Schönheit des jetzigen Augenblicks.

Nur wenn wir sorglos alle Erwartungen weglassen, und wenn unser ganzes Bewusstsein auf das Jetzt fixiert ist, werden Ehrfurcht und Dankbarkeit ein natürlicher Ausdruck des Herzens. Nur wenn es weder den Versuch gibt, auch nur an die Zukunft zu *denken*, noch den Wunsch, die Vergangenheit erneut zu erleben, ist die Gnade hier, ist Ekstase möglich, fließt Verehrung durch unser Herz.

Im Zustand sorgloser Unschuld ist Ehrfurcht der natürliche Ausdruck des Herzens.

Es war nicht so, dass ein Sonnenuntergang besser war als der nächste. Tatsächlich war es nicht der Sonnenuntergang, der diese Ekstase kreiert hat, denn nicht das, was gesehen wird, ist entscheidend, sondern *derjenige, der es sieht.* Die Gnade in Ihrem Inneren sieht nur diesen jetzigen Moment und empfindet Ehrfurcht vor der Schöpfung.

Wenn wir voll im Hier und Jetzt präsent sind, offen für die gesamte Schöpfung, ohne einen Gedanken an die Vergangenheit oder Zukunft, zufrieden mit dem, was jetzt ist, empfinden wir Ehrfurcht als einen natürlichen Ausdruck der Gnade in unserem Herzen.

Und wenn Ehrfurcht uns erfüllt, scheint sie von einem anderen Duft der Gnade begleitet zu sein: Verehrung. Sobald wir ein Gefühl der Dankbarkeit oder Anerkennung der Schöpfung gegenüber spüren, entsteht der natürliche Wunsch, sie zu verehren, zu hegen und zu pflegen, denn die Schönheit ist ihr Begleiter. Es ist, als seien sie zwei Flügel desselben Vogels. Ehrfurcht inspiriert zu Verehrung; und wenn Sie etwas tief verehren und lieben, vertieft sich auch die Ehrfurcht. Ehrfurcht und Verehrung gehen Hand in Hand.

Es gibt eine Geschichte, die zu meinen persönlichen Favoriten gehört, da sie uns die Macht der Verehrung nahe bringt und uns in einfacher Dankbarkeit und Ehrfurcht ruhen lässt. Vielleicht möchten Sie es sich noch einmal bequem machen, sich entspannen und Ihr Herz öffnen, um diese schöne Geschichte ihr Werk tun zu lassen.

Es gab einmal eine Frau, die in ihren Angewohnheiten sehr schlampig geworden war. Sie hatte an Gewicht zugenommen, empfand eine heimliche, kaum wahrnehmbare Selbstverachtung und war in eine milde Depression gefallen. Ohne dass sie es merkte, begann ihre äußere Umgebung ihr inneres Durcheinander und ihren Mangel an Würdigung ihrer eigenen Person widerzuspiegeln. Sie fühlte, wie sie immer schwerer wurde und stellte fest, dass sie einfach nicht die Energie hatte, das wachsende Chaos aufzuräumen, das sich um sie herum angesammelt hatte. Die Stühle und Sessel waren voll bepackt mit Magazinen, und die Gelben Seiten des Telefonbuchs lagen offen, versehen mit Landkarten und handgeschriebenen Notizen, hinter dem Sofa auf dem Boden. Bücher schienen nie mehr ihren Weg zurück ins Bücherregal zu finden, und überall in der Wohnung lagen teilweise gelesene Zeitungen herum. Ihre nur zum Teil verzehrten Mahlzeiten, die sie sich hatte ins Haus liefern lassen und die Krümel und Flecken auf den Wohnzimmermöbeln hinterlassen hatten, wurden oft tagelang nicht entsorgt, und Fernsehzeitschriften längst vergangener Wochen lagen verstreut auf dem Wohnzimmertisch und verdeckten das Telefon, dessen Batterie leer war und das sowieso nicht oft klingelte.

Es gab kaum genug Platz sich zu bewegen, und selbst einen Teller *irgendwo* im Zimmer abzustellen war ein Ding der Unmöglichkeit. Um einen Platz zum Sitzen und Essen zu finden, während sie gelangweilt durch die TV-Shoppingkanäle zappte, räumte sie gerade genug der alten Essensreste weg, um ihr neues Fertiggericht abstellen zu können.

In ihrer Küche stapelte sich das schmutzige Geschirr bis an die Decke, doch sie dachte: »Ein Teller mehr oder weniger macht den Hasen auch nicht fett«, während sie dem Berg einen weiteren Teller hinzufügte. Der Abfalleimer war längst übervoll und hätte eigentlich in einen großen Müllsack entleert werden müssen, doch all das schien ihr zuviel Mühe zu machen. Als die Fliegen kamen und massenweise auf den Abfällen und dem schmutzigen Geschirr landeten, ließ sie einfach das Fenster offen, damit sie vom nächsten Windstoß hinausgetragen würden.

In ihrem Schlafzimmer ließ sie ihre schmutzige getragene Kleidung hinfallen, wo es ihr gerade bequem war, und auch auf dem Bett lagen benutzte Kleidungsstücke. Doch da sie sich zusehends müder und antriebsloser fühlte, drückte sie die Sachen einfach auf die Seite, wenn sie ins Bett ging, und schaffte sich so wenigstens ein wenig Raum zum Schlafen.

Wenn sie am Morgen aufstand, sah alles so überwältigend aus, und da sie keine sauberen Kleidungsstücke mehr hatte, beschloss sie, die Sachen anzulassen, in denen sie geschlafen hatte. Dem Chaos und der Unordnung überdrüssig, ging sie mit ihrem Kaffee zurück ins Wohnzimmer und schüttete ihn in einen Pappbecher – was einfacher war als ein Glas oder eine Tasse zu spülen – und begann, die Zeitung vom Vortag durchzublättern.

Als sie sich die einzelnen Seiten anschaute, stellte sie fest, dass die meisten Artikel sie nicht interessierten. Sie hatte die Zeitung bereits nach den interessanteren Meldungen durchgeforstet und verspürte den Drang, etwas Neues zu lesen, etwas Frisches. Ihr fiel ein, dass die heutige Tageszeitung wahrscheinlich vor ihrer Haustür lag, doch als sie über die Mühe nachdachte, die damit verbunden war, ihre Hausschuhe zu finden, ihren Morgenmantel aus dem Kleiderberg herauszufischen und hoffentlich unbemerkt über den Rasen vor dem Haus zu schlurfen, um die Zeitung aufzuheben, bevor die Nachbarn ihren unordentlichen Zustand sahen, verursachte ihr allein der Gedanke daran ein flaues Gefühl im Magen. Also richtete sie ihre Aufmerksamkeit wieder auf die alte Zeitung und suchte unzufrieden weiter nach einem Artikel, den sie am Tag zuvor vielleicht übersehen hatte.

Während sie noch überlegte, ob sie aufstehen oder sitzen bleiben sollte, hörte sie, wie es an ihrer Tür klingelte. Sie sah auf die Uhr über dem Kamin. Es war 11.32 Uhr; wer könnte sie unerwartet um diese Zeit besuchen?

Es klingelte noch einmal. Mürrisch stand sie auf, fand schließlich ihren Morgenmantel unter einem Berg von Kleidungsstücken, zog ihn über und ging zur Haustür. Der Mensch, der davor stand und geduldig gewartet hatte in der Annahme, dass die Klingel vielleicht nicht funktioniert, klopfte jetzt sacht an die Tür.

»Ist ja gut. Ich komme ja schon«, dachte sie genervt ... »Als wenn ich nichts anderes zu tun hätte, als die Tür zu öffnen«, grummelte sie vor sich hin.

Als sie die Tür öffnete, war sie einen Moment lang vom morgendlichen Sonnenlicht geblendet, und der Fremde, der dort wie eine Silhouette vor ihr stand, war nicht auf Anhieb zu erkennen. In seiner Hand hielt er eine einzige weiße Rose, und er sprach mit warmer Stimme die einfachen Worte: »Ich wollte Ihnen nur diese Rose bringen«, indem er sie sanft in ihre Hand legte. Als sie die Blume betrachtete, die so plötzlich in ihrer Hand lag, war sie verwirrt und überrascht, und ein kleiner Gluckser der Dankbarkeit brach von irgendwo aus ihrem Inneren hervor.

Einen Augenblick lang war sie von der Schönheit der Blume wie verzaubert. Wie lange dieser Augenblick dauerte, wusste sie nicht, doch als sie wieder aufschaute, um dem freundlichen Fremden zu danken, war er nirgends zu sehen. Indem sie vorsichtig ein paar Schritte nach draußen machte, blickte sie in beide Richtungen, um zu sehen, wohin er gegangen war, doch es war niemand in ihrer ruhigen, einsam im Sonnenlicht daliegenden Straße zu sehen. Es war, als hätte sich der Fremde in Luft aufgelöst.

Fassungslos und ein wenig benommen vom hellen Tageslicht und dem Erlebnis mit dem unbekannten Mann ging sie mit ihrer einzelnen weißen Rose zurück ins Wohnzimmer. Sie suchte überall nach einem Gefäß, um die Rose hineinzustellen, konnte aber keines finden, also ging sie in die Küche und fand eine kleine Vase, die in einem unbenutzten Regal im Schrank stand. Sie füllte sie mit Wasser und war gerade dabei, die Rose hineinzustellen, als sie merkte, dass die Vase verstaubt war. Ohne darüber nachzudenken warum, spülte sie sie gut aus, schnitt den Stängel der Rose unten ein wenig ab und stellte sie in die Vase.

Sie hatte es nicht bemerkt, aber irgendwie war ihr Gang ein wenig schwungvoller geworden, als sie ins Wohnzimmer zurückging, um auf dem Tisch einen Platz für ihr schönes Geschenk zu finden. Sie nahm ein paar der Magazine vom Tisch und stellte die Vase mit der Rose in die Mitte.

Sie setzte sich hin, und bevor sie die Zeitung wieder aufnahm, sah sie sich einen Moment lang aufmerksam die Blume an, die ihr so großzügig von jemandem überreicht worden war, den sie nie zuvor gesehen hatte. Sie begann, die delikaten Einzelheiten der Rose zu erkennen – die Schönheit ihrer Blütenblätter, das intensive Grün ihrer Blätter, die Struktur und Streifen in der noch verschlossenen Blüte. Sie war von ihrer Einfachheit und bemerkenswerten Schönheit überrascht. Es war zwar nur eine einfache weiße Rose, doch irgendetwas an ihr schien besonders zu sein und stahl sich unbemerkt in die Seele der Frau.

Die Frau schlug die Zeitung von gestern auf – nachdem sie immer noch nicht hinausgegangen war, um eine neue zu holen – legte sie jedoch gleich darauf wieder hin, so sehr fühlte sie sich von der Schönheit der Rose angezogen. Während sie die Blume betrachtete, wurde sie sich des Chaos bewusst, das sie umgab, und sie dachte: »Diese Rose ist zu schön, als dass sie von diesem ganzen Mist um sie herum beschmutzt werden dürfte.« Schnell räumte sie den Couchtisch leer und brachte den Abfall in die Mülltonne hinter dem Haus.

Wieder setzte sie sich hin, um die Zeitung durchzublättern, doch auch dieses Mal stellte sie fest, dass sie ihren Blick nicht von der herrlichen, exquisiten Rose abwenden konnte.

Von der Schönheit der Blume wie verzaubert, fiel ihr Blick auf die Sachen, die um den Couchtisch herum auf dem Boden lagen. »Oh mein Gott«, dachte sie, »was für eine Unordnung. Diese Rose hat es nicht verdient, von solchem Schmutz umgeben zu sein.« Sofort begann die Frau, eifrig den ganzen Mist wegzuräumen. Sie stapelte die Zeitungen, ordnete die Magazine, legte das Telefonbuch zurück in die Schublade und stellte die Bücher ins Regal.

»Wie schon«, seufzte sie, »endlich kann ich hier wieder atmen. Jetzt hat meine schöne Rose einen Platz, wo sie sich wohl fühlen und blühen kann.«

Als sie am nächsten Morgen ihr Wohnzimmer betrat, blieb sie wie angewurzelt stehen. Sie hatte die Rose ganz vergessen... doch da war sie; ihre Blütenblätter hatten sich geöffnet – es war einfach überwältigend. Einen Augenblick lang hielt sie den Atem an, so hinreißend war dieser unerwartete Anblick.

Während sie ergriffen dastand, bemerkte sie all die Krümel und Essensreste auf dem Teppich, die Flecken auf den Polstermöbeln und den schmutzigen Belag auf den Fenstern. All dies stach ihr plötzlich in die Augen, in grellem Kontrast zu der unvergleichlichen Schönheit der makellosen Rose.

»Diese Rose ist viel zu göttlich, als dass sie von irgendetwas anderem als strahlender Sauberkeit umgeben sein darf«, sagte die Frau zu sich selbst. Sofort holte sie sämtliche Putzutensilien aus dem Schrank und machte sich daran, ihr Wohnzimmer zu putzen, bis es von oben bis unten vor Sauberkeit glänzte. Sie putzte die Fenster, reinigte die Polster, polierte alle hölzernen Oberflächen und saugte den Teppich. Sie nahm sogar jedes einzelne Buch und staubte es ab, bevor sie es ins Regal zurückstellte. Sie entfernte sämtliche Magazine, warf die alten Zeitungen weg und machte alle Gegenstände im Wohnzimmer sauber. Sie stellte sogar ihre Möbel um, damit ihre exquisite Rose viel Raum zum Atmen hatte und ihre Schönheit ungehindert ausstrahlen konnte.

Ein paar Stunden später setzte sie sich schließlich hin und nahm ein Buch, das sie schon seit Monaten hatte lesen wollen, doch als sie es öffnete, spürte sie, wie das Buch ihr aus den Händen glitt, während sie ganz still wurde – verloren in Ehrfurcht vor der Schönheit der Rose. Wie konnte es möglich sein, dass ihr erlaubt worden war, so viel Schönheit geschenkt zu bekommen? wunderte sie sich, während sie sich kaum satt sehen konnte an der Schönheit dieser Blume.

Während sie wie verzaubert dasaß, wurde sie sich eines Geruches bewusst, der aus der Küche zu ihr herüberdrang. Es war ein fauliger Geruch, und eine leichte Unruhe überkam sie. Der Gestank wurde immer stärker, und als sie merkte, dass er sich auf ihr dankbar versunkenes Betrachten der Rose auszuwirken begann, überkam sie der Zorn.

Nicht fähig, auch nur einen Moment länger sitzen zu bleiben, stürmte sie in die Küche, und im Laufe der nächsten paar Stunden putzte, schrubbte und desinfizierte sie den Raum, bis er wie ein leuchtender Kristall funkelte. Der Abfall war in die Mülltonne gewandert, die Spülmaschine hatte das Geschirr strahlend sauber gespült, die Töpfe und Pfannen waren poliert worden, bis man sich in ihnen spiegeln konnte, und die ganze Küche strahlte herrliche Sauberkeit aus.

Mittlerweile war es Mitternacht geworden, also ging sie zurück ins Wohnzimmer, warf ihrer Rose einen letzten dankbaren Blick zu, machte das Licht aus und fiel erschöpft und froh ins Bett.

Als sie am Morgen in die Küche ging, um sich ihre erste Tasse Kaffee zu machen, war sie ganz geblendet von der Helligkeit, die dort herrschte. Sie hatte vergessen, wie sonnig ihre Küche war. Und als sie gerade den geputzten Kachelboden betreten wollte, merkte sie, dass ihre Füße bei den Putzarbeiten am vorherigen Abend schmutzig geworden waren, und sie wollte diesen Schmutz nicht in ihre funkelnde Küche bringen. Also machte sie auf dem Absatz kehrt und ging direkt ins Badezimmer, um eine Dusche zu nehmen.

Was für ein Chaos, dachte sie, als sie auf die Badematte trat. Ich habe nie gemerkt, wie dreckig es hier ist. Und wie ein Wirbelwind wehte sie durch das Badezimmer, schrubbend, waschend und polierend, bis alles glänzte, bevor sie unter die Dusche trat und gründlich ihren eigenen Körper schrubbte, so als wäre dies die erste Dusche seit Jahren. Sie nahm einen Schwamm und rubbelte ihre Haut, bis sie rosa wurde. Sie shampoonierte ihre Haare zweimal und spülte sie anschließend mit ihrer wohlriechendsten Spülung. Nach dem Abtrocknen sprühte sie sich mit einem frisch duftenden Eau de Cologne ein und zog sich schließlich ihren Morgenmantel über – der jetzt ein wenig grau aussah im Vergleich zu der Sauberkeit ihrer Umgebung.

Mit dampfend heißem Kaffee, den sie in ihre Lieblingstasse geschüttet hatte, ging sie ins Wohnzimmer zurück, um bei ihrer geliebten Rose zu sitzen. Mittlerweile war es Nachmittag, doch das machte nichts, denn sie fühlte sich frisch und sauber und konnte so lange sitzen und zufrieden ihre Rose betrachten, wie sie wollte.

Als sie so dasaß, stiegen ihr die Tränen in die Augen. Wie war es nur möglich, dass sie das Glück hatte, solch exquisite Schönheit geschenkt zu bekommen? Unschuldig dankte sie der Rose und fand sich im nächsten Augenblick auf den Knien wieder in Dankbarkeit für solche Schönheit. Ein Gefühl der Ehrfurcht vor dem Leben durchflutete ihr ganzes Wesen; sie empfand große Dankbarkeit für das, was ihr widerfahren war.

Während sie von diesem Gefühl der Ehrfurcht wie verzaubert war, hatte sie das Gefühl, in ihrem ganzen Leben nie etwas so Exquisites gesehen zu haben. Diese Rose musste auf irgendeine Weise göttlichen Ursprungs sein, dachte sie ... Die Zeit verging. Wie viel Zeit, wusste sie nicht, doch irgendwann begannen die Sonnenstrahlen lange Schatten ins Zimmer zu werfen, daher nahm sie an, dass der Abend nahe war. Ihr wurde bewusst, dass der schmuddelige Morgenmantel, den sie trug, sich in dieser Umgebung irgendwie unpassend anfühlte. Alles war so sauber, doch er war es nicht. Da sie die Rose nicht mit einer grauen, ver-

104

brauchten Energie stören wollte, dachte sie: »Ich gebe ihn einfach in die Waschmaschine, und wenn ich schon einmal dabei bin, wasche ich auch gleich meine anderen weißen Sachen mit.«

Sie ging in ihr Schlafzimmer, und der Anblick, der sich ihr bot, erschreckte sie zutiefst. Überall lagen schmutzige Kleidungsstücke herum. Wie konnte es sein, dass ihr das vorher nie aufgefallen war? Das ganze Zimmer sah aus, als sei ein Wirbelsturm hindurchgefegt.

Angeekelt und ein wenig schockiert über sich selbst, weil sie zugelassen hatte, dass das Chaos so überhand genommen hatte, hob sie eifrig alle Gegenstände vom Boden auf und hatte schnell fünf Waschmaschinenladungen zusammen. Während die Maschine ihre Arbeit verrichtete, räumte sie ihren ganzen Kleiderschrank leer. »Ich kann diese Klamotten nicht mehr sehen ... Diese Hose habe ich seit Jahren nicht mehr getragen ...« so murmelte sie vor sich hin, während sie den größten Teil ihrer Garderobe aussortierte. »Das gebe ich alles der Heilsarmee. Ich brauche die Sachen nicht mehr – sie sind wie toter Ballast, der mir die Luft zum Atmen nimmt.«

Sie zog das Bett ab, wusch und bügelte die Laken und Bezüge, und schließlich, als alles gewaschen, gebügelt und in die Schränke eingeräumt war, saugte sie den Teppichboden und putzte und polierte alle Oberflächen.

Der ganze Raum funkelte vor Sauberkeit. Irgendwie war es wieder Mitternacht geworden, also ging sie ins Wohnzimmer, schenkte ihrer herrlichen Rose noch einen letzten dankbaren Blick und fiel in süß duftende, saubere, gebügelte weiße Laken und einen tiefen, traumlosen Schlaf.

Als sie am nächsten Morgen aufwachte, war das Schlafzimmer von einem weichen, warmen Leuchten durchflutet, und sie sprang heiter aus dem Bett, weil sie merkte, dass sie gerade rechtzeitig aufgewacht war, um den Sonnenaufgang zu sehen – etwas, das sie seit ihrer Kindheit nicht mehr getan hatte. Die Morgenröte war spektakulär, und leichten Schrittes ging sie in die Küche, brühte sich einen Kaffee, fügte ein wenig Zimt hinzu, warum auch nicht, und setzte sich dann ins Wohnzimmer zu ihrer herrlichen Rose.

Die Rose war inzwischen voll erblüht. Sie war strahlend, perfekt und prachtvoll. Erneut kniete sich die Frau vor ihr nieder. Sie bedankte sich bei der Rose und fragte, ob es irgendetwas gäbe, das sie tun könnte, um ihre Schönheit zu würdigen. Sie war von Dankbarkeit erfüllt und wusste nicht, wie sie einer solchen Schönheit danken konnte, den Weg zu ihr gefunden zu haben.

Sie stand auf, ging zum Fenster hinüber, öffnete es und erlaubte der kühlen Morgenluft, die Rose in ihrer Frische zu baden, bevor sie sich in dem Versuch, keinerlei Geräusche zu machen, die auch nur den Anflug einer Störung in der exquisiten, leuchtenden Stille kreieren würden, still wieder hinsetzte, um die Rose voller Verehrung zu betrachten.

Endlich fühlte sie sich vollkommen entspannt und fähig, ungestört in der Schönheit der Blume zu baden – sie konnte sich ihr total hingeben, in ihr ertrinken, nichts konnte ihre Aufmerksamkeit ablenken. Es gab nur sie und ihre Rose. Solche Einfachheit, solche Vollkommenheit.

Und so verging die Zeit – die Frau, die ihre Rose bewunderte; die Rose, die Schönheit ausstrahlte und die Frau mit der Umarmung ihres Duftes einhüllte... ein wohliges Baden in der Umarmung sublimen Seins.

Es klingelte an der Tür... und die Frau, für einen Moment aus ihrer Anbetung gerissen, ging arglos zur Haustür. Sie merkte nicht, dass ihre Füße kaum den Boden berührten – so leicht waren ihre Schritte geworden. Als sie die Tür öffnete und sich ihre Augen langsam an die helle Morgensonne gewöhnten, sah sie das besorgte Gesicht ihrer Nachbarin.

»Oh hallo Margaret, es tut mir leid, dich zu stören. Ich wollte nur sehen, ob bei dir alles okay ist... In deinem Vorgarten liegen die Zeitungen der letzten drei Tage, und da dein Auto noch hier war, wusste ich nicht, was ich von dem Ganzen halten sollte. Ich wollte nur sichergehen, dass bei dir alles okay ist.«

»Oh, es tut mir leid, dass du dir Sorgen gemacht hast«, erwiderte die Frau. »Ich hatte in den letzten Tagen so viel zu tun... Nein wirklich, es geht mir gut... möchtest du auf eine Tasse Tee hereinkommen?«

Die Nachbarin nickte ihr Einverständnis und bedankte sich, doch sie sah irgendwie verwirrt aus und konnte ihren Blick nicht von Margaret abwenden. Als sie ins Haus trat, platzte es schließlich aus ihr heraus. »Margaret, ich kann mir nicht helfen, aber du siehst wirklich glänzend aus... absolut strahlend... Ich bin fast geblendet von deinem Licht... Was *hast du* nur mit dir selbst gemacht?« purzelten die Worte nur so aus ihr heraus... »Du siehst wunderschön aus.«

Überrascht von dem Kompliment und in der Erkenntnis, dass ihre Nachbarin ebenso überrascht war wie sie selbst und dass die Bemerkung absolut ehrlich gemeint war, wusste Margaret nicht genau, wie sie darauf reagieren sollte. Sie zögerte und brachte dann stotternd hervor: »Oh nein nein, Karen – du musst dich irren. Du spürst bestimmt nur die Schönheit dieser weißen Rose, die ich vor ein paar Tagen geschenkt bekam. Sie hat ein solches

Strahlen, wahrscheinlich spürst du ihre Präsenz, selbst aus dieser Entfernung. Komm in mein Wohnzimmer, du kannst dir nicht vorstellen, wie exquisit die Rose ist.«

Gemeinsam betraten sie das Wohnzimmer und blieben stehen, um die Rose zu bewundern. Karen schaute immer wieder von der Rose zu Margaret und von Margaret zu der Rose. Eine eigenartige Stille breitete sich im Zimmer aus, und schließlich sagte die Nachbarin ergriffen: »Nein Margaret. *Du* irrst dich. Es ist nicht die Rose – *du* bist es. Dein Licht sorgt dafür, dass die Rose noch hinreißender aussieht, doch im Vergleich zu deinem Leuchten ist sie blass. Du strahlst wie die Sonne. Diese Rose ist durch deine strahlende Präsenz so schön geworden.«

Fassungslos und keiner Worte mächtig, ging Margaret zu dem Spiegel im Flur. Das Gesicht, das sie dort widergespiegelt sah, hatte sie noch nie zuvor gesehen – es leuchtete vor Schönheit und strahlte wie die Sonne. In diesem Moment erkannte sie die ungeheure Macht der Ehrfurcht. Alles, was sie getan hatte, war, jene Rose zu ehren, sie zu pflegen, für sie zu sorgen, sie mit optimalen Lebensbedingungen zu segnen, und im Laufe dieses Prozesses war auch sie geehrt worden. Auch sie war gesegnet worden. Auch sie war strahlend schön geworden. ■

Wenn Sie dem Leben wirklich mit Ehrfurcht begegnen, werden Sie aus Ihrem tiefsten Inneren dazu angeleitet, es zu verehren. Und in diesem demütigen Verehren werden Sie selbst geehrt. Durch Ihren Segen werden auch Sie gesegnet. Durch Ihre Liebe werden Sie zur Liebe.

Ehrfurcht und Verehrung: Zwei Flügel desselben Vogels. Sie können nicht das eine ohne das andere haben, und wenn Sie beides empfinden, schweben Sie auf den Flügeln der Gnade durch Ihr Leben.

Einladung zu Ehrfurcht und Verehrung

Gibt es irgendeinen Aspekt Ihres Lebens, den Sie nachlässig behandelt haben, den Sie schal werden ließen und nicht benutzen? Oder haben Sie irgendetwas durch mangelnde Fürsorge verdorren oder vielleicht sogar kaputt gehen lassen?

Fangen Sie an, indem Sie sich die materiellen Dinge in Ihrem Leben näher anschauen. Kämmen Sie Ihr Heim mit einem feinen Kamm durch: gehen Sie in jeden Schrank, in jede Kommode und jede Schublade. Alles, was Sie gegenwärtig nicht benutzen und in der nahen Zukunft auch nicht zu benutzen planen, sollten Sie aussortieren. Dies ist Ihre Einladung, diese Dinge jemandem zu geben, der es gut benutzen könnte. Es ist an der Zeit, sie einem Freund, einer Freundin, einem Familienmitglied oder Secondhandladen anzubieten. Räumen Sie jeden Küchenschrank, jedes Regal und jeden Abstellraum aus – und behalten Sie nur das, was Sie wirklich und wahrhaftig lieben, schätzen und häufig benutzen. Seien Sie bereit, dabei unbarmherzig vorzugehen. Seien Sie ehrlich und klar mit sich selbst: wenn Sie bei einem Gegenstand nicht sicher sind, lassen Sie ihn gehen.

Als nächstes überprüfen Sie Ihre Garderobe und Schuhe. Alles, was nicht oder nicht mehr passt; alles, was Sie nicht wenigstens hin und wieder tragen, muss raus. Jene alten Weihnachts- oder Geburtstagsgeschenke, die Sie von Anfang an nie gemocht haben – weg damit. Und diese Kleidungsstücke, die Sie im Laden toll fanden, aber hassten, als Sie sie zu Hause vor dem Spiegel anprobiert haben – fort damit! Gehen Sie auch hier unbarmherzig vor.

Dann schauen Sie sich sorgfältig Ihre Toilettenschränke und Regale im Badezimmer an. Zahnpastatuben, die zwar ausgedrückt, aber noch nicht weggeworfen sind – in den Mülleimer damit. Abgelaufene Medikamente, Parfums, die schlecht geworden sind, Crèmes, die ihre Haltbarkeitsgrenze um zwei Jahre überschritten haben – weg damit.

Überprüfen Sie Ihre Küche: gibt es dort Geschirr, das Sie nicht wirklich benutzen? Haben Sie zwei Versionen derselben Pfanne, benutzen jedoch nur die neuere? Und was ist mit alten Tassen und Bechern, die Sprünge und abgestoßene Ecken haben? Seien Sie auch hier bereit, schonungslos mit sich selbst zu sein. Behalten Sie nur die Dinge, die Sie lieben, und geben Sie den Rest weg.

Und wenn Sie jetzt diesen ganzen unnötigen Ballast aussortiert und weggegeben haben, wenden Sie sich erneut den Dingen zu, die Sie lieben. Müssen Sie gewaschen, gespült, repariert, gereinigt, gebügelt, passend gemacht oder verändert werden? Wie können Sie diese Dinge *wirklich* ehren und sie zum Strahlen bringen? Tun Sie im Laufe der nächsten Wochen Ihr Bestes, um jeden Gegenstand in Ihrem Haushalt – sei es Kleidung, Computer, Staubsauger, Elektrogeräte, Möbelstücke – komplett zu überholen. Seien Sie bereit, sich die erforderliche Zeit zu nehmen, um alles wieder in hervorragenden Zustand zu bringen. Sorgen Sie dafür, dass alles leuchtet und funkelt und man den Dingen die Fürsorge ansieht, die Sie ihnen haben zukommen lassen.

Dann tun Sie dasselbe mit Ihrem Haus oder Ihrem Appartement. Machen Sie es sauber, bis es strahlt. Reinigen Sie die Teppiche, Möbel, Fenster, alle Oberflächen, Schubladen und Regale – selbst Schränke und Garagen. Sorgen Sie dafür, dass Ihr Haus von innen und außen strahlt. Würdigen Sie es, respektieren Sie es. Schauen Sie sich jeden einzelnen Gegenstand an, spüren Sie, welchen Segen er für Ihr Leben darstellt, und ehren Sie diesen Segen.

Aus Ihrer Verehrung kann eine tiefe Ehrfurcht erwachsen – Ehrfurcht vor der Schönheit, der Großartigkeit, den reichen Segnungen des Lebens.

Als nächstes wenden Sie Ihre Aufmerksamkeit Ihrer eigenen Person zu: kann es sein, dass Sie in manchen Breichen Ihres Lebens nachlässig mit sich selbst umgehen – indem Sie Ihre Gesundheit vernachlässigen, nicht auf gesunde Ernährung achten, sich nicht genug bewegen? Versäumen Sie es, sich selbst zu verwöhnen? Ist Ihnen Ihre körperliche Pflege oder die Art, wie Sie sich kleiden, unwichtig?

Sie können mit einer langen Dusche beginnen und während Sie sich einseifen, erkennen Sie, welch ein Segen es ist, Arme, Beine und einen Körper zu haben, mit dem Sie das Leben erfahren können. Während Sie ihre Haare waschen, machen Sie sich bewusst, wie glücklich Sie sich schätzen können, ein gutes Shampoo zu haben. Machen Sie sich bewusst, dass Sie nur das Beste verdienen.

Und was Ihre Ernährung betrifft: wenn Sie sich wahrhaftig ehren würden, welche Nahrungsmittel würden Sie Ihrem Körper dann zukommen lassen? Wie würden Sie diesen geliebten Körper fit halten, und wie viel Zeit würden Sie sich selbst geben, um zu meditieren, nachzudenken oder einfach still zu sein?

Während Sie sich selbst Ehre erweisen, möchten Sie sich vielleicht auch etwas Vergnügliches gönnen – eventuell in der Natur – oder in Form inspirierender Unterhaltung. Erleben Sie ganz das Ehren und Respektieren Ihres eigenen Selbst – es ist etwas, wozu Sie sich jederzeit entscheiden können.

Dann, nächste Woche oder wann immer es sich richtig anfühlt, wollen Sie vielleicht das gleiche mit Ihren Beziehungen machen. Sinnen Sie darüber nach, wie gesegnet Sie sind, diese bestimmte Person in Ihrem Leben zu haben. *Tun* Sie etwas, um den Betreffenden aktiv zu ehren. Nehmen Sie sich die Zeit, diesen Menschen zu preisen, sowohl sein Inneres als auch sein Äußeres. Vielleicht möchten Sie eine Liste all der Qualitäten erstellen, die Sie in dem anderen bewundern oder lieben. Machen Sie sich bewusst, wie glücklich Sie sich schätzen können, andere Menschen in Ihrem Leben zu haben, die für Sie da sind, und schenken Sie Ihrem Geliebten oder Freund üppige Zuwendung. *Nehmen Sie sich einfach vor,* ihn zu ehren, und sei es nur für eine Nacht. Erleben Sie die Macht der Verehrung, des Schätzens, und fühlen Sie die Dankbarkeit, die Sie durchflutet, wenn Sie aktiv Ihre Liebsten ehren und respektieren.

Und dann treffen Sie die bewusste Entscheidung, diese Verehrung und Ehrfurcht in den Rest Ihres Lebens überfließen zu lassen. *Nehmen Sie sich die Zeit*, um den Moment und die kostbaren Nuancen der Gegenwart wirklich zu genießen. Ruhen Sie einfach still im Hier und Jetzt, offen für das, was *ist.*

Respektieren und Verehren ist eine Sache bewusster Entscheidung. Und wenn Sie sich dafür entscheiden, folgt unweigerlich die Ehrfurcht. Sie erkennen, wie heilig das ist, was Sie ehren. Diese Erkenntnis wiederum erfüllt Sie mit Demut, Ehrfurcht und einem überwältigenden Gefühl der Dankbarkeit.

Das zu ehren, was ist, setzt eine große Kraft frei. Selbst ein Augenblick des Ehrens überflutet Ihr Wesen mit Dankbarkeit. Dann fühlen *Sie* sich geehrt, begnadet, von Freude erfüllt.

Je mehr Sie das Leben ehren, desto begnadeter fühlen Sie sich. Je begnadeter Sie sind, desto mehr Ehrfurcht empfinden Sie. Je mehr Ehrfurcht Sie empfinden, desto tiefer öffnen Sie sich und desto vollständiger geben Sie sich der Verehrung hin. Und so folgt eines unweigerlich dem anderen . . . Ehren führt zu Ehrfurcht und Dankbarkeit, die wiederum ein tieferes Ehren und Gnade nach sich ziehen.

Und das Schöne daran ist, dass dies alles in *jedem* Moment verfügbar ist. Selbst wenn Sie jetzt, in *diesem* Augenblick, innehalten und ein paar Minuten damit verbringen, das, was hier ist, zu ehren, zu schätzen und zu respektieren, werden Sie das sanfte Rauschen der Ehrfurcht spüren, die aus Ihrem Inneren emporsteigt.

Sie haben die Wahl – und die Gnade liebt Sie so sehr, dass sie Ihnen diese Wahl in jedem Augenblick zur Verfügung stellt.

Emotionen

*Wenn Sie sich in den Kern jeder Emotion begeben,
werden Sie dort den Frieden finden, den Sie suchen.*

*Emotionen sind Ihre größten Freunde.
Sie sind das Tor zu Ihrer Seele.*

Emotionen

Als ich heute morgen aufstand und den starken Drang verspürte, über Emotionen im Zusammenhang mit Freiheit zu schreiben, war ich ziemlich überrascht, doch bald wurde klar, warum unsere Gefühle diskutiert werden müssen, wenn es um das Thema der grenzenlosen Präsenz des Unendlichen geht.

Wir unterliegen so häufig dem Missverständnis, dass unsere Emotionen die Erfahrung ultimativen Friedens behindern könnten: dass sie der Sturm sind, der uns von der inneren Stille ablenken kann. Sie scheinen unsere Erfahrung der Freiheit einzuschränken und das grenzenlose Ausmaß der Gnade zu verdecken, die von Natur aus endlos, frei und *emotionslos* ist. Es gibt so viele falsche Vorstellungen über Emotionen. In einigen Traditionen wird der Wert des *Transzendierens* von Emotionen gelehrt, als handle es sich dabei um etwas »Böses«, das unsere Erfahrung des Göttlichen verhindert. Man erzieht uns zu dem Glauben, dass Erleuchtung eintritt, sobald wir frei von Emotionen geworden sind, so als seien Emotionen Räuber, die uns in der Illusion des Lebens gefangen halten.

Selbst wenn uns solche Konzepte nicht explizit gelehrt wurden, so haben wir dennoch bereits in jungen Jahren gelernt, dass es »gute« und »schlechte« Emotionen gibt. Wenn wir morgens vor der Schule über irgendetwas geweint haben, brachte Mama uns schnell zum Schweigen und schob jene »schlechten« Emotionen mit den Worten beiseite: »Komm, mein Schätzchen, trockne deine Tränen. Es ist Zeit für die Schule. Kopf hoch...«

Wir haben also seit frühester Kindheit gelernt, dass »schlechte« Emotionen nicht willkommen und nur die »guten« erlaubt waren. Wenn wir uns gefürchtet oder geschämt haben, verletzt oder wütend waren, wurde uns beigebracht, diese Gefühle zu verstecken, sie beiseite zu drängen und stark zu sein. Jene »schlechten« Gefühle ließen uns vor dem Rest der Welt angeblich als Schwächling erscheinen und als Feigling und Zimperliese vor den Augen jener, die stärker waren als wir.

Es dauerte nicht lange, und *jegliche* starke Emotion, die hochkam, wurde sofort abgewürgt und verdeckt, während wir schnell versuchten, sie in etwas umzuwandeln, das der Gesellschaft angenehmer und akzeptabler erschien. Selbst wenn wir uns versteckten, uns in unserem Zimmer einschlossen, damit wir uns ein paar Minuten lang ungestört der Emotion hingeben konnten, kämpften wir oft darum, die Tränen zurückzuhalten, versuchten, uns das jeweilige Gefühl auszureden oder seine Wichtigkeit zu reduzieren und schämten uns derweil vielleicht sogar unserer Schwäche.

Emotionen wurden Einladungen für uns, in den Kampf zu ziehen. Der Moment, in dem irgendetwas in uns hochkam, von dem wir oder die Gesellschaft meinten, es sei zu emotional, traten alle uns verfügbaren Strategien auf den Plan mit dem Ziel, dieses Gefühl zunichte zu machen, es zu verdrängen oder in etwas Akzeptables zu verwandeln... wir bekämpften es, widersetzten uns ihm, versuchten, es wegzuerklären; wir stritten uns mit ihm, projizierten es, gaben anderen die Schuld daran und machten und selbst Vorwürfe, diese Emotion zu fühlen, bis wir schließlich begannen, Langzeitstrategien zur Unterdrückung von Gefühlen zu entwickeln. Wir begannen zu rauchen, Alkohol zu trinken, zuviel zu essen, sinnlos Fernsehen zu schauen, endlos fast alles zu lesen, was uns in die Finger kam; und das alles in dem Bemühen, sämtliche unakzeptablen Emotionen zu narkotisieren und einzuschläfern, die es vielleicht wagen könnten, ihr gefährliches Haupt zu erheben in dem Versuch, unseren Frieden zunichte zu machen oder uns unserer Selbstakzeptanz oder der umfassenderen Akzeptanz der Gesellschaft zu berauben.

Emotionen wurden die Übeltäter, die vernichtet werden mussten, bevor sie uns vernichten konnten.

Es war beinahe so, als würden in jedem von uns schreckliche Teufel lauern, genannt Emotionen, und es war unsere Aufgabe, sie zu vernichten, zu entfernen, zu besiegen, loszuwerden und zurück in die hintersten Ecken unseres Bewusstseins zu verbannen – zurück in Vergessenheit, wohin sie gehören.

In einigen spirituellen Traditionen wird man aufgefordert, Mantras oder Anrufungen zu wiederholen, sobald eine »negative« Emotion auftaucht, um ihre schlechten Auswirkungen zu vermeiden und die Aufmerksamkeit auf das höchste Wesen fokussiert zu halten. In anderen Traditionen wiederum muten sich die Aspiranten extreme Härten und Selbstentsagungen zu – sie setzen sich den Elementen aus, züchtigen ihren Körper, fasten über lange Zeiträume – sie bestrafen ihre Körper dafür, unreine Behälter zu sein, die diese »schlechten« Emotionen hochkommen ließen.

Einige Yogis meditieren jahrelang in Höhlen, um zu verhindern, dass das Leben sie in irgendwelche Aktivitäten verwickelt, die dazu führen könnten, dass Emotionen aufkommen: auf diese Weise vermeiden sie es, von diesen »weltlichen Dämonen« gequält zu werden. Und bei manchen westlichen Religionen gibt es Beichtstühle oder Zeugnisablegung vor der Gemeinde, damit man die Sünde unheiliger Gefühle oder eines unreinen Impulses beichten kann. Man wird Ihnen dann unter Umständen eine Reihe von Auflagen machen, deren Inhalt davon abhängt, wie schlecht Ihre Emotion oder Ihr Impuls war, um Sie von Ihrer Sünde zu absolvieren.

In fast allen spirituellen Traditionen gibt es einen Hinweis auf die Notwendigkeit, den natürlichen Ausdruck menschlichen Gefühls zu vergessen oder zu besiegen; und jene seltenen Wesen, die sich erfolgreich ihrer unreinen und unheiligen Emotionen entledigt zu haben scheinen, werden als Heilige oder Meister verehrt.

Es hat tatsächlich in jeder Gesellschaft, egal ob säkular oder religiös, den Anschein, als hätten es ihre Mitglieder darauf abgesehen, ihre Emotionen abzutöten, ihre natürlichen Gefühle zu unterdrücken. Es scheint, als würden fast alle Menschen den kulturell konditionierten Glaubenssatz teilen, dass die meisten Emotionen schlecht sind und um jeden Preis unterdrückt werden müssen.

Es ist kein Wunder, dass wir so selten ein Gefühl inneren Friedens erfahren können. Wir befinden uns immer auf dem Schlachtfeld, im Krieg gegen den Feind – einen Feind, der uns keine Ruhepause lässt, denn sobald wir ein Regiment bezwungen haben, kommt die nächste Welle von Emotionen anmarschiert und so weiter. Es ist eine Schlacht, die wir alle schlagen, selbst wenn wir wissen, dass es ein Kampf ist, den wir nie gewinnen werden.

Denn solange wir in diesem Körper leben, werden sich Emotionen als ein natürlicher Aspekt unseres Menschseins immer wieder einen Weg bahnen. Es ist, als würden wir unser ureigenstes Selbst bekämpfen, unsere eigene Natur. Dieser widernatürliche Kampf ist genauso wirkungslos, als würde man am Ufer des Meeres stehen und einen Schutzschild gegen eine Flutwelle hochhalten. Es gibt nichts, was Sie tun können, um diese Macht zu stoppen, und jeglicher Widerstand nimmt Ihnen nur Ihre Energie und erschöpft Ihr ganzes Wesen. Tatsächlich ist es genau dieser Kampf gegen das Fühlen, der uns unseren Frieden raubt und dazu führt, dass wir uns schlecht fühlen. Wenn so große Anstrengungen gemacht werden, um sich dem natürlichen Fluss des Lebens zu widersetzen, bleibt nicht viel Lebenskraft übrig, um die dem Leben innewohnende Freude zu genießen.

Wir befinden uns immer auf dem Schlachtfeld, immer im Krieg: im Krieg gegen uns selbst. Und es ist unser Widerstand gegen das, was *ist*, der unseren Frieden kaputtmacht, uns der Erfüllung beraubt – nicht die »negative« Emotion an sich, sondern der Kampf *dagegen*; nicht das Gefühl, sondern die wilde Entschlossenheit unseres Willens, es abzutöten.

Wir sind zu Kriegern geworden: Krieger, die einen Phantomfeind namens Emotion bekämpfen. Und wenn der Kampf zuviel wird, verfallen wir in Depression, in einen Zustand innerer Taubheit, wo uns der akute Schmerz des Kampfes nicht erreichen kann, und wir suchen die Hilfe von Beratern in der Hoffnung, dass sie uns einen Weg hinaus aus der Gefahrenzone weisen können. Oder wir gehen zu Ärzten und Psychiatern, die Medikamente verschreiben, um unsere intensiven Gefühle abzublocken. Oder wir stürzen uns in sinnlose und betäubende Aktivitäten, um uns von unseren Gefühlen abzulenken: wir betäuben uns, indem wir idiotische TV-Shows anschauen, das Auto waschen oder den Teppich saugen, obwohl er sauber ist; wir spielen Glücksspiele, wir reden über unwichtige Dinge und tratschen endlos über die Probleme anderer Leute – alles in dem Versuch, die eigenen Emotionen nicht aufkommen zu lassen. Oder wir hissen vorübergehend die weiße Flagge und flehen um Gnade: wir wenden uns an Gott und fangen an zu beten, sehnen uns nach einer Ruhepause, oder wir gehen zu einem erleuchteten Meister und lernen zu meditieren oder Mantras aufzusagen. Auf diese Weise gewinnen wir bestenfalls eine kleine Atempause des Friedens, bevor die nächste Schlacht beginnt.

*Es kommt uns nie in den Sinn, die Rolle des Kriegers abzulegen,
die Schlacht ein für allemal aufzugeben.*

Vielleicht brauchen wir alle einfach nur einen anderen Beruf.
Vielleicht sind wir nicht dazu angelegt, ständig im Krieg befind-
liche Soldaten zu sein, die gegen das Leben kämpfen. Es ist nur
so, dass uns nie jemand einen anderen Beruf vorgeschlagen hat –
man bot uns keine alternative Möglichkeit an. Sobald wir geboren waren, sagte die Gesellschaft einfach: »Oh, ein neuer Krieger ist gekommen. Hier, Kind, nimm deine Rüstung und deinen
Schild wie ein guter, kleiner Soldat. Das Leben ist ein Schlachtfeld, und wenn du die Schlacht auch nie gewinnen wirst, ist es
dennoch deine Aufgabe, die Wellen der Emotionen zu bekämpfen, egal wie und um welchen Preis. Solltest du dabei erfolgreich
sein, werden wir dir eine Ehrenmedaille verleihen. Falls du aber
schwach wirst und aufgibst, werden wir dich ächten. Es ist ein
unmöglicher Job, doch so sind nun einmal die Regeln. Lass dir
nie eine Schwäche anmerken. Und jetzt marschier los, junger
Mann, und stürz dich in den Kampf.«

Doch was wäre, wenn Sie beschließen würden, das Spiel des
Krieges *nicht* zu spielen? Was wäre, wenn Sie schließlich sagen
würden: »Nein, ich möchte kein Soldat sein. Ich habe von
Anfang an nie einen Job bei der Armee haben wollen.« Was
dann?... Was wäre, wenn Sie jeglichen Widerstand aufgeben
würden? Was wäre, wenn Sie sich einfach weigerten zu kämpfen?

Und was wäre, wenn Sie sagten: »Kommt her, kommt alle her.
All meine Emotionen sind im Ozean der Liebe willkommen, der
immer hier ist«? Was wäre, wenn Sie entdecken würden, dass das
Leben an Stelle eines Schlachtfeldes ein unendlich weites Feld
ist – ein Feld des Vertrauens, der Offenheit, der Liebe?

Und was wäre, wenn in diesem unendlichen Feld der ganze natürliche Fluss der Gefühle des Lebens die Freiheit hätte, zu kommen und zu gehen? Was wäre, wenn Sie dem natürlichen Fluss keinen wie auch immer gearteten Widerstand entgegensetzen würden? ... Ich frage mich, was dann wohl passieren würde?

Alles, dem Sie sich widersetzen, bleibt bestehen.

Ihr Widerstand gegenüber Emotionen lässt genau das weiter bestehen, von dem Sie wünschen, es wäre *nicht* da. Nur im Augenblick wahrer Hingabe, in einem Zustand der Offenheit und Akzeptanz fühlen sich Ihre Emotionen so willkommen, dass sie einfach kommen und genauso einfach wieder gehen. Widerstand sorgt dafür, dass Ihre Emotionen bestehen bleiben, und kreiert noch weiteren Widerstand. Widerstand führt zu Widerstand.

Es ist an der Zeit, den Kampf aufzugeben und Ihren Feind mit offenen Armen willkommen zu heißen. Wenn Sie Ihre Waffen und Ihren Schutzschild niederlegen und diesem so genannten »Feind« in die Augen schauen, werden Sie erkennen, dass Sie selbst darin leuchten; denn Sie und dieser angebliche »Feind« sind ein- und derselbe. Sie sehen vor sich das menschlichste aller menschlichen Wesen. Sie schauen in die Augen eines Freundes, und dieser Freund ist Ihr eigenes Selbst.

Es ergeht die Einladung an Sie, liebe Leser, endlich Ihre Waffen niederzulegen und das ganze Leben aus vollem Herzen zu begrüßen. Ihr alter Feind wird sich als Ihr treuester Freund herausstellen, und der einzige Feind, der noch frei herumläuft, wird als das erkannt, was er ist: der Widerstand selbst.

Die Zeit ist gekommen, sich mit Ihren Emotionen anzufreunden. Sie sind das Tor zu Ihrem Selbst.

Lassen Sie uns einen näheren Blick auf unsere Emotionen werfen... Was sind sie eigentlich wirklich?... Erlauben Sie jetzt einem Gefühl, an die Oberfläche zu kommen... irgendein Gefühl... Wenn Sie es wirklich willkommen heißen, werden Sie entdecken, dass es ohne Schwierigkeiten hochkommt. Doch was ist es?... Es ist in Wahrheit nur eine einfache Empfindung im Körper. Einige dieser Empfindungen sind angenehm und wohltuend, und einige sind unangenehm, doch letzten Endes sind sie alle nichts anderes als physische Reaktionen auf chemische Stoffe, die durch den Körper fließen. Und wir können uns diesem Fluss entweder widersetzen oder ihn begrüßen und erlauben, durch uns hindurchzufließen.

Wenn wir die Entscheidung treffen, uns dem Gefühl zu widersetzen oder es zu unterdrücken, vergräbt es sich nur umso tiefer in unser Unterbewusstsein und meldet sich später umso stärker. Wenn wir es jedoch willkommen heißen, kann es ungehindert hochkommen, voll empfunden werden und dann ganz natürlich verklingen. Und solange wir keine große Geschichte oder ein Drama daraus machen, sondern es einfach ungehindert hochkommen lassen, ohne den Versuch zu machen, es zu untersuchen oder zu analysieren, dann wird es einfach empfunden und löst sich danach wieder im Bewusstsein auf. Auf diese Weise wird es nicht irgendwohin geschickt oder gelagert. Alle Emotionen, die sich willkommen und angenommen fühlen, entfalten sich ungestört und lösen sich dann im Bad der ihnen dargebrachten Liebe einfach auf, ohne es sich zur Angewohnheit zu machen, uns regelmäßig einen Besuch abzustatten.

Unser Widerstand ist es, der Emotionen auf Distanz hält und dafür sorgt, dass sie hinter den Kulissen auf die Chance warten, auf die Bühne zurückzukommen, um voll empfunden zu werden. Im Zustand der Freiheit bietet die Umarmung der Liebe keinen Widerstand. Sie sagt nur: »Komm hoch, Emotion, du bist mir herzlich willkommen. Ich habe dich lange genug bekämpft – jetzt bist du frei, voll gefühlt zu werden.« Wenn dies geschieht, fühlt sich die Emotion so von Ihrer Liebe umhüllt, dass sie hochkommt und ganz natürlich abklingt, wie die Ebbe und Flut der Gezeiten.

Haben Sie jemals einem Kleinkind beim Spielen in seinem Laufställchen zugeschaut? Das Kind sitzt da, vollkommen zufrieden, einfach ruhend in einem Zustand süßer Unschuld des bloßen Seins. Dann kommt vielleicht eine starke Emotion in sein Bewusstsein geflutet, und das Kind setzt dieser Emotion keinen Widerstand entgegen – es erlebt sie einfach nur offen und ungehindert. Anscheinend aus dem Nichts sehen Sie, wie eine Welle der Freude das Kind erfüllt, ohne dass irgendein Grund dafür ersichtlich wäre. Das Baby wird lachen, glucksen, prusten und kichern, während die Welle grundlosen Glücks durch sein Bewusstsein zieht. Dann, im nächsten Moment, tritt vielleicht Unbehagen auf: das Kleinkind verzieht sein Gesicht, macht einen Schmollmund, ballt seine Fäustchen und schlägt vielleicht sogar gegen die Gitter seines Laufstalls. Auch dieses Gefühl wird vorbeigehen, und das Kind wird wieder in einen Zustand offenen Bewusstseins gelangen. Bald danach sieht es vielleicht ein Mobile, das sich spielerisch über seinem Kopf dreht, und betrachtet es voller Verwunderung. Und auch diese Emotion vergeht und das Baby wird sich erneut in einem Zustand reinen, offenen Seins befinden. Als nächstes fühlt es unter Umständen den Drang, nach etwas zu greifen, das sich außerhalb des Laufstalls befindet, und es wird Laute der Anstrengung und Frustration von sich geben bei seinem vergeblichen Versuch, den Gegenstand zu greifen. Vielleicht wird es sogar vor lauter Frustration weinen, doch auch diese Emotion wird bald vergehen und das Kind wird sich wieder anderen Dingen zuwenden.

Die gesamte Palette menschlicher Emotionen zeigt sich im Bewusstsein des Säuglings, denn da er noch nicht gelernt hat,

123

dass er seinen *Emotionen widerstehen muss* (man hat ihm noch nicht seine Kriegerausrüstung gegeben), ist er einfach offen und lässt in aller Unschuld die natürlichen Gefühle durch sein Bewusstsein fließen. Letzten Endes bleibt das Baby von alledem unberührt. Die Emotion hängt nicht irgendwo fest, da ihr kein Widerstand entgegengebracht wurde. Wie eine Welle erhebt sie sich voll, wird in ihrer Gänze gefühlt, bevor sie wieder nachlässt und vergeht. Die Essenz des Babys, sein Wesen, ist in keiner Weise beeinflusst oder verändert worden. Sie bleibt weit offen und frei.

Doch unglücklicherweise beginnen unsere Eltern, sobald wir anfangen, ihre Worte zu verstehen, mit dem wichtigen Projekt, uns die Verhaltensweisen des emotionalen Kriegers beizubringen, und langsam lernen wir, die einfachen, natürlichen Gefühle, die durch unser Bewusstsein ziehen zu unterdrücken, zu überwinden, zu betäuben und schließlich zu verdrängen.

Ich frage mich, was wohl passieren würde, wenn wir ihnen *keinen Widerstand* entgegenbringen würden? ... Würde unsere Essenz in irgendeiner Weise von dem berührt werden, was durch sie hindurchfließt?

Häufig höre ich Erwachsene sagen: »Ich fühle mich so von mir selbst getrennt. Ich scheine einfach nicht in der Lage zu sein, an mein *wahres* Ich heranzukommen. Ich habe in Büchern gelesen, dass es in unserem Inneren ein riesiges Potenzial gibt, doch irgendwie entzieht es sich mir. Ich spüre, dass es da ist, doch weiß ich einfach nicht, wie ich die Blockaden in meinem Inneren überwinden kann. Ich weiß nicht, wie ich es finden kann.«

Natürlich wissen sie es nicht! Sie haben das unendliche Selbst, ihre Essenz, aus den Augen verloren – sie haben den Kontakt mit ihrem eigenen Herzen verloren, weil sie ihr ganzes Leben auf dem Schlachtfeld verbracht und die Gefühle *verleugnet* haben, die der natürliche Ausdruck ihrer eigenen Essenz sind. Wenn sie diese Gefühle verleugnen, verleugnen sie *sich selbst*. Sie verlieren den Kontakt mit sich selbst und fühlen sich getrennt, beraubt, traurig, allein, distanziert, wie betäubt und innerlich abgestorben.

Und doch hält eine Emotion jedes Mal, wenn sie hochkommt, eine offene Einladung bereit, das eigene Selbst zu erfahren. Sie bietet einen Weg zu Ihrer eigenen Essenz, ein Tor zu Ihrer Seele.

Denn genau das, was wir unterdrückt haben, ist in Wahrheit ein Weg zurück zu unserem Selbst, zu Erleuchtung, zu Freiheit. Wir haben der Emotion die Tür gewiesen, und indem wir dies taten, haben wir den Blick für unsere eigene Essenz, unser wahres Wesen verloren.

Manchmal begeben wir uns als Erwachsene auf eine endlose Suche mit dem Ziel, das Göttliche zu erfahren, die Wahrheit unseres eigenen Wesens zu finden. Doch jedes Mal, wenn eine Emotion hochkommt, schieben wir sie weg. Auf diese Weise berauben wir uns selbst der Gelegenheit, uns dem Unendlichen zu öffnen. Unser Gebet sollte gerade erhört und unsere Bitte erfüllt werden, doch wir ignorierten die Antwort, da sie nicht in der erwarteten Form kam.

Das, was Sie zu fürchten gelernt haben und daher unterdrücken, ist in Wahrheit ein Tor zu Ihrer Seele.

———

Vor vielen Jahren hatte ich diesbezüglich eine ungeheure, lebensverändernde Erfahrung, die ein für allemal meine Beziehung zu Emotionen veränderte und schließlich eine Öffnung in das Unendliche bereithielt, die so tief greifend war, dass aus ihr der

Journey-Prozess hervorging – die ursprüngliche therapeutische Heilungsarbeit für Körper und Seele, für die The Journey so bekannt geworden ist.

Bis zu jenem außergewöhnlichen Moment war mir nicht klar gewesen, dass *jede* Emotion eine potentielle Öffnung in unser Selbst darstellt. Ich hatte Emotionen bestenfalls als etwas Lästiges gesehen, mit dem man sich herumschlagen musste. Im schlimmsten Fall handelte es sich bei ihnen um schwierige Hindernisse, die beseitigt und losgelassen werden mussten. Doch mir war nie die Möglichkeit in den Sinn gekommen, dass sie ein Tor zu meiner Essenz, ein Weg zur Erleuchtung sein könnten.

Ich hatte noch nicht erkannt, dass Emotionen und Erleuchtung Hand in Hand gehen: bis dahin hatte ich geglaubt, dass diese beiden Zustände einander diametral entgegengesetzt waren. Doch mittlerweile bin ich zu der Erkenntnis gelangt, dass jede Emotion ein Geschenk darstellt. Es ist, als würde meine eigene Essenz mir die Hand entgegen strecken und mich in mein innerstes Selbst einladen. Meine Emotionen sind zu meinen besten Freunden geworden, und wie jeder wahre Freund führen sie mich zu dem besten Teil von mir, zur Liebe und Weisheit in meinem Inneren.

Gefühle sind ein unbezahlbares Geschenk, das nicht ignoriert werden darf. Sie sind die Einladung an Sie, zu Ihrem Selbst nach Hause zu kommen.

Ich selbst habe die Beziehung zwischen Emotion und Freiheit zum ersten Mal entdeckt, als ich in den frühen Neunziger Jahren mit einer Gruppe von circa 150 Suchenden im Satsang mit einer erwachten Meisterin saß.

Nachdem wir mehrere Minuten still meditiert hatten, wollten wir gerade mit dem Frage-Antwort-Teil der morgendlichen Session beginnen. Die Stille im Raum war so greifbar, dass es sich anfühlte, als würden wir in einem Ozean der Stille baden – sie war überall und durchdrang alles. Eine Frau in mittleren Jahren hob ihre Hand und zeigte an, dass sie eine dringende Frage bezüglich Emotionen stellen wollte. Ich wurde hellhörig, da ich neugierig war, wie die erleuchtete Meisterin antworten würde.

In der Stimme der Frau war deutlich Unruhe und Verwirrung zu hören, als sie sagte: »Ich möchte verstehen lernen, wie man diesen ganzen Frieden fühlen soll, wenn sich einem starke Emotionen in den Weg stellen... Wissen Sie, ich fühle mich nicht wie alle anderen hier... Ihr seht alle so friedlich, so total selig aus... Ich fühle überhaupt keinen Frieden. Ich fühle mich gequält. Wie soll ich angesichts meiner Qual diesen ganzen so genannten Frieden spüren?« stieß sie wütend hervor mit einer Stimme, die vor Sarkasmus nur so triefte – und fast schien es, als würde sie der Lehrerin die Schuld an ihrem Zustand geben.

Die Lehrerin schaute ihr tief in die Augen und sagte: »Bewege dich einfach nicht. Bleib still... Wenn du still bleibst und dich dem Kern der Emotion öffnest, die du fühlst, wirst du dort den Frieden finden, den du suchst. Bleib einfach still... Der Frieden ist da und wartet auf dich im Zentrum deiner Qual.«

Die Frau schien schockiert zu sein, skeptisch, und begann mit vernichtendem Sarkasmus, den Rat der Lehrerin in Frage zu stellen. Die Lehrerin blieb vollkommen gelassen und wartete höflich, bis die Frau ihre sarkastische Tirade beendet hatte, bevor sie voller Mitgefühl ihren bereits genannten Rat einfach wiederholte und mit den Worten schloss: »Du musst mir nicht glauben... Versuch es einfach selbst. *Du* wirst entdecken, was bleibt, wenn alle Qual von dir willkommen geheißen wird. *Du* wirst feststellen, was wirklich dort ist, wenn du die Emotion nicht verdrängst, sondern dich ihr einfach öffnest, dich ihr ergibst, dich *in sie hinein*

entspannst. Finde heraus, was im Kern deiner Emotion wartet...
Versuch es einfach mal... Mach ein Experiment daraus... *doch
bleib still und bewege dich nicht*.«

Die aufgeregte Frau schien anfangs mehr daran interessiert zu
sein, Schuldgefühle auf die Lehrerin zu projizieren, doch schließlich beruhigte sie sich und hatte offenbar beschlossen, es auf
einen Versuch ankommen zu lassen und den Rat der Lehrerin
auf die Probe zu stellen.

Wir alle im Raum übten uns in Geduld und blieben still, da wir
annahmen, dass die Frau ihren Fokus nach innen gerichtet
haben musste, um den Rat zu befolgen, der ihr gegeben worden
war. Ihr Gesicht, das vor Qual, Hass und projizierter Schuld ver-
zerrt gewesen war, schien sich ein wenig zu entspannen. Dann
sah es so aus, als würde aus heiterem Himmel ein Schleier aus
Schmerz flüchtig über ihr Gesicht ziehen. Einen kurzen Augenblick lang sah sie ungeheuer verletzlich aus, wie ein Neugebore-
nes – total offen.

Dann sah ich Angst in ihren Augen aufblitzen, Verwirrung, während sie anscheinend eine Art inneres Chaos erlebte. Und ich
hörte die Lehrerin sanft murmeln: »Gut... gut... Öffne dich
einfach immer weiter... Begib dich mitten hinein in das Herz
der Emotion...«

Die Frau blickte einen Moment zu der Lehrerin hoch und sah
aus, als wollte sie vor dem Ertrinken gerettet werden, und eine
Sekunde lang dachte ich, sie würde vielleicht ihren inneren Halt
verlieren. Sie sah ziemlich erschrocken aus, als hätte sie die Kontrolle verloren und als würde sie versuchen, sich an irgendetwas
festzuhalten, ohne es aber wirklich greifen zu können. Und dann
plötzlich entspannte sich ihr ganzer Körper, und ihr Gesicht
wurde weich, als ein Gefühl der Erleichterung von ihr Besitz

ergriff. Sie begann, normal und leicht zu atmen, und ein Licht schien an die Stelle ihres zuvor zornigen, verhärteten Ausdrucks zu treten. Ihr Gesicht leuchtete jetzt vor Schönheit und strahlte beinahe so etwas wie Glückseligkeit aus.

Mir kam dieses ganze Ereignis wie ein Wunder vor. Es war eigentlich völlig unmöglich und unverständlich, doch es hatte tatsächlich stattgefunden... irgendwo im Kern ihrer schlimmsten Emotion hatte sie ganz offensichtlich Frieden gefunden. Sie strahlte Frieden aus, und ihr ganzer Körper war weich, biegsam, entspannt, ihr Wesen offen.

Und alles war so schnell geschehen.

Nach einer kurzen Zeit, die nicht länger als zwei, drei Minuten gedauert haben konnte, jedoch wie eine Ewigkeit erschienen war, während der wir anderen Zeugen gewesen und mit angehaltenem Atem gewartet hatten, sprach sie schließlich – weich, sanft, ungläubig bezüglich dessen, was mit ihr passiert war: »Oh, ich verstehe... ich verstehe.« Sie lächelte, und die Tränen rannen ihr übers Gesicht. »Was für ein Drama ich kreiert habe! Dabei gibt es soviel Frieden... Es ist so einfach... Der Frieden war schon immer hier.«

Sie begann, über einen privaten, inneren Scherz zu lachen und fuhr dann fort: »Warum habe ich es mir nur so schwer gemacht? Jetzt sehe ich bestimmt aus wie der Rest von euch glücksbeseelten Pflänzchen!« Sie lachte herzhaft über die Ironie des Ganzen. Die Lehrerin bestätigte die Wahrheit ihrer Bemerkung, lachte, und schließlich wandte sich die morgendliche Session anderen Themen zu.

Als ich im Laufe des Morgens immer wieder einmal zu der Frau hinüberschaute, sah sie immer noch glückselig aus und strahlte

wie eine Katze, die sich heimlich über den Sahnetopf herge-
macht war.

Während ich nach der genauen Beobachtung dieser bemerkenswerten Szene für den Rest des morgendlichen Satsangs dasaß,
fühlte ich mich erstaunlicherweise zunehmend verwirrter. Die
Lehrerin hatte uns Instruktionen gegeben, die das genaue Gegenteil von dem waren, was jeder andere Lehrer dort draußen
uns zu tun empfohlen hatte.

In der »realen Welt« verschreibt der Arzt Ihnen Medikamente,
wenn Sie sich innerlich gequält oder zerrissen fühlen, um diese
Emotionen im Zaum zu halten, und Therapeuten analysieren
ohne Ende ihre Bedeutung und Wichtigkeit in dem Versuch herauszufinden, wie man diese quälenden Gefühle loswerden kann.
Wenn Sie zu einem NLP-Therapeuten gehen, wird er versuchen,
die Emotion von Ihnen getrennt zu betrachten, damit sie sich
nicht so schlimm anfühlt. Wenn Sie mit spirituellen Beratern
arbeiten, versuchen diese herauszufinden, welches vergangene
Leben zu der Emotion beigetragen hat und helfen Ihnen, das
Gefühl in einen größeren, weniger schmerzhaften Zusammenhang zu bringen. Sollten Sie einen Körpertherapeuten aufsu-
chen, wird er versuchen, Ihnen durch Massage etc. zu helfen,
sich zu entspannen und das Problem loszulassen; und wenn Sie
an Seminaren über Emotionen teilnehmen, werden die jeweiligen Lehrer Ihnen helfen wollen, die Emotion durch eine Katharsis loszuwerden. Psychiater haben Emotionen Namen verliehen,
sie eingeordnet, kategorisiert und bestimmten frühen Kindheits-
erlebnissen zugeschrieben; Hypnotherapeuten versuchen, Sie in
der Zeit zurückzuführen, um die tiefere Bedeutung der Emotion
zu finden; und Ernährungsberater machen ein chemisches Un-
gleichgewicht im Körper für das störende Gefühl verantwortlich
und empfehlen Ihnen, Ihre Ernährungsweise zu ändern.

Es schien, dass alle den gleichen, sicheren Glaubenssatz teilten – es ist *schlecht,* sich schlecht zu fühlen, also werden wir es *reparieren.* Und wenn sie auch verschiedene Wege beschreiten in dem Versuch, es zu reparieren, so sind sie doch alle davon überzeugt, dass die Reparatur der einzige Weg zu Frieden und Ganzheit ist.

Doch diese erleuchtete Lehrerin vermittelte eine völlig andere, radikale Lehre. Sie schlug vor: »Nein, nein... umarme deine Emotion aus ganzem Herzen... begrüße sie... liebe sie so sehr, dass du dich ihr hingibst... begebe dich in ihren Kern... entspanne dich in sie hinein... und dort, in der wahren Essenz deiner schlimmsten Emotion, wirst du Frieden finden.« Und ich hatte mit meinen eigenen Augen gesehen, dass es tatsächlich funktionierte: dass diese Frau, die so verhärtet erschien, im Herzen ihrer Qual Frieden und Unbeschwertheit gefunden hatte.

Ich begann, mein Innerstes von Grund auf umzukrempeln. War alles, was ich je gelernt hatte, ein Irrtum gewesen? Waren wir alle in die gleiche umfassende, von der Gesellschaft geförderte hypnotische Trance gefallen, bei der wir gelernt hatten zu akzeptieren, dass wir diese quälenden Emotionen loswerden mussten, egal wie? Und hatten wir aufgrund dieses kulturell akzeptierten Paradigmas das Offensichtliche übersehen – die einfache Wahrheit, dass dann, wenn wir unsere Emotion wirklich zugelassen, uns ihr gestellt, sie aus ganzem Herzen gefühlt und uns ihrem Kern geöffnet hätten... wenn wir dem Tiger ins Auge gesehen und uns tatsächlich rückhaltlos dieser Emotion hingegeben hätten – dass wir dann jedes Mal unfehlbar Frieden im Zentrum dieser Emotionen gefunden hätten? Konnte es sein, dass das ganze Konzept des Bekämpfens von Emotionen vergleichbar war dem Kampf mit dem berühmten Papiertiger, und dass diese Gefühle dann, wenn wir sie willkommen heißen und bereit sind, sie in ihrer Gänze zu fühlen, zu unserem Tor in das Unendliche werden... dass starke Emotionen in Wahrheit etwas *Gutes* sind?

Mir wurde ganz schwindlig zumute. Nichts ergab mehr irgendeinen Sinn. Entweder war die erleuchtete Lehrerin völlig übergeschnappt, oder die ganze Welt war so ungesund konditioniert, dass sie nicht mehr wusste, was oben oder unten, innen oder außen ist.

Ich konnte einfach nicht akzeptieren, was ich soeben mit meinen eigenen Augen gesehen hatte. Mein *Herz wusste*, dass das, dessen Zeuge ich geworden war, authentisch, real, wahr war; doch mein Kopf drehte sich angesichts des Gedankens, dass Frieden oder irgendetwas Vergleichbares im Innersten unserer *schlimmsten* Emotionen gefunden werden konnte. Es ergab keinen Sinn ... doch anscheinend war es so.

Ich konnte die Sache einfach nicht widerspruchslos hinnehmen, daher beschloss ich, es selbst zu versuchen; ansonsten würde das Ganze lediglich eine verblassende Erinnerung meiner Wahrnehmung der Erfahrung eines anderen Menschen sein – und wir alle wissen, wie zuverlässig die Erinnerung ist (bzw. *nicht* ist!).

Also entschied ich, mich still zurückzuziehen, mir ein wenig Zeit zu nehmen und das gleiche Experiment an mir selbst zu versuchen. Ich musste herausfinden, ob die ganze Welt verrückt geworden war und ob Emotionen tatsächlich der Schlüssel zur Erleuchtung sind. Ich musste es direkt wissen, aus meiner eigenen Erfahrung, nicht als zufällige Beobachtung der Erkenntnis eines anderen Menschen.

Tatsache war, dass es nicht stimmte, bis es *für mich* stimmte. Und ich musste einfach die Wahrheit herausfinden.

Daher sagte ich meinem Mann, dass ich mich während seiner Abwesenheit ungestört in unser Haus zurückziehen würde: dass ich ein Experiment vornehmen wollte, um zu entdecken, ob im

Kern unserer Emotionen wirklich Frieden gefunden werden konnte. Ich erklärte, dass ich meine am meisten gefürchtete Emotion nehmen würde, diejenige, die mich am stärksten an der Angel hatte, da ich nur dann sicher sein konnte, dass die Technik wirklich funktionierte.

Nachdem er also gegangen war, putzte ich das Haus, änderte die Ansage auf dem Anrufbeantworter, schaltete das Telefon aus und setzte mich in einen aprikosefarbenen Sessel in unserem Wohnzimmer. Ich wollte es versuchen, wollte herausfinden, ob die ganze Sache eine Lüge, eine Irreführung oder vielleicht nur eine Laune war – oder ob es wirklich stimmte und wir *alle* bisher nichts begriffen hatten.

Ich saß da, hielt mich an den Armlehnen des Sessels fest, und hatte keine Vorstellung von dem, was ich erwarten sollte. Ein sehr unangenehmes Gefühl der Vorahnung hatte schon den ganzen Morgen im Hintergrund gelauert, während ich mich auf das Experiment vorbereitete, und jetzt überflutete sie mein ganzes Wesen. Ich wusste nicht, ob ich den Mut haben würde, mich meiner schlimmsten Emotion zu stellen. Es erschreckte mich schier zu Tode. Die Tränen stiegen mir in die Augen: mir war nicht klar gewesen, dass ich Emotionen derart intensiv fühlen konnte.

Ich beschloss zu meditieren, um mich »zu beruhigen«, doch das führte nur dazu, dass die Angst noch stärker hochkam. Sie schien unvermeidlich zu sein. Wo immer ich hinschaute, lauerte die Angst.

Schließlich nahm ich meinen ganzen Mut und Willen zusammen, mich dieser Angst zu stellen, sie ruhig anzunehmen, mich ihr zu öffnen, ihr hinzugeben; und innerlich hieß ich die Angst willkommen.

Einen Moment lang dachte ich, verrückt zu werden aufgrund ihrer wilden Intensität, doch ich öffnete mich ihr noch weiter. Bestimmt hatte ich genau so viel Mut wie die Frau im Satsang. Wenn sie es konnte, konnte ich es auch.

Also hielt ich mich mit beiden Händen am Sessel fest, während mein ganzes Wesen von Angst geschüttelt wurde. Ich öffnete mich noch weiter und hieß sie willkommen, und genau in dem Moment, als ich nicht mehr wusste, ob ich ihre Intensität noch länger aushalten konnte, gab etwas in meinem Inneren nach. Ich merkte, wie ich mich entspannte... Mein Wille gab nach... Ich gab den Widerstand auf und öffnete mich einfach... Ich empfand eine momentane Erleichterung und dann ganz plötzlich Einsamkeit. Brutale, erbärmliche Einsamkeit umgab mich. Sie war überall. Sie schien unsagbar groß zu sein, unerträglich, doch ich hatte ein Abkommen mit mir selbst geschlossen, mich nicht von der Stelle zu rühren. Ich würde offen bleiben, würde die Emotion willkommen heißen und mich in ihren Kern begeben, in ihr innerstes Zentrum. Also sprach ich das Wort »Willkommen« aus, wenn auch nicht sehr überzeugend, und die Einsamkeit wurde noch umfassender. Es schien, als sei der ganze Raum nichts als Einsamkeit: die Wände waren einsam, die Stühle waren einsam, ich war einsam... alles war einsam, und es gab keine Möglichkeit, dieser Einsamkeit zu entfliehen.

Irgendetwas in meinem Inneren widersetzte sich immer noch, wollte aus dieser Situation heraus, doch ich hörte mich innerlich sagen: »Entspanne dich, begrüße das Gefühl... Sei einfach still angesichts der Einsamkeit.«

Unerwarteterweise reagierte etwas in mir, und ich entspannte mich tatsächlich. Irgendwie fühlte ich, wie ich mich noch tiefer öffnete und eine Nanosekunde der Erleichterung verspürte, bevor ich in ein tiefes Loch der Verzweiflung stürzte.

Jetzt gab es überall nur noch Verzweiflung. Ich fühlte mich hoffnungslos, hilflos, sinnlos, wertlos... Elende Verzweiflung hatte mein ganzes Wesen ergriffen. Ich hatte nie in meinem Leben eine solche Verzweiflung gekannt. Sie war schneidend, brutal und völlig vernichtend.

Ein Teil von mir wollte aufhören, um Gnade flehen, doch mittlerweile hatte ich erkannt, dass der einzige Weg heraus der nach innen war. Ich wusste, dass ich das Wort »Willkommen« sagen musste – und ich wusste, dass ich es wirklich meinen musste, selbst wenn es heißen sollte, dass ich von der Verzweiflung verschlungen werden würde. Ich musste mich entspannen und dem Gefühl hingeben. Irgendwo in meinem Inneren spürte ich noch immer Widerstand, doch ich atmete tief in die Verzweiflung ein, entspannte mich dann vollkommen und ließ sie los.

Einen Augenblick lang hatte ich das Gefühl, mich aufzulösen, und dann wurde ich mir der Präsenz von Etwas bewusst, das mir wie ein schwarzes Loch erschien, ein unendlich weites Feld des Nichts.

Ich war zu Tode erschrocken. Was war dieses unbekannte leere Feld des Nichts? Angestrengt suchte ich in meinem Inneren nach einer Antwort... Die Lehrerin hatte nichts von einer Leere gesagt, einem schwarzen Loch, einem Nichts... niemand hatte jemals irgendetwas in dieser Art erwähnt.

Das Bild der Frau im Satsang, die aussah, als würde sie nach etwas greifen wollen in dem Versuch, vor dem Ertrinken gerettet zu werden: sie muss sich so gefühlt haben wie ich.

Überall war nichts als Horror. Ich hatte furchtbare Angst, in dieses schwarze Loch zu fallen, Angst davor, von irgendeiner Leere verschluckt zu werden. Ich dachte, ich würde darin verrückt werden, mich selbst verlieren, vielleicht sogar sterben. Ich hielte mich mit allen mir zu Verfügung stehenden Kräften fest. Ich widersetzte mich mit meinem ganzen Wesen. Ich sammelte all meinen Willen zusammen. Ich konnte mich unmöglich in die Leere, ins Nichts fallen lassen. Es könnte vielleicht meinen Tod bedeuten, wenn ich dort hineingehen würde.

Angst vor dem Sterben überflutete mich. Angst vor dem Unbekannten erfüllte mich. Angst vor der Leere, dem Nichts erschütterte mein ganzes Wesen. Ich konnte mich einfach nicht ergeben, nicht jetzt – denn das würde vielleicht heißen, dass ich aufhörte zu existieren, und das war unvorstellbar!

Ich versteifte meinen Körper, zwang meinen Verstand zur Ruhe – und wiederholte ständig: »Halt dich fest, halt dich fest. Lass nicht los... Du weißt, was passiert... Wenn du loslässt, stürzt du vielleicht ins Nichts.«

Und so saß ich einfach da in meinem aprikosefarbenen Sessel – bewegungslos und vollkommen festgefahren. *Festgefahren im Widerstand.*

Ich bewegte mich nicht.

Nach einiger Zeit merkte ich, wie mich der Versuch, mit all meiner Kraft Widerstand zu leisten, zu erschöpfen begann. Der Schweiß lief mir den Rücken hinunter. Einerseits wusste ich, dass ich beschlossen hatte, diesen Vorgang bis zu Ende durchzustehen und dass es nichts auf der Welt gab, was mich dazu veranlassen konnte, aufzugeben – doch andererseits hatte niemand irgendetwas über ein schwarzes Loch oder eine unendlich weite Leere gesagt. Könnte es sich vielleicht um einen Irrtum handeln? Sollte diese Leere wirklich existieren?

Ich versuchte, meinen Beschluss, den Prozess zu Ende zu bringen, zu untermauern, nicht die Flinte ins Korn zu werfen. Dennoch konnte ich spüren, wie meine Willenskraft zu schwinden begann und zusehends weniger wurde. Bald schien ich keine Kraftreserven mehr zu haben, um gegen meinen schwächer werdenden Willen und den Sog, aufzugeben und mich zu entspannen, anzukämpfen.

Dann fragte ich innerlich: »Was wäre, wenn du nie mehr hier wegkommen würdest und immer über dem schwarzen Loch hocken müsstest? Was wäre, wenn du bis in alle Ewigkeit hier bleiben müsstest?« Und etwas in meinem Inneren verlagerte sich. Die Möglichkeit, für alle Zeit vor Angst wie erstarrt zu bleiben, schien noch schlimmer als der Gedanke, mich dem zu stellen, was sich in jenem schwarzen Loch der Vernichtung befand. Irgendetwas in mir gab nach. Ich fühlte, wie ich mich nach und nach ein wenig entspannte. Ich lockerte den Griff meiner Hände um die Sessellehne, und dann ... husch, wie eine sanfte Brise – spürte ich plötzlich, wie mein Beschluss dahinschmolz. Aller Widerstand erlosch, eine tiefe Entspannung ergriff Besitz von mir, und ich fühlte, wie sich ein sanfter Frieden in meinem ganzen Wesen ausbreitete. Als ich mich noch tiefer entspannte, empfand ich eine herrliche Leichtigkeit, und alles war von reiner Liebe durchflutet.

Alles erwachte zum Leben, wie eine prickelnde Präsenz der Liebe. Die Präsenz war unentrinnbar; sie erfüllte und bereicherte die Atmosphäre. Die Wände und der Sessel, der Teppich, die Luft, ich, alles war von Liebe beseelt.

Während sich mein Bewusstsein ganz natürlich auszudehnen begann, merkte ich, dass die gleiche Präsenz durch die kleine Stadt pulsierte, in der ich lebte; sie durchdrang die ganze Welt, das ganze Universum. Ungewollt war mir eine direkte Erfahrung der

Freiheit zuteil geworden, der unendlichen Erleuchtung, und ich erkannte sie als eine Präsenz, die überall war, in allem, zu jeder Zeit.

Das Ganze war nicht ein vorübergehender Meditationszustand oder einfach nur eine kurze Erfahrung von Frieden. Vielmehr war es die direkte Erkenntnis, dass das, was ich war, in allem leuchtete: dass ich aus demselben Stoff gemacht war wie der Rest des Universums – ein unendliches, ewiges Feld der Erleuchtung.

Seit jenem Tag hat mich die Erkenntnis darüber, wer und was ich bin, nie mehr verlassen. Jeder Teil meines Wesens weiß, dass ich total *frei* und Teil von *allem bin, was ist*. Und dennoch setzen sich die Gedanken und Emotionen des Lebens, weiterhin fort – doch heute geschehen sie einfach in dem übergeordneten Kontext dieser Ganzheit, dieser Präsenz.

Meine Emotionen waren nicht irgendwelche schlechten Dinge, die aus meinem Wesen entfernt werden mussten. In Wahrheit waren sie das Tor zu meiner Seele. Und ich erkannte, dass meine Seele überall und in allem leuchtet.

Jedes Mal, wenn Sie fühlen, dass das Göttliche die Hände nach Ihnen ausstreckt, Ihnen zuwinkt, loszulassen und aufzugeben, dann lassen Sie sich in diese selige Kraft hineinfallen und erleben Sie die grenzenlose Präsenz der Freiheit. Die Erleuchtung, die Sie gesucht haben, ist genau hier, im Kern Ihrer furchteinflößendsten Emotionen.

Die Zeit ist gekommen, sich mit Ihren Emotionen anzufreunden, denn sie halten den Schlüssel zum Unendlichen; sie sind der goldene Weg zu Ihrem eigenen Selbst.

Es ist Zeit, nach Hause zu kommen.

In den Jahren seit jenem Erlebnis sind meine Emotionen eine nie endende Quelle der Selbstentdeckung geworden.

Heute habe ich gelernt, mich ihnen leichter zu öffnen; müheloses Hineinatmen in jeglichen Widerstand, bewusstes Sichöffnen, Entspannung und die Bereitschaft, in den Kern der Emotion hineinzutauchen, reichen aus. Außerdem habe ich viele praktische Techniken entwickelt, um mich selbst zu überreden und anderen zu helfen, den Kampf und Widerstand gegen ihre Emotionen aufzugeben. Ein Großteil der heutigen eleganten, leichten Eigenschaften der fortgeschrittenen Journey-Techniken sind auf Dutzende von Möglichkeiten zurückzuführen, die wir gefunden haben und mit denen Sie Ihren Widerstand aufgeben können, denn es ist eine Tatsache, dass in dem Moment, in dem Sie beschließen, sich in den Kern einer Emotion hinein zu entspannen, leicht und offen ins Unendliche fallen.

Für mich persönlich läuft der ganze Vorgang zuweilen in weniger als zwei Minuten ab und dauert im Höchstfalle nicht länger als fünf Minuten. Bei anderen dauert es in der Regel etwas länger, vor allen Dingen wenn sie den emotionalen Prozess des Hindurchfallens zum ersten Mal absolvieren, da der Widerstand gegen etwas Gegebenes eine so tief verwurzelte Angewohnheit ist. Also versuchen wir, der Angewohnheit zu helfen, ihren Griff zu lockern: wir müssen den alten Widerstand überreden, sich zu entspannen, zu vertrauen und aufzugeben.

Doch glauben Sie mir, sobald Sie wissen, wie es geht, wird es Ihnen ein Leichtes sein, sich Ihren Emotionen zu öffnen, sie willkommen zu heißen, sie anzunehmen und sich in sie hinein zu entspannen.

Kinder haben ein ganz besonderes Talent für die Journey-Arbeit. Sie vertrauen rückhaltlos, und das ist der Schlüssel zum Erfolg. Sie fallen so mühelos durch ihre Emotionen in einen Zustand des Friedens wie Milch, die in heißen Tee geschüttet wird. Da es bei ihnen keinen Widerstand gibt und sie total vertrauen, fallen sie so leicht in Frieden, Glück oder Freude, wie ein Fluss ins Meer fließt. Ein kleines Kind kennt keine Kämpfe gegen Emotionen.

Wir Erwachsenen sind es, die sich angewöhnt haben, alles zu verehren, was mit Kämpfen zu tun hat, und sei es der Kampf gegen die eigenen Gefühle. Wir idolisieren das Kämpfen. Wir nehmen Medaillen dafür entgegen, erhalten Auszeichnungen für tapferes Kämpfen. Das geht so weit, dass etwas, das einfach oder problemlos ist, als unbedeutend oder gegenstandslos betrachtet wird. Also haben wir ein komplettes Paradigma kreiert und nennen es »Schaffung von Widerstand, damit ich etwas habe, mit dem ich kämpfen kann«. Dann können wir unsere Position als hochrangiger Offizier in der emotionalen Armee beibehalten.

Der so genannte »Krieg gegen Terror« ist zu einem Begriff geworden, der auf der ganzen Welt verstanden wird. Ich glaube, dass viele Jahrhunderte lang der beherrschendste Krieg der »Krieg gegen Emotionen« gewesen ist. Es ist ein Krieg, den wir alle ausgefochten und an den wir bedauerlicherweise zu glauben gelernt haben.

Doch die Zeit ist gekommen, diesen Krieg zu beenden, den Widerstand aufzugeben und unser Wesen für das Unendliche zu öffnen, die grenzenlose Liebe, die immer präsent ist.

Wir lieben es, die Bedeutung unserer Gefühle zu erforschen, sind besessen von dem Wunsch, den Schuldigen zu finden; dramatisieren darüber, wie wir ihnen zum Opfer gefallen sind und diskutieren mit unseren Freuden, wie schlecht sie sind. Wir gehen zu Therapeuten, um herauszufinden, woher sie kommen, nehmen an Seminaren teil, um sie an die Oberfläche zu bringen und mittels Katharsis loszuwerden – und wir unterhalten uns selbst in endlosen inneren Dialogen über ihre Bedeutung in unserem Leben. Denn wer möchte schon auf dieses ganze Drama verzichten? Schließlich ist es das, was uns unseren Charakter gibt, unsere Einzigartigkeit, unseren Lebenssinn. Emotionen geben uns unsere Identität... oder nicht?

Eines der Dinge, die ich durch meine eigene Erfahrung bezüglich der Emotionen herausgefunden habe, ist die Tatsache, dass sie ihrem Wesen nach flüchtig sind. Emotionen kommen und gehen ständig. Es liegt nicht in ihrer Natur, länger als ein paar Momente zu dauern – es sei denn, wir lassen ihnen Bedeutung zukommen, erfinden eine Geschichte um sie herum, geben ihnen unsere Energie.

Ohne eine dazu gehörige Geschichte sind Emotionen einfach nur Empfindungen, die kommen und gehen. Sie haben nicht mehr Bedeutung als chemische Stoffe, die durch den Körper fließen. Wenn wir jedoch beschließen, ihnen Bedeutung zu geben, sie für wichtig zu halten, wenn wir glauben, sie müssten untersucht, analysiert und verstanden werden; wenn wir immer wieder das Drama ablaufen lassen, das wir ihnen zugeschrieben haben und unsere Gedanken benutzen, um sie noch zu verstärken – dann können wir Emotionen so lange lebendig halten, wie wir wollen.

Emotionen sind lediglich momentane Funken, die durch unser Bewusstsein zischen. Wenn Sie jedoch eine Emotion festhalten, sie mit Brennstoff versorgen und zusätzlich eine kleine Dosis Drama hinzufügen, die Flamme mit Ihren Gedanken nähren und das trockene Stroh der Meinung eines anderen Menschen hinzufügen; und wenn Sie dann dieses mittlerweile tosende Feuer mit Klatsch und Tratsch anfachen oder mit der Perspektive Ihres Therapeuten, dann können Sie wahrlich ein riesiges, loderndes Freudenfeuer daraus machen.

Natürlich wird das Feuer irgendwann niederbrennen, ganz von alleine – *es sei denn*, Sie fügen immer wieder neuen Brennstoff hinzu.

Wahrscheinlich sind Sie sich bislang Ihrer Kampfstrategien nicht bewusst gewesen, doch da Sie in Wahrheit nur einen Phantomfeind bekämpfen, müssen Sie konstante Mühe in den Versuch investieren, Ihren angeblichen Widersacher bei der Stange zu halten. Sie müssen die Flammen der Emotion anfachen, damit Sie etwas haben, mit dem Sie in den Kampf ziehen können, gegen das Sie kämpfen können, dem Sie Widerstand entgegensetzen können. Sie kämpfen, unterdrücken und versuchen in Wahrheit, einen Feind zu schlagen, den Sie alleine mit Ihren Gedanken, Ihre Dramen und Ihrer Energie am Leben erhalten.

Tatsache ist, dass ohne Ihre Geschichte des Opferseins und der Schuldzuweisung jede Emotion nur genau das wäre – ein Gefühl, das durch Bewusstsein zieht. Um lebendig zu bleiben, braucht es Ihre Konzentration und den Glauben an Ihr Drama, Ihre Geschichte.

Was wäre also, wenn Sie beschließen, die Geschichte enden zu lassen... sie einfach fallen zu lassen?

Es ist eine solche Erleichterung! Und wenn dann eine reine Emotion hochkommt, können Sie sie als Ihren Freund erkennen und mit offenen Armen willkommen heißen, sie lieben, sich in sie hinein entspannen und schließlich in ihrem Kern Frieden finden.

Eines der Paradigmen, die sich in den letzten Jahren im Zusammenhang mit dem Loswerden einer »schlechten« Emotion immer größerer Beliebtheit erfreute, ist Katharsis. Und ich kann verstehen, *warum* dies so verlockend ist. Nachdem wir uns ausgeweint haben oder einen Wutanfall hatten, fühlen wir tatsächlich eine vorübergehende Erleichterung – und das ist berauschend. Doch das Problem ist damit immer noch nicht gelöst, da die Emotion uns später unvermeidlich wieder überfallen wird.

Daher lautet meine Empfehlung nicht, sie zu verscheuchen, auszuagieren oder zu analysieren und auch nicht, unter ihrer Last zusammenzubrechen; und auch nicht dagegen anzukämpfen oder davor wegzulaufen – denn in diesem Fall wird die Emotion Sie mit Sicherheit jagen und finden. Vielmehr sollten Sie sich umdrehen und dem (Papier-)Tiger direkt ins Auge schauen, einfach aufgeben und die Liebe entdecken, die im Kern des Gefühls lebt. Alle Formen des Vermeidens werden nur Ihren Schmerz verlängern. Sie können nicht vor Ihren Emotionen davonlaufen. Wenn es Frieden ist, den Sie suchen, besteht die einzige effektive Möglichkeit darin, dass Sie in Ihre Gefühle eintauchen.

Entspannen, Annehmen, Aufgeben, Vertrauen – dies sind die einzigen Werkzeuge eines Liebhabers der Wahrheit. Daher sind Sie gut beraten, sich von einem Krieger in einen Liebhaber zu verwandeln.

Emotionen – sie sind wahrhaftig Ihr Tor zum Unendlichen.

Emotionen: Geführte Introspektion

Emotionen sind das Tor zum Unendlichen. Sie sind Ihr Weg zurück zu Ihrem Selbst, und sie bieten einen leichten Zugang zu dem Frieden, der immer existiert, indem sie Sie in Ihre wahre Essenz rufen.

Vielleicht möchten Sie beginnen, indem Sie einen ruhigen Ort finden, wo Sie während der nächsten paar Minuten ungestört sitzen können. Wenn Sie möchten, können Sie einen Freund/eine Freundin bitten, Ihnen die folgenden Instruktionen vorzulesen, damit Sie sich ganz Ihrem eigenen inneren Prozess widmen können.

Beginnen Sie mit einem Gebet oder der Intention, wirklich lernen zu wollen, wie Sie Ihre Emotionen ganz annehmen können; um sie zu begrüßen, sagen Sie »Ja« zu ihnen – und machen Sie sich bewusst, dass alles willkommen ist, was in dieser Umarmung hochkommt. Selbst die versteckten Emotionen, die verborgenen und geheimen Gefühle, die nicht angesprochenen und unbekannten, sind willkommen. Äußern Sie einfach die Intention, dass sogar die Emotionen, von deren Existenz in Ihrem Inneren Sie nichts gewusst haben, gerne hochkommen dürfen.

Dann setzen Sie sich still hin, entspannen Körper und Geist und lassen Ihr Bewusstsein weit und endlos werden ... bis es sich grenzenlos vor Ihnen ausdehnt ... grenzenlos hinter Ihnen ... und nach allen Seiten offen und frei ist ... unendlich weit unter Ihnen ... und weit wie der Himmel über Ihnen ... Ruhen Sie einfach in einem weiten, offenen Himmel der Präsenz.

Machen Sie Ihr Herz so weit wie die Welt ... weit genug, um nicht nur *Ihre* Emotionen darin aufzunehmen, sondern *alle* Emotionen, die es gibt ... sogar weit genug, um die Emotionen Ihrer Vorfahren einzuschließen . . . Breiten Sie die Arme Ihrer Liebe so weit aus, dass alles Leiden der Menschheit darin Platz findet . . . So unendlich groß ist Ihre Liebe, und sie akzeptiert alles, nimmt alles in ihrer Umarmung auf, ist allumfassend in ihrem Mitgefühl.

Nun laden Sie eine bestimmte persönliche Emotion ein, sich in dieser Umarmung zu Wort zu melden . . . Erlauben Sie Ihr wirklich, sich voll zu entfalten . . . unschuldig . . . arglos . . . ohne eine Veränderung herbeiführen, sie reparieren oder analysieren zu wollen . . . *Heißen Sie sie einfach willkommen*.

Dann lassen Sie Ihr Bewusstsein zu dem Bereich Ihres Körpers gehen, in den die Emotion Sie am meisten hinzuziehen scheint . . . Achten Sie auf die Empfindung, die sie hervorruft, während sie in Ihrem Körper aufsteigt.

Umgeben Sie diesen Spannungsbereich wirklich mit Ihrer Akzeptanz, Ihrer eigenen Liebe . . . Mit Ihrem ganzen Sein lassen Sie die Emotion wissen, dass Sie offen sind, die sie begleitende Empfindung wirklich zu *fühlen* . . . in ihrer ganzen Intensität . . .

Sollten Sie irgendwo einen Widerstand spüren, heißen Sie auch ihn willkommen – er ist nur natürlich, eine Reaktion, zu der wir alle konditioniert wurden. Und es ist okay, auch dieses Gefühl zu fühlen, also bringen Sie Ihr Bewusstsein zu jeder Art von Widerstand und lassen Sie ihn weicher werden. Sie können ihn wissen lassen, dass es keine Gefahr bedeutet, zu fühlen . . . Der Widerstand muss Sie nicht länger schützen . . . Sie haben die Erlaubnis, *alles* zu fühlen, was hochkommt . . .

Seien Sie liebevoll mit sich selbst . . . Sich einer Emotion zu öffnen ist ähnlich wie das Öffnen einer Blüte . . . Sie können die Öffnung nicht erzwingen; Sie können sie nur erlauben, sie dazu überreden, sie willkommen heißen und ihr den Raum geben, den sie braucht, um sich in ihrer ganzen Fülle zu entfalten.

Erlauben Sie Ihrem Gefühl, zu erblühen ... Lassen Sie es immer voller werden ...

Wenn der Impuls auftritt, vor der Emotion davonzulaufen, sie zu vermeiden, dann erkennen Sie ihn als das, was er ist – nämlich ein Gefühl – und nehmen Sie ihn wahr ... Machen Sie sich bewusst, dass ein solcher Impuls nur natürlich ist ... Segnen Sie ihn und umgeben Sie ihn mit Ihrer liebevollen Aufmerksamkeit ... Dann bringen Sie Ihr Bewusstsein wieder zurück auf das ursprüngliche Gefühl ... und erlauben ihm, voll empfunden zu werden ...

Unsere Emotionen können am Anfang recht scheu sein ... Sie sind so sehr daran gewöhnt, unter Verschluss gehalten, unterdrückt, ignoriert oder verleugnet zu werden .... Wie zurückgewiesene Kinder können auch Ihre Gefühle *Ihnen* zunächst nicht vertrauen ... Vielleicht haben sie eine Scheu vor Ihnen ... weil Sie sich in der Vergangenheit so oft von ihnen abgewandt haben ...

Doch jetzt ist Ihre Chance gekommen, sich Ihren Gefühlen zuzuwenden ... was immer sie sein mögen ... Heißen Sie sie mit Ihrem ganzen Herzen willkommen ... Vielleicht möchten Sie sich bei ihnen dafür entschuldigen, sie in der Vergangenheit so verurteilt zu haben ... Heißen Sie jedes Gefühl wirklich mit jeder Faser Ihres Wesens willkommen ... Akzeptieren sie es rückhaltlos und umarmen Sie es ... Gut ...

Während das Gefühl stärker wird, seien Sie einfach nur neugierig darauf herauszufinden, was sich in seinem Kern befindet ...

Fühlen Sie, wie Sie sich öffnen, entspannen und mitten in das Herz der Emotion eintauchen . . .

Sie müssen nichts wieder gutmachen, verändern oder sonst etwas tun . . . Entspannen Sie sich nur einfach in den Kern Ihrer Emotion hinein . . . Halten Sie Ausschau nach irgendwelchen Bereichen in Ihrem Inneren, wo Sie vielleicht noch Widerstand leisten . . . Lassen Sie in Ihrem Widerstand nach . . . und entspannen Sie sich tief . . .

Was ist da? . . . Gut . . . Und jetzt, mit der Unschuld eines Kindes, fühlen Sie, wie Sie diese Emotion voll zulassen, sich ihr öffnen und sie begrüßen . . . Erlauben Sie ihr, wie eine Blume voll zu erblühen . . . Und dann, mit zärtlicher Neugier, fühlen Sie, was sich in ihrem Kern befindet, im Zentrum dieser neuen Emotion . . . Fühlen Sie, wie Sie immer weiter werden . . . sich total öffnen . . . und in diesen Kern hineinfallen, sich darin auflösen und immer tiefer gehen . . .

Entspannen Sie sich einfach in diesem Kern . . . Was gibt es da? . . .

(Von Zeit zu Zeit können Sie eine Emotion fragen, was sich hinter oder unter ihr befindet.)

Öffnen Sie sich immer weiter auf diese Weise: So als würden sich sanft die Blütenblätter einer Blume öffnen, und fallen Sie ganz natürlich und mühelos immer tiefer.

An irgendeinem Punkt wird vielleicht ein weites Nichts erscheinen, oder ein schwarzes, offenes Feld der Leere. Auch dies ist nur ein anderes Blütenblatt. Fragen Sie einfach, was in seinem Kern ist, und entspannen und öffnen Sie sich. Sie werden feststellen, wie Sie problemlos und unbeschadet auch durch diese Leere fallen.

Schließlich, wenn Ihr Herz offen und Ihr ganzes Wesen entspannt ist und alles willkommen heißt, was sich ihm darbietet, werden Sie feststellen, dass Sie in einem Meer von Frieden, Liebe, Licht und Freiheit baden: eine grenzenlose Präsenz der Gnade wird Sie umgeben und jede Faser Ihres Wesens durchfluten.

Ruhen Sie einfach in diesem Gefühl, so lange, wie Sie möchten ... Und wenn Sie soweit sind, können Sie Ihre Augen wieder öffnen.

Der Schlüssel zu diesem Prozess besteht darin, sich vollkommen zu entspannen, offen zu sein und jede Emotion zu begrüßen, die hochkommt. Falls irgendwelche Geschichten oder Dramen oder Erinnerungen im Zusammenhang mit der Emotion auftauchen, so schenken Sie Ihnen bitte keine übermäßige Aufmerksamkeit, und lassen Sie sich nicht von ihnen ablenken – denn alle Bilder und Erinnerungen sind lediglich ein Versuch des Verstandes, Ihren Fokus von der reinen Erfahrung der Emotion abzulenken. Stattdessen lassen Sie die Erinnerungen oder Bilder los, sobald Sie merken, dass sie zusätzliche Gefühle wecken, und bleiben Sie einfach für die ursprüngliche Emotion offen ... Heißen Sie das Gefühl wirklich *willkommen*.

Falls eine Erinnerung zusätzliche Aufmerksamkeit und Heilung erfordert, können Sie jederzeit das Journey-Buch nehmen und einen vollen Emotional Journey-Prozess durchlaufen, um den verdrängten Schmerz loszulassen und umfassende Vergebung und Verständnis zu erlangen. Doch jetzt lassen Sie mit diesem simplen Prozess alle Bilder kommen und gehen, die sich melden, und lassen Sie Ihr Bewusstsein ganz in der Emotion ruhen, die Sie fühlen.

Falls Sie an irgendeinem Punkt das Gefühl haben, Ihre Augen öffnen zu wollen, so können Sie den Prozess ruhig jederzeit beenden. Gefühle dauern nie länger als ein paar Augenblicke – sie kommen und gehen als Ausdruck der natürlichen Gezeiten des Lebens. Die weite, grenzenlose Präsenz, in der Sie ruhen, bleibt von der Aktivität der Emotionen unberührt, die durch Sie hindurchziehen . . . Kein Problem.

Machen Sie sich einfach bewusst, dass wir alle gerade erst zu lernen angefangen haben, unsere Emotionen willkommen zu heißen und sie zu fühlen, und jedes Mal, wenn Sie diesen simplen Prozess vornehmen, werden Sie sich entspannter, offener und unbeschwerter fühlen.

Es handelt sich hierbei wirklich um einen Prozess, durch den Sie lernen, sich selbst zu vertrauen. Im Laufe der Zeit werden sich Widerstände ganz natürlich auflösen, da Ihr Selbst lernt, Ihnen mehr und mehr zu vertrauen.

Sie sind eine wunderschöne Blume. Es ist an der Zeit, sich zu öffnen und Ihre exquisite Großartigkeit erstrahlen zu lassen. Emotionen sind Ihre treuesten Freunde. Sie sind das Tor zu Ihrer Seele, ein Teil des Tanzes der Erleuchtung.

Dankbarkeit

Dankbarkeit ist der direkteste Weg,
den ich kenne, um Gnade zu erfahren.

Gnade kann einem dankbaren Herzen
einfach nicht widerstehen,
und in dem Augenblick,
in dem Sie Ihr Bewusstsein auf das lenken,
wofür Sie am dankbarsten sind,
wird Gnade sichtbar.

Dankbarkeit und Gnade sind wie zwei Liebende,
die sich immer tiefer ineinander verlieben,
bis sich eines im anderen verliert,
auf ewig untrennbar.

Dankbarkeit

Dankbarkeit ist der direkteste Weg, den ich kenne, um Gnade zu erfahren.

Es wird gesagt, dass Dankbarkeit Gnade magnetisch anzieht. Wie eine Biene dem Honig, so kann Gnade einem dankbaren Herzen nicht widerstehen, und in dem Augenblick, in dem Sie Ihr Bewusstsein auf das lenken, wofür Sie am dankbarsten sind, womit Sie gesegnet sind und was Sie lieben, wird Gnade sofort sichtbar. Mir ist im Laufe der Zeit klar geworden, dass Gnade und Dankbarkeit untrennbar miteinander verbunden sind. Dankbarkeit zieht Gnade an, und wenn Sie die Präsenz der Gnade spüren, die Sie umgibt, weckt diese Empfindung noch mehr Dankbarkeit. Wie zwei Liebende verlieben Dankbarkeit und Gnade sich immer tiefer ineinander, bis sich eines im anderen verliert.

Letzten Endes gibt es keinen Unterschied zwischen den beiden, denn Dankbarkeit zu empfinden bedeutet, Gnade zu kennen, und Gnade zu erfahren bedeutet, sich gesegnet und dankbar zu fühlen. Es scheint, dass es das eine nicht ohne das andere gibt. Diese beiden Liebenden sind zu verliebt, als dass sie getrennt sein könnten.

Von allen süßen Düften des Unendlichen, die mich beim Schreiben dieses Buches umweht haben, war Dankbarkeit der konstanteste. Häufig füllten sich meine Augen mit Tränen, als ich erkannte, wie glücklich ich mich schätzen darf, durch mein

Schreiben als ein Instrument der Gnade benutzt zu werden. Ich bin überwältigt von der Zärtlichkeit, die mich umgibt, der Weisheit, die plötzlich da ist, der Freude und Mühelosigkeit der Gnade. Ich fühle mich zutiefst gesegnet, in ihrer ständigen Präsenz weilen zu dürfen. Was kann ich anderes tun als auf die Knie fallen, um dieser unendlichen Gnade für ihre üppige Fülle zu danken?

Dankbarkeit erscheint im dem Augenblick, in dem Sie Ihr ungeteiltes Bewusstsein in den gegenwärtigen Moment bringen und Ihr Wesen wirklich dem öffnen, was jetzt hier ist. Selbst das einfache Wirbeln des Rauches, der von einer Kerzenflamme aufsteigt, kann Dankbarkeit hervorrufen. Wenn Sie sich einen Moment Zeit nehmen und einfach *wahrnehmen*, was um Sie herum ist – die Schönheit einer bestimmten Farbe im Bezug des Stuhls, auf dem Sie sitzen; die Maserung des Holzes in Ihrem Tisch; die makellose Klarheit des Glases, aus dem Sie Wasser trinken; die Variationen der Düfte, die durch das offene Fenster hereinwehen; die engelsgleiche Unschuld in den Augen eines Babys; das freudige Lachen von Kindern, die irgendwo draußen spielen; die Tatsache, dass Sie ein Dach über Ihrem Kopf haben oder der glückliche Zufall, dass Ihnen dieses Buch in die Hände gefallen ist – alles in Ihrer Umgebung wird zu einer Gelegenheit für Dankbarkeit, einer Öffnung in die Gnade. Selbst die Nahrung, die Ihren Körper stärkt, und das Geräusch von Schritten im Haus, das signalisiert, dass Sie von Wesen umgeben sind, die Sie lieben, ruft tiefe Dankbarkeit hervor. Und dann gibt es noch das Unsichtbare, das Unbekannte, die Stille. Ein offenes Herz kann nicht anders als überzufließen vor Dankbarkeit für diese grenzenlose Gnade.

Sie müssen nur Ihr Bewusstsein in diesen Moment bringen und Ihr Herz, Ihre Augen, Ihre Ohren und Ihr ganzes Wesen *dem öffnen, was bereits hier ist*, was Sie von allen Seiten umgibt. Jede einzelne Erfahrung in Ihrem Leben ist eine Gelegenheit, Dankbarkeit zu empfinden.

Dankbarkeit stellt sich sofort ein, wenn Sie sich die Zeit nehmen, Ihr Herz zu öffnen und dem Leben für das zu danken, was ist; für seinen reichen Segen, seine Schönheit – für das Leben selbst.

Damit Dankbarkeit echt und allumfassend sein kann, muss das, was im Moment hier ist, *vorbehaltlos akzeptiert* werden – selbst wenn es sich nicht in der üblichen, erwarteten oder offensichtlichen Weise zeigt, die normalerweise Dankbarkeit hervorrufen würde. Erst wenn Sie das, was ist, vorbehaltlos annehmen, ohne den Wunsch, es zu verändern oder zu korrigieren; wenn Sie dem Leben ohne Einschränkung erlauben, so zu sein, wie es ist; erst dann fließt Ihr Herz vor Dankbarkeit über, und Sie erfahren Gnade als etwas, das überall und in allem ist.

Ich erinnere mich an eine beinahe unheimliche Erfahrung von Dankbarkeit, die mich in ihrer Intensität geradezu überwältigte. Sie erwuchs aus meiner totalen Akzeptanz dessen, was mir das Leben in jenem Augenblick präsentierte, auch wenn die äußeren Umstände extrem unpassend erschienen.

Es war ungefähr ein Jahr nach der Heilung meines Tumors. Damals wohnten wir in einem kleinen Wochenendhaus am Strand von Malibu in Kalifornien. Es war der Herbst 1993, und ich hatte mir ein paar Wochen frei genommen, um meiner Freundin Elaine bei einer Fernsehshow zu assistieren, bei der sie in New York Regie führte.

Jemand kam ins Studio und fragte, ob jemand von uns in Los Angeles oder Umgebung wohnte; ein katastrophaler Waldbrand hatte zehntausende Hektar Land in den Santa Monica Mountains entlang der Küste von Malibu vernichtet. Er sagte weiter, dass das Feuer außer Kontrolle geraten war und dass alle benachbarten Bundesstaaten über Radio und Fernsehen aufgerufen worden waren, ihre Feuerwehrleute zu schicken – Kalifornien konnte der Flammen nicht alleine Herr werden. Die Situation war bereits als nationale Katastrophe deklariert worden.

Als ich zum ersten Mal von dem Brand hörte, schien die Welt einen Moment lang völlig stillzustehen. Ich hielt den Atem an und wurde total präsent, absolut bewusst. Ich sagte nichts. Elaine meinte, es sei vielleicht eine gute Idee, wenn ich mich in den Green Room zurückziehen und mir im Fernsehen weitere Einzelheiten über das Feuer ansehen würde: »Du musst herausfinden, ob dein Haus in Gefahr ist, Brandon.«

Ich folgte ihrem Rat und saß wie gebannt vor dem Fernsehschirm. Die Flammen waren bis zu zwanzig Meter hoch, und das Feuer war völlig außer Kontrolle geraten. Angefacht von starkem Wind, breitete es sich alle paar Minuten um weitere Meilen aus. Beim Anblick der vertrauten Küstenlinie von Malibu sah ich, wie die Häuser meiner Freunde eines nach dem anderen den Flammen zum Opfer fielen und scheinbar innerhalb von Sekunden völlig niedergebrannt waren. Das konnte doch nicht wahr sein: Ich schaute mir nicht irgendeinen Katastrophenfilm an – dies passierte *wirklich*! Und es waren nicht irgendwelche alten Häuser, die da bis auf den Grund niederbrannten – es waren die Häuser lieber Freunde, die von den Flammen zerstört wurden.

Der Rauch war zu dicht, als dass man sehen konnte, was in der unmittelbaren Nähe des Strandes, wo wir wohnten, los war, doch mein Herz fühlte mit all jenen, die soeben ihre Häuser verloren hatten. Mir war bewusst, dass die meisten Bewohner von Malibu keine Versicherungen für ihre Häuser abgeschlossen haben, da es einfach zu teuer ist. Wenn Sie an der Küste leben, in einer derart gefährdeten Gegend, bräuchten Sie eigentlich Versicherungen für Katastrophenschutz im Falle von heftigen Stürmen, Flutwellen und andere durch das Meer verursachten Schäden, für Erdbebenfolgen und Brände – doch die Kosten sind astronomisch! Also hatten meine Freunde jetzt nicht nur ihre Häuser verloren, sie waren außerdem finanziell ruiniert.

Am nächsten Morgen erfuhr ich die Neuigkeit: Aus irgendeinem Grund waren die Flammen unerwartet über den Pacific Coast Highway gesprungen und hatten auch unser kleines Häuschen innerhalb von Minuten völlig niedergebrannt. Es war das einzige Haus auf der Meeresseite des Highways, das den Flammen zum Opfer gefallen war.

Die Feuerwehrleute waren direkt vor unserer Tür stationiert gewesen, um genau das zu verhindern. Sie hatten bereits das Dach mit Wasser bespritzt, um zu verhindern, dass es Feuer fing. Doch es hatte nichts genützt.

Selbst unter Einsatz aller Schläuche war es unmöglich gewesen, das Feuer zu löschen, als es einmal ausgebrochen war. Unser Haus brannte wie eine Schachtel Streichhölzer ab. Unser Auto explodierte in den Nachwirkungen des Feuers, was bedeutet, dass fast alles, was wir besaßen und in unseren achtzehn Ehe- und Familienjahren angesammelt hatten, verloren war.

Mit vierzig Jahren und ohne den Schutz einer Versicherung musste ich ein neues Leben beginne und nicht einmal ein Geschirrset oder ein warmer Wintermantel waren mir geblieben. Mein Mann, der zum Zeitpunkt des Brandes ebenfalls außerhalb tätig gewesen war, holte mich am Flughafen ab, und als wir den Pacific Coast Highway entlangfuhren, spürte ich ein nagendes Gefühl der Angst in meinen Eingeweiden wachsen. Zum ersten Mal sah ich die Zerstörung aus der Nähe. Es war schlimmer als alles, was ich mir je hätte vorstellen können: so brutal, so real –

der ganze Horror direkt vor meinen Augen, unübersehbar. Jeder Strauch, jeder Baum, jede Blume oder Pflanze war von den Flammen versengt worden, und nichts als kohlschwarze Asche und glühende, noch rauchende Holzstücke waren übrig geblieben – eine schwarze Mondlandschaft, gelegentlich mit Häusern gesprenkelt, die aus irgendeinem Grund inmitten von trostlosem Ödland auf wundersame Weise verschont geblieben waren.

Als ich das alles in mich aufnahm, wurde mir bewusst, dass es irgendeinen Grund geben musste, warum einige Häuser total unberührt waren, nicht einmal vom Rauch geschwärzt, während andere bis auf die Grundmauern abgebrannt waren.

Es war, als hätte eine mysteriöse Hand Gottes sich dieses bestimmten Hauses oder jenes bestimmten Gebäudes inmitten einer ansonsten zu schwarzer Asche verbrannten Wüste angenommen und es gerettet. Und wenn ich auch nicht einmal *beginnen* konnte, diesem Mysterium auf den Grund zu gehen, so spürte ich dennoch, dass hier Gnade im Spiel war. Was immer der Grund sein mochte – warum einige Häuser zur Gänze verschont geblieben waren, einschließlich Garten und Nebengebäuden, während alle benachbarten Häuser völlig zerstört waren – ich konnte es mir nicht erklären.

Doch die Hand der Gnade war nicht zu übersehen.

Während diese ruhige Erkenntnis irgendwo am Rande meines Bewusstsein zu dämmern begann, spürte ich immer stärker ein elendes Gefühl böser Vorahnung in meinem Körper wogen. Die Angst davor, wie es sein würde, mit *eigenen Augen* unser abgebranntes Haus zu *sehen*, wurde immer stärker, je näher wir unserem Teil der Küste kamen. Mein Mann und ich redeten während der ganzen Fahrt kein Wort miteinander. Wir waren sprachlos angesichts der gewaltigen Zerstörung vor uns. Als wir um die

Kurve in der Nähe unseres Hauses bogen, nahm ich meinen ganzen Mut zusammen und machte mich im Stillen auf das Schlimmste gefasst.

Schweigend fuhren wir in unsere Einfahrt. Mein Mann stellte den Motor ab, Keiner von uns sprach: Wir saßen einfach da und starrten das Bild an, das sich uns bot.

Mein Bewusstsein war weit offen. Ich wollte den ganzen Anblick in mir aufnehmen – wollte ihn wirklich sehen, mich ihm direkt stellen. Mein ganzes Wesen wurde total präsent. Ich war hellwach und total auf den Moment fokussiert. Während ich mir das Bild anschaute, das sich meinen Augen bot, sah ich die qualmenden Reste einer ausgehöhlten Fassade, und jenseits der schwarzen, ausgebrannten Holzdielen war ein blauer Himmel über einem schimmernden Meer zu sehen. Die kohlschwarzen Holzbalken kreierten eine auffallende Silhouette gegen den lebendigen, herrlichen Anblick von Himmel und Meer.

Die ganze Situation hatte etwas eigenartig Schönes. Hier war das Leben in all seiner Großartigkeit: alle Zerstörung, alle Schönheit, Seite an Seite in einem überwältigenden, blendenden Anblick.

Tränen stiegen mir in die Augen: Tränen der Dankbarkeit. Dankbarkeit für die Schönheit des Lebens, für die Herrlichkeit der Schöpfung, für das Mysterium, dafür, nicht alles zu wissen – Dankbarkeit, lebendig zu sein, die Erlaubnis zu haben, genau diesen Moment zu erleben. Mein Herz brach weit auf und war überflutet von Dankbarkeit.

Ich wandte mich zu meinem Mann und sagte: »Es ist erstaunlich, wie viel besser man das Meer jetzt sehen kann, wo es keine Wände mehr gibt.« Er lächelte ironisch und nickte zustimmend.

Auch er war in einem Moment totaler Ehrfurcht verloren.

Wir hatten jegliche Erwartungen bezüglich dessen, wie das Ganze *aussehen sollte*, abgelegt und das, was vor uns lag, vorbehaltlos akzeptiert als etwas, *das eben so war*, wie es war. Kein Wunsch, es möge anders sein, kein angestrengter Versuch, es zu verändern, keine Fragen: »Warum ich? Warum dieses Haus? Warum war *unser* Haus das *einzige* am Strand, das abgebrannt ist?« – Nichts als reine Akzeptanz. Und in dieser totalen Akzeptanz stieg ganz automatisch und von alleine Dankbarkeit hoch. Und mit Dankbarkeit kam die Gnade. Ich fühlte mich von Gnade eingehüllt, von ihr erfüllt... Und genau aus diesem Grund war ich irgendwie der glücklichste Mensch der Welt.

Wir begannen, durch den Schutt zu stochern und hier und da zu graben, um zu sehen, ob wir irgendein Memento, irgendein Erinnerungsstück finden konnten; irgendetwas, das uns an achtzehn gemeinsam verbrachte Ehejahre erinnern würde. Während ich mir die versengten, geschmolzenen Teile von Elektrogeräten anschaute, zerbrochenes Geschirr, geplatzte Gläser, klatschnasse, halb verbrannte Bücher – begannen all diese Dinge an Bedeutung zu verlieren.

Es waren einfach nur *Dinge*.

Ich wurde mir einer intensiven Liebe bewusst, die mich einhüllte und die völlig unberührt schien von irgendeiner Art des Abschiednehmens von Gegenständen. Diese Liebe funkelte als unendlich weite Präsenz in allem – mit oder ohne die angesammelten materiellen Besitztümer einer Familie. Etwas Wesentliches blieb – mein *Selbst*. Irgendwie schien die Liebe offensichtlicher zu sein, sichtbarer, ausgedehnter – jetzt, wo alle materiellen Symbole des Lebens weggefallen waren.

Es war beileibe nicht das, was ich zu fühlen erwartet hatte. Doch hier war es, so klar wie der Tag. Weder machte ich den Versuch, die Wahrheit meiner wirklichen Emotionen zu verleugnen, noch bemühte ich mich, das, was passiert war, mit anderen Augen zu sehen und eine positivere Sichtweise zu kreieren. Die einfache Wahrheit war, dass ich – als ich mich rückhaltlos öffnete, in totaler Akzeptanz dessen, was gegeben war – erkannte, dass ich nicht weniger vollkommen, nicht weniger ganz war – nichts war von meinem wirklichen, essenziellen Selbst abgezogen worden.

Das einzige, was blieb, war Liebe. Ich empfand eine überwältigende Dankbarkeit für diese Liebe, Dankbarkeit dafür, Liebe zu *sein*, Dankbarkeit für die Liebe in meiner Ehe, Dankbarkeit für das Leben selbst. Diese Liebe konnte nicht getrübt, verringert oder verändert werden, nur weil meine Habseligkeiten fort waren.

Selbst als ich in der Asche unseres Hauses ein zerbeultes, kaum mehr erkennbares Souvenir einer wundervollen gemeinsamen Ferienreise fand, fühlte ich einen Augenblick lang eine süße Erinnerung an jene Tage, doch dann ließ ich es liebevoll gehen. Und ich erkannte, dass der Gegenstand nie die Freude hatte einfangen können, die wir damals als Familie empfunden hatten, und dass die Erinnerung an diese Zeit immer in meinem Herzen bleiben würde.

Ich erinnere mich, wie ich ein Schmuckstück aufhob und mich fragte, ob es wohl noch zu retten war. Es besaß sowohl materiellen als auch sentimentalen Wert, und ich hoffte sehr, dass es repariert werden konnte. Es war lediglich ein kleines Stück Materie: Es schien tot zu sein, verglichen mit der schimmernden, lebendigen Gnade, in der ich ruhte. Das einzig Reelle, was letzten Endes nach dem Durchkämmen der Überreste unseres Hauses übrig blieb, waren Liebe und Dankbarkeit.

Im Laufe des darauf folgenden Jahres bestand ein Teil meiner Lektionen darin, alles zu akzeptieren, was die Gnade mir anbot, egal in welcher Form es erschien. Jemand gab mir zum Beispiel sein altes Sweatshirt, jemand anders eine unbenutzte Matratze, die in seiner Garage gestanden hatte. Eine Freundin gab mir eine Handvoll älterer Bücher über Spiritualität, und andere boten mir eine Vase an oder ein Geschirrset, das sie übrig hatten. Die Gnade war ungeheuer wohlwollend und großzügig. Zu meinem Dharma gehörte, dass ich alles, was mir angeboten wurde, mit offenem, dankbarem Herzen annahm. Und langsam erkannte ich, dass es Dankbarkeit für das Leben selbst war, die meine Mitmenschen dazu veranlasst hatte, mich an ihrer Fülle teilhaben zu lassen. Sie war ein Instrument, durch das sich die Gnade ausdrücken konnte. Jeder, der etwas gab, wurde durch sein Geben der Gnade teilhaftig; jeder wurde durch seine Gabe gesegnet.

Ebbe und Flut der Dankbarkeit und Gnade: Zwei untrennbar verbundene Liebende, die zusammengekommen sind, um in der Umarmung der Akzeptanz glücklich zu sein.

»Dem Dankbaren wird gegeben werden.«

Ich fände es wunderbar, wenn jeder von Ihnen, liebe Leser, direkt und unmittelbar erfahren würde, wie machtvoll ein dankbares Herz wirklich ist: wie man ihm beinahe unmöglich widerstehen kann, und wie es ganz natürlich Fülle anzieht.

Also nehmen Sie einen tiefen langen Atemzug... und atmen Sie langsam wieder aus... und noch einen tiefen Atemzug... und langsam wieder ausatmen... Und während Sie diese Geschichte lesen, stellen Sie sich vor, dass sie tatsächlich passiert – spüren Sie, wie es sich wirklich anfühlt, diese beiden Szenarien zu erleben, so als seien Sie der Hauptdarsteller.

Stellen Sie sich vor, Sie leben in einem hübschen Dorf am Meer und die beiden Häuser neben dem Ihren werden zur gleichen Zeit zum Verkauf angeboten. Bald darauf ziehen zwei neue Nachbarn ein; Sie sind neugierig und freuen sich darauf, sie kennen zu lernen. Sie lassen ihnen ein, zwei Wochen Zeit, sich einzuleben, und warten auf die richtige Gelegenheit, sich ihnen vorzustellen. Eines Morgens sehen Sie, wie die Bewohnerin des Hauses links von Ihnen ihren Rasen mäht, und Sie beschließen, die Gelegenheit beim Schopf zu packen und die neue Nachbarin zu begrüßen.

Nachdem die Höflichkeitsformalitäten erledigt sind, fragen Sie sie, wie sie in der neuen Nachbarschaft zurechtkommt... ob sie sich eingelebt hat, ob ihr die Umgebung gefällt und wie sie sie empfindet. Nach einem kurzen Zögern antwortet die Nachbarin ziemlich niedergeschlagen: »Nun, ich bin hierher gezogen, weil ich einen tollen Job bekommen hatte... um genau zu sein, meinen absoluten Traumjob... und ich habe mich wirklich darauf gefreut, die Gegend hier kennen zu lernen. Doch ich muss zugeben, da ich aus der Großstadt komme, war mir nicht bewusst, welche Umstellung es bedeuten würde, in einer Kleinstadt zu leben... Bitte verstehen Sie mich nicht falsch, die Leute hier scheinen ja alle ganz nett zu sein... Ich denke, es ist nur einfach nicht das, was ich mir vorgestellt habe. Die Nachbarn gegenüber haben meinem Mann und mir ein paar Wege für schöne Spaziergänge auf den Klippen gezeigt, doch ich brachte es nicht übers Herz, ihnen zu sagen, wie wenig mich das interessiert... Ich muss zugeben, dass die Luft hier sauberer und gesünder ist, doch ich bin nicht wirklich ein Naturmensch... Ich meine, Rasenmähen ist einfach nicht mein Ding. Und Insekten mag ich schon gar nicht... genauso wenig wie einige der Tiere, die hier herumlaufen, wie zum Beispiel der Hund auf der anderen Straßenseite: Er kommt immer in unseren Garten gesprungen, als wäre er hier zu Hause und versucht, mir die Hand zu lecken, wann immer ich ihn verscheuchen will... Ich habe mir noch nie was aus Hunden gemacht... Ich fühle mich total überrannt... Und um ehrlich zu sein, ich bin es nicht gewohnt, so engen Kontakt mit Leuten zu haben, wie es hier anscheinend die Regel ist... Es ist so persönlich... Ich meine, in der Stadt kümmert sich jeder um seine eigenen Angelegenheiten und wir tun einfach unser Ding... Sicher ist es hier schön, keine Frage, und ich nehme an, dass viele Leute die Vorstellung toll finden, von ihrem Haus aus das Meer sehen zu können... Aber mir liegt nichts am Segeln oder Schwimmen... irgendwie ist es eine richtige Vergeudung, da ich mir nichts daraus mache... Und nun habe ich dieses Haus gekauft und sitze hier fest... Ich weiß, die Preise sind seit unserem Kauf vor ein paar Monaten gestiegen, was bedeutet, dass das Haus bereits jetzt eine gute Investition darstellt... Doch im Grunde glaube ich wirklich, dass es ein Fehler war, hierher zu ziehen.«

Das Gespräch nähert sich dem Ende. Höflich entschuldigen Sie sich und gehen zurück zu Ihrem Haus.

Und jetzt schauen Sie bei sich selbst nach. Wie fühlen Sie sich wirklich? Fühlen Sie sich irgendwie flach und ausgesaugt? Schauen Sie nach innen: Fühlen Sie einen Anflug von Großzügigkeit gegenüber Ihrer neuen Nachbarin? Würden Sie ihr gerne helfen und sie unterstützen oder eher nicht? Fühlen Sie sich zu ihr hingezogen... oder eher ein wenig abgestoßen? Schauen Sie einfach in Ihrem Herzen nach... Gibt es da irgendwelche Widersprüche?

Und nun erleben Sie den Rest der Geschichte:

Am nächsten Tag sehen Sie Ihre andere Nachbarin auf der rechten Seite, wie sie in ihrem Garten Unkraut jätet. Sie stellen sich vor und fragen, wie sie zurechtkommt, wie ihr die Gegend gefällt... und bevor Sie Ihre Frage zu Ende formulieren können, unterbricht Ihre Nachbarin Sie mit freudig erregter Stimme: »Oh, ich bin so dankbar, Sie kennen zu lernen... Ich *liebe* diese Gegend... Ich fühle mich gesegnet, einfach nur hier sein zu dürfen. Wissen Sie, ich komme aus der Großstadt, und obgleich ich ein eher anonymes Leben in ständiger Bewegung gewohnt bin, so ist die Freiheit, die ich hier empfinde, einfach kein Vergleich. Die Seeluft ist so süß, so erfrischend, und ich muss Ihnen nicht sagen, wie hinreißend die Ausblicke sind. Und dieser Nachbarshund, der immer in meinen Garten gerannt kommt und mir jedes Mal die Hand leckt, wenn er mich sieht... er ist so freundlich... Ich habe mir nie viel aus Tieren gemacht, doch er hat auf der Stelle mein Herz gewonnen... Und vielleicht hört es sich für Sie dumm an, aber dies ist das erste Mal in meinem Leben, dass ich mir die Hände schmutzig mache, indem ich in der Erde grabe... Können Sie sich das vorstellen?... Ich bin tatsächlich dabei, Unkraut zu jäten und Blumen zu pflanzen. Ich wusste nicht, wie herrlich so etwas sein kann... Und die Nachbarn... sie sind so freundlich, so hilfreich... Sie haben mir vorgeschlagen, auf den Klippen spazieren zu gehen, und ich bin ihrem Vorschlag nachgekommen... Mein Gott, ich glaube nicht, dass ich jemals eine solche Schönheit gesehen habe, vor allem an einem regnerischen, kühlen Tag. Es hat mich völlig umgehauen... Ich kann es kaum erwarten, bis der Sommer kommt... Ich bin zwar nicht unbedingt ein Naturmensch, doch würde ich es liebend gern mal mit dem Segeln versuchen, die Yachten sehen einfach so phantastisch aus... Ich habe nicht wirklich erwartet, mich hier so wohl zu fühlen... Da ich aus der Großstadt komme, befürchtete ich, mich zu langweilen... Doch mittlerweile empfinde ich die Stadt als tot, verglichen mit der Vielfalt des Lebens in einem Dorf auf dem Lande. Ich genieße es sehr, die Menschen hier persönlich kennen zu lernen – ich fühle mich nicht so abgetrennt wie in der Großstadt... Es fühlt sich an, als sei ich Teil einer Gemeinschaft... Und all dies als Dreingabe dazu, dass man mir meinen Traumjob bei einem großen Unternehmen in einer Gegend angeboten hatte, in der die Grundstückspreise in der kurzen Zeit, seit ich hier bin, bereits beträchtlich angestiegen sind und mein Haus zu einer lohnenden Investition gemacht haben. Ich arbeite bei der gleichen Firma wie die Frau in dem Haus links von Ihnen... Haben Sie sie schon kennen gelernt?... Ich weiß nicht, womit ich soviel Glück verdient habe... Ich bin einfach total dankbar... Ich fühle mich so gesegnet.«

Sie lächeln, sagen ihr, dass Sie noch ein paar Besorgungen erledigen müssen, und gehen zu Ihrem eigenen Haus zurück.

Und nun halten Sie erneut inne und schauen in Ihrem Herzen nach. Wie sind Ihre Gefühle gegenüber dieser Nachbarin? Fühlen Sie sich inspiriert, gesegnet, dankbar, sie kennen gelernt zu haben? Verspüren Sie den Wunsch, sie in irgendeiner Weise zu unterstützen? Denken Sie bereits an andere Ausblicke und Gegenden in der Nähe, die Sie ihr zeigen möchten? Verspüren Sie den Wunsch, ihr zu noch schöneren Erfahrungen zu verhelfen? Sind Sie jetzt noch dankbarer dafür, selbst in diesem Dorf zu wohnen?

Nehmen Sie sich einen Moment Zeit, um Ihre Reaktionen auf diese beiden Nachbarinnen zu vergleichen. Beide waren wirklich höflich zu Ihnen. Beide leben in Ihrem Dorf am Meer, mit den gleichen Ausblicken, den gleichen Nachbarn, dem gleichen Hund – doch ihre Reaktionen waren sehr unterschiedlich. Eine kam zu Ihnen mit einem Becher, der halb leer war, wohingegen der Becher der anderen Frau überfloss vor demütiger Dankbarkeit. Zu welcher Nachbarin fühlten Sie sich stärker hingezogen?

Wenn jemand dankbar ist, möchten Sie ihm *mehr* von dem geben, wofür er dankbar ist... Ist es nicht so? Das Leben kann einem dankbaren Herzen nicht widerstehen. Ein dankbares Herz tendiert dazu, mehr von dem anzuziehen, wofür es dankbar ist – denn Dankbarkeit ist ein Magnet.

Im Gegensatz dazu neigt ein undankbares Herz dazu, sich in einem Meer von Mangel und Knappheit zu verlieren, und bald drehen sich alle Erfahrungen, die der Betreffende macht, um das, was nicht da ist, woran es ihm mangelt, was ihm fehlt. Wenn wir unseren Fokus auf Mangel und Knappheit richten, kreieren wir nur noch mehr davon. Wenn wir uns darauf konzentrieren, wie gesegnet wir sind, tendieren wir dazu, noch mehr Segnungen anzuziehen.

Das Prinzip mag sehr simpel erscheinen, doch in Wahrheit ist es sehr machtvoll. Wenn Sie ehrlich mit sich selbst sind, wie oft entscheiden Sie sich bewusst, Dankbarkeit zu praktizieren? Dankbarkeit ist eine bewusste Entscheidung. sie steht Ihnen in jedem Moment zur Verfügung, und sobald Sie dem Leben danken, werden Sie von einem Gefühl des Gesegnetseins durchflutet.

Warum nehmen Sie sich nicht jetzt gleich einen Augenblick Zeit und – wenn Sie irgendwo sind, wo niemand Sie hört – sagen laut, wofür Sie dankbar sind? . . . Jetzt, in diesem Moment . . . zum Beispiel: »Ich bin dankbar für die Zeit, die ich allein sein kann.« Oder: »Ich bin dankbar für die innere Weisheit, die ich entdecke. Ich bin dankbar für die Gnade des Universums in meinem Leben. Ich bin dankbar, in der Lage zu sein, mir ein Buch wie dieses hier zu kaufen.« . . . Und so weiter und so fort. Verbringen Sie einfach die nächsten fünf Minuten damit, Ihre Dankbarkeit laut auszusprechen, so als würden Sie zum Leben sprechen. Wofür sind Sie *am meisten* dankbar?

Wenn Ihr Herz offen und Ihre Dankbarkeit echt ist, werden Sie in einem Meer der Fülle, Demut und Gnade ruhen.

Versuchen Sie es kurz selbst. Legen Sie das Buch einen Moment aus der Hand und spüren Sie einfach, wie begnadet Sie sich fühlen, wenn Sie dem Leben wirklich danken. Dankbarkeit ist ihre eigene Belohnung. Wenn Sie bewusst Dankbarkeit wählen, fühlen Sie sich sofort gesegnet.

Australien ist eines meiner liebsten Länder, da die Lebensweise der Australier von einer natürlichen Dankbarkeit geprägt zu sein scheint. Gerade heute erst, als ich mit meinem Partner Kevin beim Mittagessen in einem kleinen Café am Strand in Byron Bay saß, kam eine große, gezackte Eidechse zu uns herüber, scheinbar um Nahrung zu erbetteln. Die Leute an den anderen Tischen lächelten freundlich, da dies für sie nichts Neues war, und wandten sich wieder ihren Gesprächen zu. Die Echse kam direkt auf mich zu, und da ich als Amerikanerin nicht gewöhnt bin, ein solch herrliches Reptil aus solcher Nähe zu sehen, gönnte ich mir den Luxus, sie ein paar Momente lang zu bewundern; ihre bunten Streifen, ihren Kopf mit dem Dornenkamm, ihre schwarzen runden Augen und ihre schuppige Haut. Ich war von ihrer Freundlichkeit und Unbeschwertheit inmitten all dieser Menschen entzückt. Das Paar am Tisch neben uns bemerkte meine Faszination, und es entspann sich ein warmes Gespräch zwischen uns.

Ich erklärte, dass ich – obwohl ich jedes Jahr sechs Monate in der südlichen Hemisphäre unterwegs bin und Australien ziemlich gut kenne – noch immer von Staunen erfüllt bin aufgrund seiner Myriaden herrlicher Geschöpfe. Als New Yorkerin fühle ich mich noch immer völlig hingerissen von der Vielzahl seiner einzigartigen Tierwelt und bin so fasziniert davon wie ein kleines Kind. Die Frau erklärte, dass sie in Byron Bay wohnte, aber einen Ganztagsjob in Brisbane hatte, ungefähr 150 Kilometer entfernt. Sie sagte, wie froh sie darüber war, einen Job im Bereich der Informations-Technologie zu haben, ihrem Spezialgebiet, für den es in einem kleinen Ort wie Byron Bay keine große Nachfrage gab. Sie erzählte mir, dass ihr siebenjähriger Sohn auf diese Weise die Möglichkeit hatte, mehr Zeit mit seinen Großeltern zu verbringen und wie sehr ihm das gefiel, und wie dankbar sie war – da sie immer erst spätabends aus Brisbane zurückkam – dass ihre Eltern in der Nähe wohnten und in der Lage waren, den Kleinen zu versorgen.

Nach dem Gespräch fühlte ich mich aufgrund ihrer erfrischenden Sichtweise des Lebens erfüllt und gesegnet. Ihre Dankbarkeit war echt, nicht irgendein erzwungener freundlicher Kommentar, sondern bescheidene, ehrliche Dankbarkeit, in einfache Worte gekleidet. Als sie das Café verließ, wandte ich mich zu Kevin und sagte: »Was war es bloß, das dieses Gespräch so ungeheuer inspirierend gemacht hat?«

»Dankbarkeit«, sagte er. »Viele allein erziehende Mütter hätten wahrscheinlich über die lange Fahrt geklagt, sich über die langen Arbeitsstunden beschwert und sich schuldig gefühlt, dass ihr Sohn so viel Zeit bei den Großeltern verbringt. Doch sie fühlte sich in jeder Hinsicht wirklich gesegnet. Sie war in jeder Hinsicht dankbar für ihr Leben.«

Diese Frau war ohne Frage jemand, der das Leben mit den Augen der Dankbarkeit sah. Für sie war das Leben tatsächlich voller Segnungen.

Dankbarkeit ist eine bewusste Wahl.

Dankbarkeit ist etwas, *in* dem und *mit* dem Sie jeden Tag leben können. Und von dem Moment an, in dem Sie Ihr Herz der Tatsache öffnen, wie glücklich Sie sich schätzen können, wie gesegnet und begnadet Sie sind, werden Sie mit immer mehr Gnade überschüttet!

Vor einiger Zeit erfuhr ich diese Tatsache auf eine so machtvolle Weise, dass es mir schier den Atem raubte.

Ich leitete ein Schweige-Retreat unter dem Titel *Falling into Grace* in einem wunderschönen spirituellen Zentrum in einer herrlichen Landschaft mit sanften grünen Hügeln. Im Laufe des Wochenendes hatten wir innere Schleier gelüftet, Konzepte und Limitationen bloßgelegt und uns der grenzenlosen Präsenz der Gnade geöffnet, die unser aller Leben erfüllt.

Am Morgen des letzten Tages, als wir gerade dabei waren, für ein köstliches gemeinsames Mittagessen in den Garten zu gehen, fragte ich die Gruppe, ob sie bereit wäre, sich ein paar Minuten Zeit zu nehmen und die Mitarbeiter des spirituellen Zentrums zu ehren. Ich erklärte, dass The Journey als Seminar-Unternehmen zwar für die Benutzung des Zentrums und seiner Einrichtungen bezahlte, dieses Geld jedoch einer Non-Profit-Organisation zugute kam, die das Zentrum betrieb, und dass die Leute, die uns während des Wochenendes mit köstlichen Mahlzeiten versorgt hatten, dies als Ausdruck selbstlosen Dienens getan hatten und nur minimal dafür bezahlt wurden. Sie hatten uns Wahrheit serviert, und wir alle waren von ihrer Großzügigkeit und Freundlichkeit gesegnet worden. Einen Augenblick lang war es ganz still im Raum, als jeder zuhörte.

Wir waren von Menschen versorgt worden, die genau wie wir die Wahrheit liebten; ihre Liebe und ihre innere Ruhe waren Teil der Nahrung geworden, die sie für uns zubereitet hatten, und ihre Liebe erfüllte die Atmosphäre des ganzen Zentrums. Es war mir eine Herzensangelegenheit, ihnen zu danken und kleine Geschenke als Ausdruck unserer Dankbarkeit anzubieten. Alle waren einverstanden, dass wir uns ein wenig Zeit nehmen und ihnen wirklich aus ganzem Herzen danken.

Ich bat die Mitarbeiter, nach vorne zu kommen und begann, jedem einzelnen unsere Dankbarkeit auszusprechen. Während ich in ihre strahlenden, bescheidenen, leuchtenden Gesichter schaute und das immense Geschenk erkannte, das sie uns durch ihre liebevolle Fürsorge während dieser Tage gemacht hatten, war ich überwältigt. Irgendwie war die Dankbarkeit in meinem Herzen zu groß, sie floss einfach über, und ich brach in Tränen aus. Ich spürte, wie ich meine Hände in der Gebetshaltung des Namaste vor der Brust zusammenlegte und mich tief vor ihnen verbeugte. Ich schien mich nicht tief genug verbeugen oder Worte finden zu können, die unseren Dank wirklich zum Ausdruck bringen konnten. Schließlich fand ich mich auf den Knien wieder mit der Stirn auf dem Boden und brachte nur ein Stammeln zuwege: »Wie können wir Ihnen jemals genug für Ihre Liebe zur Wahrheit, Ihre Stille, Ihre Bescheidenheit, Ihre Großzügigkeit danken? Diese Geschenke können nicht einmal beginnen, die Dankbarkeit in unseren Herzen auszudrücken.«

Bei jedem einzelnen Mitarbeiter kamen mir die Tränen: und nicht nur mir, allen ging es so, kein Auge blieb trocken. Und nachdem wir uns bei allen bedankt und das Lied *Magnificence* gesungen hatten, war der ganze Raum von ergriffenem Schluchzen erfüllt.

Die Tore unserer Herzen hatten sich weit aufgetan. Spontan begann jeder, sich vor dem anderen in einer riesigen Welle der Dankbarkeit zu verneigen.

Beim anschließenden Mittagessen war es, als säßen wir in einem Meer der Liebe, mit weit offenen Herzen, von stiller Demut erfüllt. Irgendwann klopfte Kevin an sein Glas, um ein paar Worte zu sagen, und bat jeden, zu uns an den Tisch zu kommen. Er erzählte, wie er kurz zuvor, zum Abschluss der Accreditation Week in England, eine Auktion abgehalten hatte, um Geld für das Journey Outreach-Programm in Südafrika zu sammeln.

In Südafrika haben wir ein erfolgreiches, kostenloses Outreach-Programm eingerichtet, bei dem unsere freiwilligen Therapeuten in Schulen, Gefängnisse, Suchtzentren, AIDS-Waisenhäuser, Jugendgruppen und zu Eingeborenenstämmen gehen und all jenen Kindern und Erwachsenen Journey-Arbeit anbieten, die sich ansonsten diese Art der Heilungsarbeit und des Lernens nie leisten könnten. Jeder Teilnehmer an unserem Retreat wusste bereits, dass ich das Journey-Intensiv-Wochenende humanitären Organisationen in Südafrika kostenlos anbiete und dass wir in die Townships gehen, um den unterprivilegierten Bürgern den Journey-Prozess zu bringen und sie diesbezüglich auszubilden.

Kevin erklärte, dass unsere Outreach-Organisation kurz zuvor ein Stück Land als Geschenk erhalten hatte, damit wir irgendwann sowohl ein Klassenzimmer für die Kinder und eine Seminarhalle für die Erwachsenen als auch individuelle Büros und Therapieräume errichten konnten. Dieses Zentrum würde ein kostenloser Ort der Zuflucht sein, offen für alle Menschen – egal welcher Rasse, Religion oder Herkunft.

Südafrika ist ein Land, das nach Heilung, Vergebung und Versöhnung dürstet, und wir sind – mit dem Segen der Regierung versehen – bereits in diese Heilungsbemühungen involviert, indem wir viele Lehrer in den Schulen in der Journey-Arbeit unterrichten. Freiwillige Helfer meldeten sich in großer Zahl, um unser geplantes Zentrum zu unterstützen. Ein Architekt hatte sich bereit erklärt, seine Zeit kostenlos für die Erstellung der Bauzeichnungen zur Verfügung zu stellen; ein Rechtsanwalt hatte seine Dienste gratis angeboten, und wir hatten sogar Ziegelsteine und Zement geschenkt bekommen. Alles, was wir jetzt noch brauchten, waren die finanziellen Mittel, um den Großteil der Baumaterialien und -kosten zu decken, und wir gingen damals davon aus, dass wir ungefähr 30.000 australische Dollar brauchen würden. Kevin erzählte, wie sehr wir uns gefreut hatten, bei der Auktion in England den Gegenwert von mehr als 3.000 Dollar gesammelt zu haben und dass wir also nur noch 27.000 Dollar brauchten, um unser Ziel zu erreichen. Er gab seiner Hoffnung Ausdruck, ein wenig mehr Geld aufzutreiben und erzählte, dass wir beschlossen hatten, bei der Auktion einen kleinen persönlichen Gegenstand von mir zu versteigern, der kaum materiellen Wert besaß.

Die Herzen der Versammelten waren bereits weit offen, und uns allen war bewusst, wie sehr Südafrika diese Hilfe brauchte, wie viele Leben transformiert und wie viele Seelen berührt werden würden.

Kevins erstes Gebot für das Objekt war 100 Dollar, und alle atmeten vor Erleichterung auf, als sie diesen Anfangsbetrag hörten. Jemand erhöhte auf 200 Dollar, andere auf 300, 500, 700 Dollar, und als schließlich 1.000 Dollar geboten wurden, breitete sich Stille im Raum aus. Ich war überwältigt von der Großzügigkeit der Leute, und alle waren tief bewegt. Dann hob jemand seine Hand und sagte ruhig: »2.000 Dollar«. Wieder herrschte Stille... »2.500 Dollar«... und jemand anders: »3.000 Dollar«. Ich spürte, wie mein Herz vor Freude in der Brust zersprang, als ein anderer 4.000 Dollar bot. Und wieder wurde alles still im Raum. 5.000 Dollar... Stille... 6.000 Dollar... und als die 7.000 Dollar-Grenze erreicht war, brach der Damm in mir und mein Herz floss über vor grenzenloser Dankbarkeit und Liebe. Südafrikas Traum für sich selbst war dabei, Wirklichkeit zu werden.

Mittlerweile hatte Kevin Tränen in den Augen, und er wusste nicht, ob er den Mut aufbringen würde, um ein noch höheres Gebot zu bitten. Niemand sprach ein Wort, und überall flossen Tränen...

Eine Frau hob ihre Hand und sagte beinahe flüsternd: »10.000 Dollar.«

Plötzlich wurde jedem bewusst, dass das Journey Outreach-Center nicht mehr länger nur eine Idee war – es war dabei, sich hier vor unseren Augen zu manifestieren. In diesem Moment brach sich die Dankbarkeit gewaltige Bahn, und jeder wollte seinen Teil dazu geben. Kevin sagte, er würde noch ein paar weitere Objekte zum Versteigern finden, und da jeder ein Teil der Vision sein wollte, kamen schließlich in einer gewaltigen Flut von großen und kleinen Geboten mehr als 50.000 Dollar für das Zentrum zusammen. Der Errichtung des Gebäudes stand nun nichts mehr im Weg.

Das alles war in kürzester Zeit geschehen. Ein paar Minuten offener Dankbarkeit, und ein Haus der Heilung war manifestiert worden. Dieser Traum hatte einfach realisiert werden müssen. Es war der Wille der Gnade, und wir alle waren Werkzeuge im Dienst der südafrikanischen Vision. Die Dankbarkeit hatte einfach einen Weg finden müssen, sich selbst auszudrücken.

Und wissen Sie, was das Interessante daran war? Wir waren uns alle bewusst, dass dies nicht einmal *unsere* Vision war. Wir hatten einfach Südafrika geholfen, seine eigene Vision für sich selbst wahr zu machen. Und dennoch fanden wir uns in einem Meer der Dankbarkeit wieder. Wir hatten Gnade erfahren, indem uns einfach erlaubt worden war, etwas zu geben. Wir alle fühlten uns unglaublich gesegnet, Teil dieser heiligen Aktion gewesen zu sein. Wir hatten das Privileg der Erlaubnis genossen, teilzunehmen, und reine Dankbarkeit war die Belohnung dafür.

Seit jener Zeit blüht die Dankbarkeit weiter, und die südafrikanische Vision hat sich immens erweitert. Nach den bescheidenen Anfängen, in denen es um die Notwendigkeit eines kleinen, einfachen Hauses ging, erhob sich ein neues Gebet, und gegenwärtig sind wir dabei, ein umfangreiches Gemeindezentrum im Herzen von Soweto – einer riesigen Township in der Nähe von Johannesburg – zu errichten. In diesem Zentrum können 5 bis 25 Jahre alte Kinder und Jugendliche reguläre Journey-Arbeit erleben mit dem Ziel, ihr Potenzial freizusetzen. Außerdem werden wir andere Kraft und Selbstvertrauen schenkende Fertigkeiten und Werkzeuge anbieten, einschließlich Lesen und Schreiben lernen, Kurse über afrikanische Kultur in den Bereichen Musik, Kunst und Tanz, Computer-Technologie-Programme und sogar volkswirtschaftliche Kurse, die den jungen Leuten die Gesetze der freien Marktwirtschaft erklären und ihnen die Möglichkeit für eigene Unternehmen darlegen. Wir hoffen, dass die Bevölkerung im Laufe der Zeit dieses Zentrum als einen echten Zufluchtsort zur Verwirklichung ihres vollen Potenzials betrachten und benutzen wird.

Und all dies wurde möglich, weil eine kleine Gruppe von Menschen einen Weg hatte finden müssen, ihrer Dankbarkeit Ausdruck zu verleihen.

Dankbarkeit kann *alles* möglich machen. Sie hat die Macht, scheinbar unmögliche Visionen Wirklichkeit werden zu lassen. Und sie tut es mühelos, demütig und voller Freude.

Dankbarkeit und Gnade: Sie gehen Hand in Hand wie zwei untrennbare Liebende.

In meinem persönlichen Leben vergeht kein Tag, ohne dass ich mir die Zeit nehme, dem Leben für seine Fülle zu danken. Es ist nicht so, dass Kevin und ich irgendeine leere tägliche Übung dar-

173

*aus machen; vielmehr sind wir in unseren Herzen so dankbar,
fühlen wir uns so begnadet; wir schätzen uns ungeheuer glücklich
und privilegiert, dass wir nicht anders können, als einander
gegenseitig mehrmals täglich unsere Dankbarkeit zum Ausdruck
zu bringen.*

Kürzlich haben wir uns zum ersten Mal in meinem Leben, und
ich bin in den Fünfzigern, ein Haus *gekauft.* Es ist ein Bungalow
mit drei Schlafzimmern, einem flachen Dach, unebenen Dielen
und einem altmodischen 60er-Jahre-Look. Jeden Morgen, wenn
ich aufwache und ins Wohnzimmer gehe, ist mein Herz von
Dankbarkeit erfüllt. Dieses bescheidene Häuschen in einem win-
zigen Dorf in Wales liegt hoch auf einer Klippe und schaut über
das Meer. Der Garten wurde von dem früheren Besitzer liebevoll
gepflegt, ist in der ihm dargebrachten Liebe und Fürsorge ge-
wachsen und zu einer herrlichen grünen Oase geworden. Das
Grundstück ist von unverbautem Land umgeben, das sich in
einem sanften Abhang bis hinunter auf die Spitze der Klippen
neigt. Auf den Wiesen weiden Schafe und bewegen sich frei
durch das Dorf, und die Luft ist süß und frisch. Ich kann mein
Glück kaum fassen. Der Ausblick aus unserem Wohnzimmer ist
so spektakulär, dass er mir jedes Mal aufs Neue den Atem raubt;
die Stille ist so umfassend, dass man sie mit einem Messer schneiden könnte. Die New Yorkerin wird hier des Nachts von den
sanften Geräuschen der Schafe, die ihre kleinen Lämmer rufen
und von den Lämmern, die ihren Müttern antworten, in den
Schlaf gesungen. Mittlerweile glaube ich, dass es sich dabei um
eines der süßesten Geräusche der Welt handelt. Und ich schlafe
tief, friedlich, erfüllt von Dankbarkeit darüber, dass ich einen
solch heilenden und inspirierenden Ort mein Eigen nennen darf,
in dem ich zwischen unseren vielen Seminarverpflichtungen
ausruhen kann.

Und wissen Sie was? Der Ausdruck von Dankbarkeit macht das Leben so viel saftiger, so voller Geschmack, und sie schenkt ein solches Gefühl der Erfüllung, dass das Leben nur noch voller, reicher, begnadeter und gesegneter wird.

Wenn Sie das Leben durch die Augen der Dankbarkeit sehen, wird alles von Gnade überflutet. Alles beginnt, vor Gnade zu leuchten.

Und die Dankbarkeit liebt Sie so sehr, dass jeder Moment eine Einladung darstellt, die mannigfachen Segnungen des Lebens zu erfahren.

Einladung zur Dankbarkeit

Gibt es Bereiche in Ihrem Leben, die Sie als selbstverständlich betrachtet haben? Hat das Leben Sie mit Gnade überschüttet, und Sie haben darauf geantwortet, dass Ihr Becher halb leer ist? Die Zeit ist gekommen zu erkennen, dass Ihr Becher in Wahrheit überfließt.

Dankbarkeit zieht immer Gnade zu sich heran. Diese beiden sind untrennbar miteinander verbunden, und wenn Sie dem Leben für alles danken, was Ihnen gegeben wurde, umgibt Sie die Gnade mit ihrem Segen. Die Gnade kann einem dankbaren Herzen nicht widerstehen. Sie sollten sich also vielleicht jetzt gleich einen Stift nehmen und ein Blatt Papier oder sogar ein Journal anlegen.

Nehmen sie sich ein paar Minuten Zeit, um still zu werden, und richten Sie Ihr Bewusstsein auf die vielen Dinge, mit denen Sie in Ihrem Leben gesegnet sind: Wie gesegnet Sie sind, einen Stift und ein Blatt Papier zu haben; welche Gnade es ist, Menschen in Ihrem Leben zu haben, die Sie lieben; wie wunderbar es ist, dass Sie es sich leisten können, gesunde Nahrung zu essen, die Ihrem Körper gut tut. Lassen Sie Ihren Geist einfach in der grenzenlosen Großartigkeit der Gnade ruhen, die sich in Ihrem Leben manifestiert hat.

Wenn Sie das Gefühl haben, dass Ihr Becher überfließt, nehmen Sie Ihren Stift und lassen Sie Ihre Dankbarkeit die entsprechenden Worte aufs Papier bringen: Stellen Sie sich wiederholt die Frage: »Wofür bin ich am meisten dankbar?« Lassen Sie sowohl all die kleinen Dinge hochkommen als auch die großen, für die Sie dankbar sind. Rufen Sie sich die Schönheit der Natur in Erinnerung und vergessen Sie auch nicht Ihre eigene Kleidung und die Nahrung, die Sie zu sich nehmen. Lassen Sie die Dankbarkeit einfach auf Ihr

Blatt Papier fließen und schreiben Sie weiter, bis mehrere Seiten voll sind und Sie alles erwähnt haben, wofür Sie in Ihrem Leben dankbar sind.

Dann lehnen Sie sich zurück und baden Sie in der Demut der Erkenntnis, wie glücklich Sie sich schätzen können: Ungeachtet Ihrer jeweiligen Lebensumstände ist die Gnade stets präsent.

Dankbarkeit zieht noch mehr Dankbarkeit nach sich. Ihre Liste wird wahrscheinlich endlos werden. Vielleicht möchten Sie sogar eine tägliche Übung daraus machen und eine Woche lang jeden Tag alle Segnungen in Ihrem Leben schriftlich festhalten.

Wenn Sie erst einmal angefangen haben, werden Sie vielleicht nie mehr damit aufhören wollen, da Dankbarkeit eine solch wohltuende, beglückende Erfahrung ist – und wunderbarerweise in jedem Augenblick verfügbar.

Liebe

»...und das größte von allem ist die Liebe.«

Liebe

Die Wege der Liebe erschöpfen sich nicht in subtiler
Auseinandersetzung.
Das Tor zur Liebe ist Zerstörung.
Vögel ziehen große Kreise der Freiheit durch den Himmel.
Wie ist ihnen dies möglich?
Sie fallen.
Und indem sie fallen,
Werden ihnen Flügel verliehen.

Rumi

Es stimmt: Der Weg der Liebe ist *keine* subtile Auseinandersetzung. Es muss die Bereitschaft gegeben sein, dem Herzen zu erlauben, tausend Mal gebrochen zu werden, und noch tausend Mal mehr, denn die unendliche Weite der Liebe verlangt *alles* von Ihnen, den Einsatz Ihres *ganzen* Wesens. Wir können nichts von der Liebe fern halten: Die Bereitschaft muss gegeben sein, unser ganzes Sein den Flammen der Liebe anzubieten – selbst wenn es unser Herz bricht; selbst wenn wir von der Macht und Intensität ihrer Schönheit verwüstet werden – wir müssen die Bereitschaft haben, der Liebe zu erlauben, uns zu zerstören. Denn erst dadurch, dass wir unser ganzes Wesen dieser Liebe opfern, fallen wir, und erst in diesem Fallen werden uns Flügel verliehen und wir sind frei, auf den Schwingen der Gnade in die Umarmung der Liebe zu schweben.

Es kann keine halben Sachen geben, wenn es um die Liebe geht. Entweder lassen Sie sich total fallen, oder Sie strampeln sich ewig ab in dem Versuch, nach etwas zu greifen, das sich immer gerade außerhalb Ihrer Reichweite befindet, und Sie kosten nur einen kleinen Bruchteil der immensen Großartigkeit der Liebe. Die Liebe fordert einfach alles von Ihnen, Ihr ganzes Sein. Und wenn Sie irgendeinen Teil Ihres Selbst von diesem Ozean der Liebe fern halten, werden Sie sich schließlich selbst die Segnung verweigern, ins Unendliche zu fallen und glücklich im Meer der Gnade zu treiben.

Es ist nicht so, dass Sie zur Liebe sagen können: »Nun, ich bin bereit, *so viel* von mir selbst zu geben, aber nicht mehr,« da der Teil, den Sie zurückhalten, ein eigenes Leben führen wird ... Er wird vor sich hin faulen und Ihnen das Gefühl geben, vom weiten Ozean des Unendlichen getrennt zu sein, während Sie sich gleichzeitig nach seiner Ganzheit sehnen. Es gibt ein sehr schönes Lied von Kirtan, dessen Worte diese Erkenntnis wunderbar poetisch und treffend zum Ausdruck bringen:

> »... *My beloved's love*
> *is like an ocean that will draw you in*
> *You can sink or swim -*
> *but I suggest you drown*
> *And come without clothes (in complete exposure)*
> *She always knows when you've got clothes or fins*
> *And if you come up for air*
> *She's sure to spot you there*
> *And pull you down.*
>
> *...She's so demanding*
> *let it be said she'll ask for everything*
> *And that little bit that's left*
> *To which you cling -*
> *She's gonna want that too...«*

(»...Die Liebe meiner Geliebten
ist wie ein Ozean, in den du hineingezogen wirst,
Du kannst untergehen oder schwimmen -
Doch ich rate dir, zu ertrinken
Und ohne deine Kleidung zu kommen (also völlig nackt).
Sie weiß immer, ob du Kleider oder Flossen trägst,
Und wenn Du zum Luftholen nach oben kommst,
Wird sie dich mit Sicherheit erspähen
Und wieder nach unten ziehen.

...Sie ist so fordernd,
Sei versichert, sie wird alles von dir verlangen
Und das bisschen, was übrig bleibt,
An das du dich klammerst -
Sie wird auch das von dir haben wollen...«)

Genau wie Kirtan empfehle auch ich Ihnen, zu ertrinken – denn
der einzige Weg zur Liebe besteht in totaler Hingabe, selbst wenn
Ihr emotionaler Damm bricht. Es muss die Bereitschaft gegeben
sein, sich selbst rückhaltlos darzubieten, sodass alle Teile Ihres
Wesens völlig bloßgelegt sind, einschließlich Ihrer so genannten
Schattenseiten, auf die Sie nicht besonders stolz sind. Sie müssen
die Bereitschaft haben, selbst jene Teile Ihres Wesens offen zu
legen, die Angst haben, die gierig sind, die immer irgendetwas
wollen, die unsicher sind, sich unwürdig fühlen, die wütend,
furchtsam, bedürftig, eifersüchtig, zornig sind – die Gnade wird
Sie in Ihrer *Ganzheit* wollen, das Gute, das Schlechte und das
Gleichgültige. Wahre Liebe zu erfahren heißt, ihr alles bis hin
zum kleinsten Teil Ihrer Existenz bereitwillig als Opfer anzubieten. Die Bereitschaft, Ihr ganzes Wesen der Liebe darzubieten,
öffnet die Schleusen der Gnade, die in ihrer großen Fülle in Ihr
Herz fließt; sie umgibt Sie, erfüllt Sie, durchdringt Sie bis in alle
Fasern Ihres Seins.

Gurumayi sagt: »*Das, was du anbietest, wird zu Gold. Das, was du der Gnade vorenthältst, wird zu Asche.*« Die Teile, die wir der Gnade vorenthalten, verwelken und sterben ab: Vom Leben abgekapselt, kann das Leben sie nicht mit seiner Kraft durchdringen.

Die Liebe erfordert absolut *alles.*

Für viele von uns ist selbst der Gedanke, sich zu öffnen und zu erlauben, dass jeder Teil von uns im Angesicht der Liebe bloßgelegt wird, eine erschreckende Vorstellung. Häufig haben wir uns selbst noch nie die Wahrheit unseres Schmerzes eingestanden, ganz zu schweigen davon, sie dem blendenden, alles deutlich sichtbar machenden Licht der Liebe darzubieten. Doch gerade die Weigerung, sich bloßzustellen, stellt einen Rückzug von der Liebe dar.

Liebe und Bloßlegung gehen Hand in Hand; Sie können das eine nicht ohne das andere haben. In der Offenlegung Ihres ganzen Wesens werden Sie erfahren, dass die Liebe alles umgibt, einhüllt und erfüllt, was ihrem strahlenden Licht ausgesetzt wird.

Kürzlich hielten wir bei uns zu Hause für einige unserer persönlichen Journey-Freunde und Liebhaber der Wahrheit einen inoffiziellen Satsang ab. Dabei erzählte uns eine sanfte, strahlende, vierzigjährige Freundin von mir, wie sehr sie ihre Mutter vermisste, die am Nachmittag nach einem besonders schönen, segensreichen und das Herz tief berührenden sechswöchigen Besuch nach England zurückgeflogen war. Ihre Augen füllten sich mit Tränen, als sie uns offen von ihrer Liebe zu ihrer Mutter erzählte, und ihre Stimme brach beinahe, als sie uns allen auf so anrührende Weise ihre Verletzlichkeit zeigte. Eine ergriffene Stille breitete sich aus – wir alle fühlten uns von ihrer offenen und zärtlichen Ehrlichkeit und der tiefen Liebe, die sie für ihre Mutter empfand, beschenkt und berührt. »Ich vermisse sie einfach so sehr…« ihre Stimme stockte… Ihr Satz verlor sich, während ihr still heiße Tränen über die Wangen liefen.

Eine Weile lang sprach niemand, und dann sagte ich ihr ruhig, wie sehr mich ihre Verbundenheit mit ihrer Mutter und die Tiefe ihrer Liebe berührte; und ich gab zu, dass viele von uns wünschten, wir würden diese Art herzzerreißender Liebe in den Beziehungen mit unseren Müttern fühlen. Ich sagte ihr, dass diese Art von Liebe sehr selten ist, und dass die Tatsache, dass sie bereit war, ihr Herz brechen zu lassen, eine nie endende Einladung kreieren würde, sich der Liebe immer tiefer zu öffnen. Denn die Liebe ist von Natur aus herzzerreißend. Und selbst wenn das Herz weit aufbricht, wenn Sie sich voll hingeben, werden Sie feststellen, dass die Liebe die Tore zu sich selbst noch weiter öffnet und immer mehr von sich selbst zeigt.

Ich sagte ihr, wie glücklich sie sich schätzen kann, in der Lage zu sein, die Liebe so voll zu fühlen, so menschlich – denn so ist wahre Liebe: Sie will alles von uns und bricht unser Herz vollkommen auf.

Es gibt so viele Menschen, die sich angesichts der ungeheuren Macht der Liebe deren Kraft widersetzen und einen Teil ihrer selbst verschließen, so als wollten sie sich vor der Intensität der Liebe schützen. Doch wenn Sie sich vor der Liebe verschließen, und sei es auch nur mit einem Teil Ihres Wesens, setzt eine Trennung vom Leben ein, was zu einer faden Taubheit führen kann: Taubheit gegenüber Emotionen, Taubheit gegenüber allem Leben und eine Unfähigkeit, den Weg zurück in die Liebe zu finden.

Ich war froh, dass dies bei meiner wunderbaren Freundin nicht der Fall war. Sie war offen für die Liebe und befand sich genau im Zentrum ihres herzzerreißenden Schmerzes. Ich empfahl ihr, darum zu bitten, dass ihr Herz noch weiter aufbrechen möge, ihren Schmerz zu intensivieren, ihr ganzes Wesen noch weiter dieser süßen Pein zu öffnen – denn der einzige Weg aus dem Schmerz heraus besteht darin, noch tiefer in ihn hineinzugehen. Sie müssen bereit sein, »Ja« zu dem Herzeleid zu sagen, sich ihm total hinzugeben und darum zu beten, es möge noch stärker werden. Denn wenn Sie sich bedingungslos dem Schmerz öffnen, ohne irgendetwas zurückzuhalten, erkennen Sie, *dass Ihr Herzeleid die Liebe selbst ist.*

Nachdem meine Freundin sich der Intensität ihres Herzschmerzes offen hingegeben hatte, entspannte sich ihr ganzer Körper und sie sah erleichtert und heiter aus – sie war als Liebe zurückgeblieben. Anstatt also eine persönliche Mutter-Tochter-Liebe zu vermissen, zu ersehnen oder sich nach ihr zu verzehren, hatte sie sich der Fülle ihrer Emotionen geöffnet und war zu einem Meer der Liebe geworden, dessen unendliche Weite in der Lage war, ihre Beziehung in seinem größeren Zusammenhang ruhen zu lassen. Sie hatte zugelassen, dass der Damm brach und hatte sich in die unendliche Umarmung der Liebe selbst fallen lassen.

Ich sagte, es wäre ein Geschenk, wenn wir alle diese herzzerreißende Liebe erfahren könnten, da es die Natur der Liebe ist, unsere Barrieren des Widerstandes zu durchbrechen und uns in ein Meer zu öffnen, das unendlich viel weiter ist, als wir es uns je vorstellen konnten.

Unser normalerweise unerschütterlicher Toningenieur wurde langsam ganz rot im Gesicht als Folge irgendeiner Energie, die sich in seinem Körper aufbaute. »Ich wusste nie, dass Liebe so groß ist«, platzte er heraus, »ich habe mich immer davon zurückgehalten, sie zu erleben, weil sie zu groß schien, als dass ich sie hätte aushalten können... Ich dachte, dass ich verletzt werden würde... dass es irgendwie schlecht wäre, diese Intensität der

Gefühle zu empfinden. Mir war nicht klar gewesen, dass Liebe so herzzerreißend und gleichzeitig so herrlich sein kann, und ich habe meine Liebe vor jedem von euch in diesem Raum zurückgehalten, weil ich vor ihrer Macht Angst hatte.«

Dann brach seine Stimme, sein Gesicht wurde feuerrot, und etwas explodierte in seinem Inneren. Die Tränen strömten ihm übers Gesicht, als er unter Schluchzen hervorbrachte: »Sie ist so immens... diese Liebe, so ungeheuer groß... Ich habe nie gewusst, dass ich so unendlich weit bin... Ich habe immer versucht, mich selbst ganz klein zu halten... Ich hatte einfach solche Angst davor, dass mir das Herz bricht... Ich wusste nie, wie riesig die Liebe ist... Liebe ist wirklich herzzerreißend.« Die Tränen rannen ihm über die Wangen, und er fügte hinzu: »Ich fühle eine solche Dankbarkeit für diese Liebe.«

Um wahre Liebe zu erfahren, müssen Sie zulassen, dass Ihr Herz tausend Mal von ihr gebrochen wird, denn in der Hingabe an ihre Macht wird das gebrochene Herz selbst als Liebe erlebt; sie wird nicht länger als etwas persönliches erkannt, sondern als allgegenwärtiges Feld der Liebe, die alles Leben durchdringt. Ihre Umarmung ist allumfassend, unendlich und vollkommen. Und in dieser Liebe ruhen Sie als makellose Vollkommenheit, als totaler Frieden und strahlende Freiheit.

Sie sind die Liebe selbst.

Der Zeitpunkt ist gekommen, sich total hinzugeben. Es ist nicht möglich, der Liebe zu entfliehen – denn sie ist *überall*.

Die Liebe stellt noch eine andere Forderung: Sie verlangt nicht nur Ihr ganzes Wesen in totaler Hingabe, sondern sie erblüht, wenn Sie sich *vor sich selbst* bloßlegen. Wenn Sie bereit sind, das Licht der Liebe auf die Seiten Ihres Wesens scheinen zu lassen, auf die Sie nicht stolz sind – auf die nicht akzeptierten, die ungeliebten Seiten, die unerwünschten Emotionen; wenn Sie das Licht der Liebe in alle dunklen Ecken Ihrer Seele scheinen lassen, einschließlich der verborgenen, unwillkommenen Ecken, wird die Liebe beginnen, sie zu erhellen, zu umarmen, zu durchdringen – bis Sie als reine Liebe zurückbleiben.

Diese Teile Ihres Wesens haben es wie scheue, ungewollte Kinder verdient, ins Licht willkommen geheißen zu werden. Sie brauchen das Licht, um wahre Freiheit erfahren zu können.

Um also unendliche Liebe zu erfahren, muss zunächst Selbstliebe gegeben sein, und das bedeutet, dass Sie jeden Teil Ihres Wesens willkommen heißen, ihn bloßlegen und *bedingungslos* annehmen. Erst wenn wir diese angstvollen Kinder ins Licht holen und akzeptieren, was gegeben ist, kann wirkliche Heilung beginnen, in jedem Bereich unseres Lebens.

Um zu heilen, müssen Sie bereit sein, Ihre wahren Gefühle in ihrer Gänze dem allbejahenden und akzeptierenden Licht der Liebe bloßzulegen. Die Liebe heißt alles willkommen, jeden Teil Ihres Selbst. Die Liebe ist nicht wählerisch, sie liebt absolut alles, ohne Ausnahme.

Am letzten Morgen eines noch nicht lange zurückliegenden Retreats kam Alistair, ein schöner, strahlender Mann aus Neuseeland, auf die Bühne, um seinen fünfzigsten Geburtstag zu feiern, indem er sich der Fülle der Liebe im Raum stellte. Ich hatte alle Anwesenden aufgefordert, ihm offen zu sagen, welche Qualitäten sie in ihm sahen und ihn gebeten, sich zu öffnen und ihr Lob entgegenzunehmen. Einer nach dem anderen sagte, was er sah: »Ich sehe Kraft«, »Ich sehe Verletzbarkeit«, »Ich sehe

Zärtlichkeit«, »Ich sehe Weisheit«,... so erklang es aus allen Ecken des Raumes. »Ich sehe Intensität«, »Freundlichkeit«, »Messerscharfe Intelligenz«, »Frieden« – die Liste wollte kein Ende nehmen.

Ich saß neben ihm auf der Bühne und konnte spüren, dass es ihm langsam zuviel wurde und er die Lobpreisungen kaum mehr ertragen konnte; es war, als würde er sich subtil schützen und den Worten nicht erlauben, ihn wirklich zu erreichen, so als könnte er diese ganze Schönheit, die auf ihn reflektiert wurde, nicht wirklich zulassen. Sein Körper war zwar noch offen, versteifte sich aber zusehends, so als fürchtete er, die Kontrolle zu verlieren oder zusammenzubrechen, wenn er wirklich erlauben würde, dass die Wahrheit sein Inneres voll erreicht.

Leise flüsterte ich ihm zu: »Ich schlage vor, dass du ertrinkst. Du kannst diese Flutwelle nicht mit irgendeinem imaginären Schutzschild zurückhalten. Ich schlage vor, dass du dich ergibst... Ertrinke einfach in der Liebe.« Und irgendetwas in ihm brach – ein Spalt öffnete sich in seinem Herzen, und im nächsten Augenblick fiel jegliche Rüstung von ihm ab. Tränen begannen ihm über die Wangen zu strömen. Alle Barrikaden waren beseitigt, jeder Widerstand aufgehoben, und der Raum wurde zu einem Ozean der Liebe – grenzenloser, allumfassender Liebe. Er saß vor den Augen aller da, ungeschützt gab er sich hin, und alle wurden willkommen geheißen, ihm das widerzuspiegeln, was sie in ihm sahen.

»Ozean der Liebe«, sagte jemand. »Unschuld«, sagte ein anderer. »Alles ist Liebe«, sagte ich leise. »Nichts als Liebe.«

Und so ist es tatsächlich. Alles ist erfüllt von Liebe in einem Moment bedingungsloser und vollkommener Offenheit.

Um jeden Einzelnen noch einmal die Macht der Offenlegung des eigenen Selbst erfahren zu lassen, bat ich die Teilnehmer, sich jeweils zu zweit zusammenzufinden und sich einander gegenüberzusetzen. Ich schlug vor, mit dem Satz zu beginnen: »Danke für deine Offenheit. Ich bin sicher, dass ich die gleichen Probleme habe wie du. Du bist mein Spiegel, und es ist ein großes Privileg, dir hier gegenüberzusitzen. Danke, dass du meine Probleme durch deine Offenheit bloßlegst.«

Als nächstes bat ich sie, ihren Partner zu fragen: »Welche Gefühle hast du vor dir selbst verborgen? ... Diese scheuen, versteckten Emotionen, die du nicht bloßlegen wolltest, nicht einmal vor dir selbst... Wenn es etwas gibt, das du nicht eingestanden hast, etwas Geheimes, von dem du wünschst, dass es nicht da wäre – was könnte das wohl sein? Welche geheimen Ängste hast du, auf die du nicht stolz bist? Was hast du nicht einmal vor dir selbst zugegeben und erst recht nicht vor anderen? Was hast du noch nie zuvor laut ausgesprochen?«

Jeder erhielt die Anweisung, diese Fragen mit großer Liebe und Mitgefühl zu stellen und die totale Bloßlegung der versteckten Teile, der furchtsamen Teile willkommen zu heißen; und wenn ihr Partner offen antwortete und nichts zurückhielt, dann sollten sie sagen: »Ich vergebe dir ... Das Universum vergibt dir. Als Teil von allem, was ist, ist alle Vergebung hier.«

Dann sollten sie erneut fragen: »Gibt es noch etwas, dessen du dich schämst? Gibt es noch etwas, vor dem du Angst hattest, es zuzugeben, sogar dir selbst gegenüber?«

Und wieder antwortete der Betreffende offen und ehrlich, und wieder wurden ihm Worte der Vergebung gesagt: »Ich vergebe dir ... Alles Leben vergibt dir.«

Auf diese Weise fuhren die Paare fort, bis der jeweilige Partner alles ans Licht gebracht und erklärt hatte und alles vergeben war.

Dann tauschten die Partner die Rollen und wiederholten den Vorgang... leerten ihr Innerstes aus und legten all die kleinen, verborgenen Aspekte bloß, die Teile ihres Wesens, derer sie sich schämten, die Emotionen, die zu fühlen sie sich selbst nie die Erlaubnis gegeben hatten, und die Verhaltensformen, auf die sie nie stolz gewesen sind. Und auch ihnen wurde vollkommene Vergebung angeboten und bedingungslose, totale Akzeptanz.

Es fühlte sich an, als sei der Raum von Liebe durchflutet. Es war, als hätten sich all die Dinge, die so lange ängstlich zurückgehalten worden waren, in Luft aufgelöst, und nur die Liebe selbst war zurück geblieben. Wir alle spürten es.

Alles, was Sie zurückhalten, schafft Trennung. Alles, was Sie der Gnade darbieten, wird in Liebe verwandelt. *Selbst*liebe führt Sie in den Ozean der Liebe. Der Fluss strömt ins Meer, und all die toten Zweige, die er mit sich getragen hat, lösen sich auf und werden Teil des Ozeans.

Warum also machen Sie nicht selbst einmal einen Versuch? Entdecken Sie selbst die Macht der Bloßlegung und Akzeptanz. Wenn es in Ihrem Leben jemanden gibt, bei dem Sie das Gefühl haben, gemeinsam mit ihm oder ihr den oben beschriebenen Prozess offen und ehrlich durchführen zu können, wäre dies wahrscheinlich die beste Möglichkeit, diese Lektion selbst zu erfahren. Sollten Sie jedoch niemanden kennen, dem gegenüber Sie sich derart öffnen wollen, dann können Sie den Prozess auch alleine vornehmen. Sollten Sie es alleine tun, empfehle ich Ihnen, sich mindestens fünfzehn Minuten Zeit zu nehmen und sich an einen ruhigen Ort zurückzuziehen, wo Sie nicht gestört werden können.

Zunächst sollten Sie ein paar tiefe Atemzüge nehmen und Ihrem Bewusstsein erlauben, sich auf das Atmen zu konzentrieren, während Ihr Atem zunehmend langsamer wird und Sie sich entspannen.

Sobald Sie innerlich zur Ruhe gekommen sind, können Sie sich vorstellen, eine imaginäre Rüstung abzulegen – Rüstung, die Sie sich in der Vergangenheit angelegt haben und die Ihnen den Zugang zu der vollen Intensität Ihrer Gefühle verwehrt hat. Bitte stellen Sie sich vor, wie Sie diese Rüstung jetzt ablegen.

Dann sprechen Sie ein ernsthaftes Gebet oder teilen dem Universum ehrlich Ihre Absicht mit, sich bereitwillig und aus ganzem Herzen für all die ungewollten Aspekte, die Emotionen zu öffnen, die Sie aus Scham nie zugegeben haben; die geheimen Ängste, die Dinge, die Sie getan haben und auf die Sie nicht stolz sind.

Und dann öffnen Sie Ihr Herz . . . Machen Sie Ihr Herz so weit wie die Welt – weit genug, um alle die verborgenen, unerwünschten Aspekte Ihres Wesens bloßzulegen – und heißen Sie sie alle willkommen.

Begrüßen Sie diese Emotionen einfach, nehmen Sie sie an, die Worte, die Geheimnisse, und sprechen Sie sie laut in den Raum. Geben Sie ihnen endlich die Möglichkeit, sich auszudrücken; lassen Sie sie alle kommen, gesehen und gehört werden und lassen Sie sie auf diese Weise endlich los.

Sie können beginnen, indem Sie sagen: »Ich bin nicht stolz auf . . .« oder »Ich bin nie bereit gewesen zuzugeben, dass ich . . . fühle«, oder »Ich habe heimlich immer gefühlt, . . .«, oder »Ich wollte nie, dass es jemand erfährt, aber . . .«

Nachdem Sie sich total leer gemacht haben, sagen Sie die Worte: »Ich vergebe mir selbst. Vollkommene Vergebung ist hier. Das Leben vergibt mir.«

Lassen Sie weiterhin alles auf die gleiche Weise heraus und vergeben Sie sich, bis Sie das Gefühl haben, weit offen, innerlich gereinigt und im Frieden zu sein. Sie können sich soviel Zeit dazu nehmen, wie Sie brauchen. Wichtig ist, diese Dinge *laut auszusprechen*. Sie müssen sie hochkommen lassen und dann loswerden. Natürlich mag es sich zunächst ein wenig seltsam anfühlen, zu einem leeren Raum zu sprechen, doch es wird der Augenblick kommen, in dem Sie spüren, wie befreiend es ist, endlich das Unaussprechliche auszusprechen, das Inakzeptable zuzulassen und die verborgenen Geheimnisse ans Licht zu bringen. Erst im lauten Aussprechen wird Ihnen echte Befreiung zuteil.

Als nächstes sorgen Sie dafür, dass Sie jedem Loslassen Vergebung folgen lassen: Ihre Selbstvergebung, göttliche Vergebung, die Vergebung des Lebens. Zum Schluss werden Sie fühlen, dass Ihr Herz weit offen ist und Sie in einem Meer der Liebe ruhen.

Liebe und Bloßlegung: Zwei Freunde, die Hand in Hand gehen.

Liebe ist eine Umarmung, die so weit, so unendlich ist, dass sie nicht nur alle Aspekte Ihres *eigenen* Wesens erfüllt, sondern das ganze Leben durchdringt. Sie ist eine grenzenlose Umarmung, aus demselben Stoff gemacht wie das Universum, und sie kann nicht in personengerechte Portionen aufgeteilt werden, denn sie ist überall. Die Liebe ist so allumfassend und weit, dass sie alles Leben enthält.

Oft machen wir den Fehler zu glauben, dass die Liebe, die wir fühlen, sich nur auf eine bestimmte Person bezieht. In unseren Herzen glauben wir irrtümlich, dass diese Person verantwortlich ist für die Liebe, die wir empfinden, und anstatt in der umfassenderen Umarmung des Unendlichen weit offen zu bleiben, beschränken wir unsere Aufmerksamkeit auf diesen einen Menschen und projizieren dann unseren engen Radius der Liebe auf ihn, personalisieren die Liebe in dem Glauben, dass das Objekt unserer Zuneigung verantwortlich ist für das Zustandekommen des Gefühls der Verliebtheit, die wir in dem Moment erfahren.

Wenn wir uns so verhalten, schaffen wir Trennung, Projektion und *Bedürftigkeit*, denn wenn ein anderer Mensch für unsere ekstatischen Gefühle verantwortlich ist, bedeutet dies, dass wir ohne ihn beraubt, verloren und unvollständig sind. Also kommt Bedürftigkeit ins Spiel, und bald beginnen wir, *Bedürftigkeit* für Liebe zu halten und tatsächlich zu glauben, dass die essenzielle Natur der Liebe Bedürftigkeit ist.

Dieser kolossale Irrtum kann zu großem Leid in unserem Leben führen. Es ist, als würden wir aus unserer Liebe eine Sandburg bauen, indem wir all unsere Energie, Lebenskraft und Aufmerksamkeit in sie investieren und all unsere liebevollen Gedanken auf dieses eine imaginäre Objekt unserer Anbetung fokussieren. Doch wie bei allen Sandburgen, egal wie stabil wir sie konstruieren, kommt irgendwann unvermeidlich der Moment, wo jemand sie zertrampelt und ruiniert oder die Flut sie einfach wegspült.

Wenn Sie ehrlich mit sich selbst sind, werden Sie erkennen, dass personenbezogene Liebe lediglich eine selbst kreierte, idealisierte Illusion ist, die Sie erfunden haben, um dem Luxus einer kleinen Fantasie zu frönen, Spaß zu haben und so zu tun als ob. Doch im Licht des Tages betrachtet zeigt sich letzten Endes, dass alles lediglich ein verführerisches Luftschloss ist, das Ihnen ein Weilchen Vergnügen bereitet hat, indem Sie sich selbst die Erlaubnis gaben, an seine Existenz zu glauben.

Zu glauben, dass Ihre Liebe und Ihr Glück von jemandem »da draußen« abhängen, ist genauso, als würden Sie glauben, Ihre Freude resultiere aus der Sandburg, die Sie am Strand gebaut haben. Die Sandburg ist *Ausdruck* Ihrer Freude, nicht die *Ursache*. Die Sandburgen und Ihre projizierte, personenbezogene Liebe besitzen die gleiche Realität, Substanz und Dauerhaftigkeit, nämlich so gut wir gar keine.

Niemand in der Außenwelt kann Ihre Liebe kreieren. Liebe *ist* einfach. Und sie wird erfahren, wenn Sie ihr Ihr ganzes Sein öffnen und sich nackt der Schönheit allen Lebens stellen.

Natürlich sind andere Menschen eine Reflektion dieser Liebe, denn auch sie sind von ihr durchdrungen. Das ist der Grund, warum Sie Liebe spüren, wenn Sie ein kleines Kätzchen anschauen oder ein Baby oder einen frisch erblühten Krokus zu Beginn des langersehnten Frühlings. Es ist nicht so, dass diese Dinge die Ursache dafür sind, dass Sie diese Liebe empfinden; vielmehr ist es so, dass Sie in Ihrer Offenheit die Liebe erkennen und sie spontan durch Ihr Bewusstsein fließt.

Häufig kommt es vor, dass wir uns offen fühlen, voller Ehrfurcht und Demut angesichts einer Person oder einer Situation, die uns im Leben begegnet, und in unserem Wunsch, den Moment einzufangen, ihn irgendwie festzuhalten, suchen wir außerhalb unserer eigenen Person nach dem, der für diese Gefühle verantwortlich ist. Und sofort wird derjenige, auf den unser Blick fällt, zum Objekt unserer Liebe, und wir beten, dass in seiner Gegenwart wieder die gleichen Gefühle der Glückseligkeit und Ekstase aus unserem Inneren hochsteigen mögen. Es ist, als hätte Amors Pfeil unser Herz durchbohrt, und wir verlieben uns heftig in das erste Objekt, dessen wir ansichtig werden und spüren ein starkes Verlangen nach ihm.

Aufgrund dieses Irrtums beginnen wir, uns danach zu sehnen, mit dem »Geliebten« zusammen zu sein, mehr Zeit in seiner Gegenwart zu verbringen, zu hoffen, ein erneutes »Hoch« zu fühlen. Und wenn unsere Gefühle schließlich doch nachlassen, fühlen wir uns irgendwie verloren, getrennt, beraubt. Der andere hat uns nicht das ersehnte Resultat geliefert; er hat uns nicht befriedigt, und unser Durst ist nicht gestillt worden.

Doch anstatt zu erkennen, dass die andere Person nicht verantwortlich dafür sein kann, wie wir uns fühlen und dass es von Anfang an nur ein Irrtum war, schrauben wir unsere Erwartungen noch höher. Die Sehnsucht bekommt scharfe Kanten, und das Bedürfnis nach Liebe wird noch stärker. Wir versuchen, das Gefühl zu wiederholen, erneut zu kreieren, es einzufangen, dafür zu sorgen, dass es wiederkommt.

Und da wir unser Bewusstsein eng gemacht und auf diese Weise den Blick für die umfassendere Umarmung der unendlichen Liebe verloren haben, beginnen wir, uns leer, alleine, bedürftig zu fühlen. Daraus folgt, dass egal, wie lange wir uns in der Gegenwart dieser anderen Person befinden, wir uns irgendwie immer noch alleine und getrennt fühlen. Wir verzehren uns nach einer allumfassenden Liebe, doch werden wir zu einem Süchtigen, einem Junkie: Verlangend, besitzergreifend, besessen, auf unseren nächsten Schuss wartend, selbst wenn ein tieferes inneres Wissen uns spüren lässt, dass es nie ausreichen wird, um uns »ganz« zu machen.

Wenn wir unsere Liebe in dieser Weise auf eine andere Person projizieren, fühlen wir uns häufig von Gott getrennt, und da wir uns alleine und verlassen fühlen, suchen wir natürlich immer mehr nach dem Menschen »dort draußen«, um diese Leere, dieses Bedürfnis in unserem Inneren zu füllen.

Dann wird unsere Bedürftigkeit eine Kraft, die andere abstößt. Denn wie könnte ein anderer Mensch das Loch in unserem Inneren füllen? Wie könnte jemand anderes die riesige Verantwortung auf sich nehmen, der Impuls hinter unserer Erfahrung der Liebe zu sein?

Die Zeit ist gekommen, den Glauben an Ihre märchenhafte Romanze aufzugeben. Es ist an der Zeit, Ihre illusorischen Sandburgen zu zerstören. Der Moment ist gekommen, nicht mehr so zu tun, als wüssten Sie nicht, wer Sie sind. *Weder kann Sie ein anderer Mensch komplettieren, noch kann er Ihnen die Liebe geben, nach der Sie sich sehnen.* Denn Liebe kann weder gegeben noch empfangen werden. Vielmehr ist sie ein Ozean, der erfahren werden kann. Sie ist eine unendliche Umarmung, in der Sie voller Freude mit einem anderen tanzen können, doch letzten Endes kann kein anderer Ihnen diese Liebe geben.

Bei Ehepaaren kann man zuweilen beobachten, dass die beiden Partner sich gegenseitig als »meine andere Hälfte« bezeichnen. Wann immer ich das höre, zieht sich in mir alles zusammen; denn wie kann ein anderer uns »ganz« machen? Und bedeutet dies außerdem, dass die Betreffenden nur halbe Menschen sind? Wenn der Partner das Gefühl hat, für die Erfüllung Ihrer Bedürfnisse verantwortlich zu sein, so bedeutet dies eine ungeheure Last für ihn. Ihre Bedürftigkeit hat nichts mit dem anderen zu tun – Sie verlieren einfach den Blick für das Unendliche, und in diesem konstanten Gefühl der Getrenntheit von Gott verbringen Sie Ihr Leben damit, jemanden herauszupicken, der Sie wieder »ganz« machen soll. Das kann soweit gehen, dass Sie den Menschen, den Sie so sehr begehren, schließlich von sich *wegstoßen*.

Wann immer ich in der Vergangenheit Paare beraten habe, ist mir aufgefallen, dass sich häufig einer der beiden Partner von der Bedürftigkeit und Abhängigkeit des anderen abgestoßen fühlte. Sie vertrauten mir dann an: »Egal wie oft ich meinem Partner sage, dass ich ihn liebe, egal wie sehr ich ihm meine Zuwendung zeige oder Zeit mit ihm verbringe, es scheint nie genug zu sein. Nichts wird jemals die Leere in seinem Inneren füllen. Er ist wie ein Fass ohne Boden.«

Ein Mann klagte, dass er sich wie irgendein lebloses Objekt fühlte, das nur benutzt wurde, um die Leere in seiner Frau zu füllen. Sie dachte, sie sei ihm gegenüber aufmerksam und liebevoll, doch er spürte nur ihre Bedürftigkeit, die an ihm zehrte, und nicht ihre Liebe. Er erfuhr seine Frau als jemanden, der ein unablässiges Verlangen nach Aufmerksamkeit hatte, das zu erfüllen er sich außerstande sah. Er gab zu, dass ihn ihre Bedürftigkeit letzten Endes abstieß – dass ihr Versuch, ihre Identität, ihr Selbstwertgefühl von ihm zu bekommen, ihn in Wahrheit von ihr wegstieß und ihre Ehe gefährdete. Er sagte: »Es ist eine solche Schande, denn ich liebe meine Frau wirklich – ich habe sie immer geliebt, aber ihre Bedürftigkeit treibt uns auseinander.«

Die Frau hatte ihren Ehemann so sehr zum Zentrum ihres Lebens gemacht, um das sich alles drehte und war so abhängig von ihm als dem Menschen geworden, an dem sie ihre Identität festmachte und die Liebe überhaupt, dass er sich davon abgestoßen fühlte. Sie jagte ihn buchstäblich davon.

Bedürftigkeit ist eine abstoßende Kraft, die nichts mit Liebe zu tun hat.

Gibt es Beziehungen in Ihrem Leben, die mehr auf Bedürftigkeit als auf Liebe basieren? Richten Sie jetzt Ihr Bewusstsein auf eine besonders wichtige Beziehung in Ihrem Leben. Achten Sie auf

Ihre körperliche Reaktion. Seien Sie ehrlich mit sich selbst. Spüren Sie in irgendeiner Weise heimlich oder sogar ganz offen, dass diese Person Ihnen das Gefühl der Liebe *gibt*? Oder glauben Sie, dass Sie ihm Ihr Gefühl der Liebe geben?

Was wäre, wenn es eine riesige imaginäre Nabelschnur gäbe, die Sie auf ungesunde und schädliche Weise an diese Person fesselt? Und was wäre, wenn Sie jetzt ein Experiment wagen würden?

Stellen Sie sich einmal vor, dass es ein solches energetisches Band gibt, das Sie beide miteinander verbindet. Und stellen Sie sich weiter vor, dass ein liebevoller Engel eine göttliche Schere nimmt und dieses Band durchtrennt. Jetzt stellen Sie sich vor, dass in dem Moment, wo diese Schnur durchtrennt ist, eine starke allumfassende Liebe durch diesen Kanal zurückfließt und die geliebte Person umarmt und erfüllt. Dann stellen Sie sich vor, dass dieselbe allumfassende Liebe durch Ihre Hälfte der Schnur zu Ihnen zurückfließt und dass Sie plötzlich von dieser Liebe umarmt und erfüllt werden.

Was wäre, wenn Sie – anstatt von der Liebe des anderen abhängig zu sein – in einem unendlichen Feld der Liebe leichtfüßig zusammen tanzen, sich ganz fühlen würden in Ihrer Erkenntnis dieser Liebe und dankbar wären für die Gnade, einen Partner haben zu dürfen, der mit Ihnen durchs Leben tanzt?

Wie wäre es, wenn Sie sich einfach nur an der Präsenz Ihres Partners erfreuen und sich gesegnet fühlen, dass Sie nicht gebraucht werden? Was wäre, wenn Sie sich »ganz« fühlen, vollkommen frei, von Liebe erfüllt und glücklich, Ihr Leben mit Ihrem Partner teilen zu können in dem Wissen, dass er Ihnen *nichts geben kann*, außer Sie tiefer in Ihre eigene Erfahrung der Liebe fallen zu lassen?

Und wie wäre es, wenn Sie *nichts* von diesem anderen Menschen bräuchten? Und was wäre, wenn der andere *nichts* von Ihnen bräuchte? Wenn Sie statt dessen in aller Freiheit wählen, zusammen den Tanz des Lebens zu tanzen – dankbar für die Freude, die Gesellschaft des anderen genießen zu dürfen, privilegiert durch das Geschenk, einen Partner zu haben, mit dem Sie das Leben in der Umarmung der Liebe zelebrieren können?

Was wäre, wenn die Umarmung der Liebe so allumfassend wäre, dass Sie – sollte Ihnen Ihr Partner durch die Umstände des Lebens genommen werden – feststellen, dass Ihre Ganzheit davon unberührt bleibt, die Weite in Ihrem Inneren nicht weniger weit wird, die Ganzheit nicht weniger ganz. Und was wäre, wenn Sie all Ihre Beziehungen in diesem leichteren, weiteren Kontext sehen würden? Ich frage mich, wie glücklich und gesegnet Ihre Beziehungen dann wohl sein würden.

Was wäre, wenn *das ganze Leben* in dieser freieren, leichteren Umarmung der Liebe stattfinden würde?

Ich erinnere mich an einen faulen Sommernachmittag, als ich ungefähr zwölf Jahre alt war und meine Großmutter, die Philosophie und Religion studiert hatte, mich in ihre kleine Lieblingsecke am Fenster zum Garten zog, um mit mir Jasmintee zu trinken und ein philosophisches Gespräch über die Natur der Liebe zu führen. Ich fühlte mich immer von Großmutters Weisheit beschenkt und hing begeistert an ihren Lippen. Ich bewunderte und verehrte sie von ganzem Herzen, so wie es Kinder tun, und ich lauschte auf jedes Wort, freudig bereit, es tief in mir nachwirken zu lassen, damit ich die Perlen ihrer Weisheit mein ganzes Leben lang behalten konnte.

Sie vertraute mir an, dass Großvater kurz nach ihrer Hochzeit immer furchtbar eifersüchtig geworden war, wenn sie einen anderen Mann auch nur anschaute. Ihre Augen zwinkerten in ironischer Erinnerung an jene Zeiten: In den zwanziger Jahren war sie in den Augen der Amerikaner eine ziemlich radikale Frau gewesen. Zunächst einmal war es nicht üblich, dass Frauen damals auf die Universität gingen, ganz zu schweigen davon, nach dem Abschluss ihres Studiums zu arbeiten. Sie war eine Frauenrechtlerin gewesen und hatte für die Rechte der Frau gekämpft, und sie erinnerte sich, wie sie sich im gewagten Stil der »Flappers« gekleidet und dass sie es gewagt hatte, ohne Büstenhalter auszugehen. Die Tatsache, dass die Kleidersäume für jene Tage außergewöhnlich kurz waren, stellte bereits eine rebellische Aussage für eine junge Frau dar, doch sie ging noch einen Schritt weiter und bandagierte ihren Busen, damit er platt gedrückt und gemäß der damaligen Mode flach aussah.

»In den Augen deines traditionell erzogenen Großvaters muss ich wie eine extrem freizügige Frau ausgesehen haben«, kicherte sie, als sie die Unschuld ihres eigenen damals als gewagt empfundenen Verhaltens durchschaute. »Es ist nicht so, als wären wir zügellos gewesen. Wir hatten Pläne, als Missionare nach China zu gehen, und wir hatten beide sehr ausgeprägte spirituelle Glaubenssätze, doch natürlich mussten wir abwarten, bis Großvater seinen Doktortitel bekam, und als es soweit war, zeichnete sich am Horizont bereits der Krieg ab und wir waren nicht in der Lage, unserem Ruf zu folgen. Wir waren schon über zwei Jahre verheiratet, als das Eifersuchtsthema seinen Höhepunkt ereichte, und du weißt, wie sehr ich deinen Großvater verehre – ich habe nur Augen für ihn.«

Ich wusste, dass das stimmte, denn die beiden schienen wie zwei Wellensittiche zu sein, immer noch sehr ineinander verliebt, obwohl sie beide schon in den Achtzigern waren.

»Nun«, fuhr sie fort, »Großvater bekam manchmal ungeheure Anfälle von Eifersucht und machte mir eine Szene, wenn ich mich mit dem Ehemann einer Freundin auch nur unterhielt. Eines Abends waren wir alle gemeinsam bei einer Tanzveranstaltung, und aus reiner Höflichkeit füllte der Ehemann einer meiner Freundinnen eine der leeren Spalten in meiner Tanzkarte. Nun, was soll ich sagen, Großvater verlor völlig die Nerven. Er packte mich in seinen Ford und fuhr mich in wütendem Schweigen nach Hause, und sobald wir die Eingangstür hinter uns geschlossen hatten, explodierte er.

Am nächsten Tag stellte ich ihn zur Rede und sagte ihm, dass ich ihn verlassen würde, wenn er mich noch ein einziges Mal so behandelt. Nun, du weißt, mein Liebling, dass es mir das Herz gebrochen hätte, aber ich war nicht bereit, mir von seiner Eifersucht die Luft abwürgen zu lassen. Eifersucht und Liebe haben nichts miteinander zu tun.

Großvater gestand mir, dass er nur der Sohn eines bescheidenen Farmers war, der als einer von zwölf Brüdern aufgewachsen war und dass er bei unserer ersten Begegnung dachte, ich sei das Allerschönste, was er je gesehen hatte. Er konnte sein Glück kaum fassen, dass er, dieser Bauernjunge aus dem Hinterland von Nebraska für jemanden so Hinreißenden wie mich anziehend sein könnte. Und weil er diese Gefühle für mich hatte, dachte er, dass bestimmt *alle* anderen Männer schweigend leiden würden, wenn sie mich anschauten und wussten, dass ich vergeben war!«

Großmutter gab zu, dass sie von Großvaters Bewunderung tief berührt war, und sie lachte über die Unsinnigkeit seiner Eifersucht: »Es ist nicht so, als wäre ich eine hinreißende Schönheit gewesen, mein Schatz. Es ist einfach so, dass dein Großvater mich durch diesen rosafarbenen Filter der Liebe sah. Wir waren beide unsterblich ineinander verliebt – es war Liebe auf den ersten Blick. Doch so sehr ich deinen Großvater liebe, und ich liebe ihn so sehr, dass mein Herz noch immer einen Sprung macht, wenn ich ihn ansehe, so bin ich nicht bereit, mich davon erdrücken oder einengen zu lassen oder mich klein zu machen – denn das ist nicht Liebe; das ist Bedürftigkeit, mein Schatz, und zwischen Liebe und Bedürftigkeit besteht ein riesiger Unterschied.«

Unschuldig fragte ich Großmutter: »Und wie habt ihr es geschafft, zusammenzubleiben? Hat Großvater aufgehört, so eifersüchtig zu sein?«

Sie schwieg einen Moment und sagte dann: »Nun, ja, mein Liebling... Die Liebe verlangte es. Ich bestand darauf, dass seine Liebe für mich so allumfassend war, dass er sich seiner Eifersucht stellt und damit aufhört – dass ich nur unter dieser Bedingung bei ihm bleiben würde. Und er wusste, dass ich es so meinte.

Ich erklärte Großvater meine Philosophie der Liebe... dass man frei leiben muss, mit einem offenen Herzen und offenen Armen. Du musst Liebe wie einen zerbrechlichen Vogel behandeln, der kommt, um dich zu entzücken, indem er auf deiner Handfläche sitzt. Du kannst deine Hand nicht zur Faust schließen, denn durch zu starkes Festhalten wirst du ihn erdrücken und töten. Liebe verlangt einfach Vertrauen. Du musst deinen Vogel freilassen, damit er sich in die Lüfte erheben kann, und wenn er nicht zurückkommt, hat er dir von Anfang an nie gehört. Doch wenn er zu dir zurückkommt, ist er für immer dein, solange du deine Hand offen lässt. Also, mein Schatz, wenn du dich zum ersten Mal verliebst, vergiss nicht, mit offener Hand zu lieben.«

Ich habe dich Worte meiner Großmutter nie vergessen, doch heute würde ich das Ende vielleicht so formulieren: »Wenn der

Vogel zu dir zurückkehrt, dann bist du einen weiteren Tag durch seine Anwesenheit gesegnet – denn nichts gehört uns, wir besitzen nichts.« Die Liebe ist frei, sich jederzeit auf den Schwingen der Freiheit zu erheben, ohne dass irgendwelche Bedingungen daran geknüpft werden.

Wir können die Liebe nicht besitzen. Wir können nur in ihr baden, in ihr ruhen, uns von ihr begnadet und gesegnet fühlen. Und Menschen werden in dieser Liebe kommen und gehen.

Ich erinnere mich deutlich, dass ich mir am Ende meiner ersten, zwanzig Jahre währenden Ehe absolut bewusst war, dass es eine essenzielle Liebe gab, die von allem, was geschah, völlig unberührt blieb. Die Umarmung der Liebe blieb während des Kommens und Gehens jener tiefen hingebungsvollen Beziehung vollkommen bestehen.

Wie können Sie also total verliebt sein und dennoch weit offen in einem Ozean der Liebe bleiben und in ihrer Umarmung leichtfüßig und frei mit Ihrem Partner tanzen? Ich kann nicht sagen, dass ich die Antwort komplett herausgefunden habe, doch ich weiß, dass ich mich so tief in diese unendliche Umarmung verliebt habe, dass ich nicht bereit bin, mich auf irgendeine einengende Idee von Liebe für nur eine einzige Seele einzulassen. Ich erfahre Liebe als einen allumfassenden Ozean, der mich erfüllt und einhüllt.

Ich erinnere mich, welche Angst ich bei der ersten Begegnung mit meinem Partner und Geliebten Kevin empfand. Ich wollte diesen allgegenwärtigen Ozean der Liebe nicht gegen eine flüchtige Liebe eintauschen, die vielleicht kommt und geht. Ich bin mir sicher, dass ich in den frühen Tagen unserer Beziehung den Eindruck gemacht habe, irgendwie schwer fassbar zu sein, vielleicht sogar unberechenbar. In unseren intimen Gesprächen habe ich oft von meiner Liebe zur Wahrheit erzählt, wobei ich nie etwas von personenbezogener Liebe erwähnte.

Als ich irgendwann erkannte, dass ich dabei war, das zarte Flüstern der Anziehung zu spüren, wurde ich sofort übermäßig wachsam: Ich wollte nicht, dass irgendjemand in mein Leben tanzte und mir heimlich diese Erkenntnis universaler Liebe raubte.

Ich fürchtete, dass persönliche Liebe mich irgendwie der weiten Umarmung göttlicher Liebe entreißen würde. Doch diese Ängste, das Resultat meiner früheren Konzepte über das, was Liebe ist, waren völlig unbegründet. Denn nichts kann Ihnen *diese* Liebe nehmen: *Sie sind diese Liebe*, und sie erfüllt alles, was ist.

Ich weiß noch, wie ich Kevin zu Beginn unserer Beziehung immer eine Armlänge entfernt hielt, während wir über Tausende von Kilometern hinweg unsere Long-Distance-Beziehung aufrechterhielten – ich in Kalifornien und Kevin in England. Auf diese Weise war ich »in Sicherheit« und konnte dafür sorgen, dass meine Liebe für einen Mann in keiner Weise meine übergeordnete Liebe für die Wahrheit beeinträchtigte.

Ich wusste bereits, auf welche Liebe ich mich verlassen konnte, da dieser Ozean der Liebe die einzige Liebe ist, die ewig, grenzenlos, unendlich ist. Menschen kommen und gehen in unserem Leben, doch *diese* Liebe endet nie. Daher näherte ich mich der Beziehung sehr vorsichtig und prüfte, ob romantische Liebe in irgendeiner Weise meine Erfahrung dieser umfassenderen Umarmung der Liebe behinderte. Zunächst steckte ich nur vorsichtig meinen Zeh in dieses unbekannte Gewässer. Dann, Wochen später, stand ich schon bis zum Knöchel darin... Monate später ging es mir bis zu den Knien. Und ein ganzes Jahr später tauchte ich endlich ganz hinein.

Im Laufe dieses Jahres lernte ich, dass ich alle Arten machtvoller Emotionen und Empfindungen fühlen konnte: Gefühle überwältigender Anziehung, chemische Stoffe der Ekstase in meinem Körper, wenn ich von Wellen der Erregung durchflutet wurde; aus heiterem Himmel kamen tiefe Ehrfurcht oder das Gefühl, unglaubliche gesegnet zu sein, über mich; Dann wieder wurde ich von Empfindsamkeit und Scheu überrascht; ein Schauer der Erregung, so wild wie ein aus den Gleisen geratener Zug, konnte mich total aus der Fassung bringen. Das ganze Spektrum romantischer Liebe tanzte immer stärker durch mein Bewusstsein, doch die Umarmung der übergeordneten Liebe blieb davon völlig unberührt. Das Bewusstsein entzückte sich an den Myriaden ekstatischer, anstrengender, zerstörerischer, glückseliger, hinreißender, himmlischer Emotionen, die es durchfluteten. Und bei alledem blieb der Himmel klar, ungestört, vollkommen, egal wie stark der Sturm war, der über ihn hinweg brauste.

Im Laufe des ersten Jahres unserer Liebe war ich so wahrhaft menschlich wie nie zuvor in meinem Leben, fühlte intensive, ungefilterte Emotionen ohne den geringsten Schutz – und die ganze Zeit hindurch blieb ich ein Teil des größeren Kontextes, in dem all dies geschah.

Ich habe überlebt. Und ich habe die Prüfung bestanden. Es war ungefährlich, zu lieben – mit ganzem Herzen zu lieben, rückhaltlos, ausgiebig, wild, total und turbulent. Und ich entdeckte, dass dieses »Ich«, die essenzielle Liebe, die ich bin, währenddessen ungestört und vollkommen geblieben ist.

Bis zum heutigen Tag tanzen Kevin und ich leichtfüßig und aus tiefstem Herzen in dieser Liebe. Zwischen uns besteht eine tiefe Wertschätzung, tägliche Dankbarkeit; Es gibt Missverständnisse und heftige Streitereien; dann wieder Ekstase, sublimes Liebemachen, unkontrollierte Leidenschaft, Zärtlichkeit, Freundlichkeit, tiefes Füreinandersorgen, große gegenseitige Unterstützung – und letzten Endes passiert dies alles in der umfassenden Umarmung *jener* Liebe.

Da wir beide im Dienst an der Wahrheit für die *Journey* arbeiten und Tausenden von Menschen weltweit helfen, Freiheit und Heilung zu erfahren, *sind unsere Augen auf dasselbe Ziel gerichtet* – unser gemeinsamer Fokus liegt auf Freiheit und Dienst am Nächsten; unsere Vision ist die gleiche, und wir beide fühlen uns ungeheuer privilegiert, die Erlaubnis zu haben, in dieser Umarmung zu tanzen und der eine des anderen Partner in der *einen* Liebe zu sein.

Unser Terminplan bringt uns häufig wochenlang jeweils in verschiedene Teile der Welt, doch die Ganzheit bleibt vollkommen und ungestört, während wir unser Bewusstsein auf den größeren Kontext gerichtet halten. Unsere größte Liebe ist die Liebe zur Wahrheit, und unsere Beziehung ist ein Geschenk der Gnade, die es uns erlaubt, gemeinsam in der größeren Umarmung der Liebe zu tanzen, unabhängig davon, ob wir physisch zusammen sind oder nicht. Und die Liebe lehrt uns noch immer: Wir fühlen uns nach wie vor wie Anfänger, die ihre erste Lektion lernen.

Hin und wieder meldet sich bei mir der Wunsch nach Festhalten. Wenn wir eine Weile getrennt waren, kommt manchmal das physische Verlangen in mir hoch, in der Gegenwart meines geliebten Gefährten zu sein. Dann nehme ich mir die Zeit und lasse bewusst die Bande festhaltender Zuneigung los und öffne mich weiter in die Umarmung der Liebe, denn ich möchte nicht, dass sich irgendeine Form von Bedürftigkeit einschleicht und unsere Liebe beeinträchtigt. Und manchmal, wenn wir nach Wochen wieder vereint sind, spüren wir eine gewisse Scheu, und wir müssen uns einer vor dem anderen bloßlegen und offen unsere Emotionen enthüllen.

Es ist ein konstanter Lernprozess, und die Lektion ist eine, von der ich sicher bin, dass ich nie bis auf ihren Grund vorstoßen werde. Denn Liebe ist in ihren Lektionen genauso unendlich wie in ihrer Umarmung.

Und sollten Sie sich frei fühlen zu lieben, geben Sie sich die Erlaubnis, tief und gut zu lieben – doch lassen Sie Bedürftigkeit und Festhalten aus dem Spiel. Bei wahrer Liebe gibt es keine Besitzer, denn Liebe kann weder gewonnen noch verdient, besessen oder gefordert werden. Zu lieben bedeutet, nie genau zu wissen, ob der andere im nächsten Moment noch da sein wird. Zu lieben heißt, sich bedingungslos *diesem Augenblick* hinzugeben.

Liebe *ist* einfach.

Es ist tatsächlich so, wie Jesus gesagt hat: »... und das Größte von allem ist die Liebe.« Will heißen Liebe mit einem großen »L«... eine Liebe, die nie endet; eine Liebe so groß, dass sie schon hier war, bevor Sie geboren wurden, Ihr ganzes Leben lang da sein wird und auch lange nach dem Vergehen Ihrer physischen Form noch existieren wird.

Dies ist eine Liebe, die es wert ist, dass man sich mit ihr vermählt. Und sie ist eine Liebe, die der einzige Grund sein sollte, dass man sich mir einem anderen Menschen vermählt.

Vergebung

*Wahre Vergebung ist eines der heilendsten,
befreiendsten Geschenke, die wir uns selbst machen können.*

*Ein Leben voller bereitwilliger, offener Vergebung
ist ein Leben in Gnade.*

Vergebung

Wahre Vergebung ist eines der heilendsten, befreiendsten Geschenke, die wir uns selbst machen können. Ein Leben voller bereitwilliger, offener Vergebung ist ein Leben in Gnade.

Als Gaby, eine der Leiterinnen des Journey-Seminars, liebevoll erwähnte, dass dieses Buch nicht komplett wäre ohne ein Kapitel über Vergebung, wurde ich sofort hellhörig. Ich schaute sie an und dachte: »Natürlich! Es ist so offensichtlich. Wie könnte es anders sein?« Denn Vergebung ist der natürliche, äußere Ausdruck der offenen Akzeptanz, die ein essenzieller Teil der Freiheit ist. Vergebung und Freiheit gehören untrennbar zusammen. Totales Akzeptieren zieht totale Vergebung nach sich, und wenn wir vergeben, ruhen wir in dieser Akzeptanz. Und das Endresultat ist Frieden – Frieden auf allen Ebenen unseres Seins.

Was mich betrifft, so fühlte ich eine überwältigende Dankbarkeit dem Leben gegenüber, weil es mich die ungeheure Macht der Vergebung gelehrt hat. Denn Vergebung war der Katalysator für meine eigene Heilung, und die Journey-Arbeit, die heute überall auf der Welt gelehrt wird, wurde aus der Bereitschaft eines offenen Herzens geboren, den Schmerz der Vergangenheit loszulassen und bedingungslos zu vergeben. In den Journey-Seminaren – egal wie gewissenhaft wir uns den jeweiligen Problemen stellen und sie klären; egal wie viel Verletzung und Schmerz losgelassen oder wie viele alte Geschichten bloßgelegt werden, bei denen wir uns als Opfer gefühlt haben; egal wie viele Strategien des Vermeidens erkannt und wie viele Ego-Spiele aufgedeckt werden – erfahren wir, dass letzten Endes erst durch den simplen Akt der Vergebung alles wieder heil und ganz wird. Denn es ist Vergebung, die wahre Heilung möglich macht, und zwar auf eine sehr reale Weise: Physisch, auf der Zellebene, in unseren Beziehungen, in allen Lebensbereichen und in uns selbst.

Man könnte sogar sagen, dass Heilung und Vergebung synonym sind.

Ich erinnere mich, wie ich einmal das Buch eines erleuchteten Meisters gelesen habe, in dem es hieß: »Die Wurzel aller Krankheiten ist der Mangel an Vergebung.« Ich würde dem noch hinzufügen: »Und jede Heilung beginnt mit Vergebung«, denn wenn wir jeden Augenblick in einem Zustand offener Akzeptanz und Vergebung leben würden, hieße dies, dass wir das Leben widerstandslos und mit offenen Armen so willkommen heißen, wie es ist. Erst durch Widerstand beginnen Reibung und Unterdrückung, was dann irgendwann zu einer ganzen Reihe physischer Krankheitssymptome führen kann.

Vergebung ist der Königsweg zur Freiheit auf allen Ebenen des Seins.

Um einen Geschmack von dem zu bekommen, was ich sagen will, versuchen Sie jetzt gleich ein Experiment. Denken Sie an ein Problem, das Sie noch nicht lösen konnten; etwas, das Sie getan haben und worauf Sie nicht stolz sind oder etwas, das Sie bereuen, gesagt zu haben, oder vielleicht eine Gelegenheit, die Sie haben verstreichen lassen. Seien Sie ehrlich mit sich selbst. Finden Sie irgendeinen Fehler, einen Irrtum, den Sie begangen haben, etwas, weswegen Sie sich Vorwürfe machen; eine Erinnerung oder einen Aspekt Ihres Lebens, für den Sie sich selbst noch nicht vergeben haben, und schenken Sie diesem Problem Ihre volle Akzeptanz... Nehmen Sie sich genügend Zeit... Nun sagen Sie die Worte – und zwar *buchstäblich*: »Ich vergebe mir«... Wiederholen Sie diesen Satz, und dieses Mal meinen Sie es wirklich... »Ich vergebe mir«... Jetzt öffnen Sie sich dem Gefühl, das sich einstellt, wenn Sie sich selbst endlich bedingungslos vergeben, und sagen Sie laut: »Ich vergebe mir.«

Nun prüfen Sie, wie Sie sich fühlen. Ich habe diese Übung gerade selbst gemacht, und dabei spürte ich, wie mir die Tränen in die Augen stiegen, denn die Wahrheit ist, dass ich diese Worte genau jetzt hören musste. Und ich fühlte eine subtile Erleichterung, ein sanftes Loslassen in Einfachheit, in Dankbarkeit, in Frieden. Wie war Ihre Erfahrung? Haben Sie eine subtile Erleichterung oder ein sanftes Loslassen gespürt und zumindest einen kurzen Moment des Friedens erfahren?

Vergebung kann eine der einfachsten, realsten und ehrlichsten Akte des Loslassens sein, die wir im Leben erfahren können. Sie ist so simpel und gleichzeitig so machtvoll. Und die Resultate hallen nicht nur in unserem eigenen Wesen wider, sondern berühren alle, die von der Situation betroffen sind.

Ein sehr großer Teil der Journey-Arbeit beruht auf Vergebung, und wenn ich eine Sache gelernt habe, dann die, dass man Vergebung nicht vorspielen kann. Sie können die Worte nicht einfach wiederholen und nur so tun, als würden Sie vergeben. Vergebung muss aus einem offenen Herzen kommen. Sie muss real sein. Sonst ist sie nichts als eine sinnlose Übung, die das jeweilige Problem nur verdeckt, aber nicht löst. Denn um wirklich aus ganzem Herzen vergeben zu können, müssen Sie bereit sein, Ihr Herz zu öffnen, sich dem Schmerz zu stellen und ihn loslassen.

Wahre Vergebung erfordert Demut, denn sie ist von Natur aus eine demutsvolle Erfahrung. Vergebung bedeutet, dass Sie Ihre gerechte Empörung aufgeben, von Ihrem hohen Podest heruntersteigen und das Spiel der Vorwürfe und Schuldzuweisungen und den Stolz darüber aufgeben müssen zu wissen, dass Sie im Recht sind. Es bedeutet, dass Sie bereit sein müssen, die ganze Geschichte vom »armen Opfer« aufzugeben und schließlich Ihren Standpunkt zu erweichen und, falls erforderlich, Ihr Herz weit aufbrechen zu lassen. Wenn dann die Worte »Ich vergebe dir« ausgesprochen werden, ist eine greifbare Präsenz der Gnade spürbar, die diesen Worten auf dem Fuße folgt, und Sie können deutlich fühlen, wie die Heilung beginnt.

Dies war eine Lektion, die ich vor vielen Jahren selbst gelernt habe, als ich – dank der Gnade – auf natürliche Weise von einem sehr großen Tumor geheilt wurde.

Während dieser Zeit sagte mir ein inneres Wissen, dass ein Teil meiner Heilung durch die Aufdeckung alter Zellerinnerungen eintreten würde, die zum Entstehen des Tumors beigetragen haben. Ich wusste, dass mein Körper irgendwie seinen eigenen Heilungsprozess in Gang bringen würde, wenn ich den gespeicherten Schmerz ans Tageslicht bringen, mich ihm stellen und ihn schließlich loslassen könnte. Ich hatte Mengen von Forschungsberichten über zelluläre Heilung studiert und Dutzende von Fallstudien gelesen, und ein Faktor hob sich besonders hervor: Wenn wir eine starke Emotion, ein Trauma oder schmerzhafte Erinnerungen unterdrücken, setzt dies messbare chemische Stoffe im Körper frei, die bestimmte Zellrezeptoren blockieren können. Dieses Unterdrücken von Emotionen behindert die natürliche Fähigkeit der Zellen, mit den anderen Zellen im Körper zu kommunizieren, und wenn im Laufe der Zeit das emotionale Problem oder die »Zellerinnerung« nicht losgelassen, sondern in den Zellen gespeichert und die Zellrezeptoren geschlossen bleiben, kann es irgendwann in einem Teil des Körpers zu Krankheiten kommen.

Außerdem wusste ich, dass die Menschen, bei denen eine erfolgreiche Heilung auf der Zellebene stattgefunden hatte (ohne Medikamente oder operative Eingriffe), spontan Zugang zu diesen alten Erinnerungen gewonnen hatten und dass in dem Moment, in dem sie diese Erinnerungen losließen, der Körper mit seinem eigenen natürlichen Heilungsprozess begonnen hatte.

Es gab keinen Zweifel, dass ich die wissenschaftlichen Prinzipien hinter diesem Phänomen verstand; Darüber hinaus hatte ich alle diesbezüglichen Bücher gelesen und die von der Forschung enthüllte Wahrheit erkannt – *doch niemand hatte uns bis dato eine Methode gegeben, die Zellerinnerungen anzuzapfen und zu klären.* Sie können alle wissenschaftlichen Prinzipien auf der Welt verstehen und sämtliche Statistiken kennen, doch wenn Sie keine Anleitung haben, nach der Sie Schritt für Schritt vorgehen können, sind diese ganzen schönen Fallstudien über spontane Heilung nichts als eine Menge netter Worte.

Nun, ungefähr in der dritten Woche meiner eigenen Heilungsreise fing ich an, ausgeprägtes Selbstmitleid zu entwickeln. Offensichtlich wusste ich, dass ein Teil meiner Heilung durch das Aufdecken von alten Zellerinnerungen in Gang kommen würde, doch ich hatte noch immer nicht die leiseste Ahnung, wie ich dorthin gelangen konnte – ich wusste nicht einmal, wo ich anfangen sollte!

Ich versuchte es mit allen Methoden, die ich im Bereich natürlicher Heilung kannte und musste mich schließlich der Tatsache stellen, dass ich erfolglos geblieben war. Seit drei Wochen versuchte ich nun schon, meine Heilung voranzutreiben, und der Tumor war noch genauso groß und hart wie am Anfang.

Eines Tages erhielt ich eine Massage, und ich erinnere mich deutlich an den Moment, in dem meine Rüstung der Arroganz einen Sprung bekam. Während ich dort lag und mich massieren ließ, dachte ich über meine zwanzig Jahre an Erfahrung und Expertise im Bereich alternativer Heilung nach und musste zugeben, dass ich trotz all meines angesammelten Wissens versagt hatte. Als ich mir innerlich die ganze Wahrheit eingestand, hatte ich das Gefühl, eine totale, elende Versagerin zu sein. Ich wusste nicht einmal, welche Fragen ich noch stellen oder wohin ich mich wenden sollte.

Dann riss etwas in meinem Inneren auf, und ich erkannte plötzlich, dass ich in Wahrheit *überhaupt nichts* wusste. Ich fiel in eine hilflose, hoffnungslose Verzweiflung. Und in meinem Inneren gab etwas endlich auf.

Ich kapitulierte. Und in dieser Kapitulation spürte ich, wie ich in die sanfte Umarmung der Unschuld fiel. Ich fiel ins Unbekannte. Ich wusste *nichts* mehr. Durch dieses simple Eingeständnis ließ irgendetwas in meinem Inneren los. Ich spürte eine greifbare Erleichterung. Spontan öffnete ich mich in ein wohliges Bad des Friedens. Ich fühlte mich sanft umfangen und verschmolz mit diesem Frieden, bis es weder ein Innen noch ein Außen gab, sondern nur noch Frieden und nichts als simple Unschuld. Aus dieser Unschuld heraus hörte ich, wie sich ein demütiges Gebet erhob: »Bitte lass mir Führung angedeihen, damit ich das aufdecken kann, was in diesem Tumor gespeichert ist.«

Sobald ich diese Worte gesprochen hatte, entließ ich sie ins Unbekannte und lag einfach da in dieser Leere, war einfach nur da, ohne irgendetwas zu erwarten.

Dann, plötzlich und unerwartet, wurde ich geführt, und als ich die Erinnerung aufdeckte, die in dem Tumor gespeichert war, erwachte sofort wieder meine Arroganz und meldete sich in meinem Kopf laut zu Wort: »Diese Erinnerung kann es unmöglich sein – du weißt alles über diese alte Erinnerung der Gewalt, die du als Kind erlebt hast. Du hast das alles schon verarbeitet. Du bist *total* fertig damit.« Doch mir wurde klar, dass ich es mir nicht leisten konnte, auf meinen arroganten Ich-weiß-alles-Verstand zu hören, daher öffnete ich mein Innerstes und beschloss, die Erinnerung wirklich willkommen zu heißen, sie voll zuzulassen, mich ihr offen und ehrlich zu stellen und endlich den Schmerz loszulassen, der damit einherging. Und trotz des tiefen Öffnens und Loslassens fand ich mich danach in dem gleichen Zustand der Akzeptanz wieder, den ich schon seit Jahren kannte.

Ich fragte den Frieden im Raum: »Ist jetzt alles geklärt?« Die Antwort war einfach und klar: *»Nein.«* Wieder fiel ich in tiefe Verzweiflung. Hier hatte ich eine so genannte Zellerinnerung aufgedeckt; dabei wusste ich nicht einmal, ob es die richtige war, und außerdem hatte ich sie meiner Meinung nach bereits vor Jahren verarbeitet! Ich fühlte mich hilflos, verwirrt, völlig ahnungslos. Wieder einmal gab irgendetwas in mir einfach auf. Und wieder einmal fiel ich in die sanfte Unschuld des Nichtwissens, hatte keine Antworten und wusste nicht einmal mehr, was ich fragen sollte.

Ich schmolz in diese Unschuld hinein, und dann hörte ich ein weiteres Gebet, das aus meinem Inneren hochstieg: »Bitte, führe mich irgendwie dahin, dass ich diese Geschichte abschließen kann – ich weiß nicht, wie ich es alleine schaffen soll. Ich weiß nicht einmal, ob dies die richtige Erinnerung ist, und selbst wenn sie es ist, bin ich doch wieder im gleichen Zustand der Akzeptanz gelandet, den ich schon seit Jahren kenne. Bitte zeige mir, wie ich das Problem lösen kann.«

Alles blieb still. Ich erwartete keine Antwort. Die Zeit stand still. Dann, spontan und unerwartet, aus der Leere heraus, stieg ein einziges Wort hoch: *»Vergebung.«*

Sofort meldete sich mein arroganter Verstand und mischte sich ungeduldig ein: »Vergebung? – Was für ein Blödsinn, Brandon, du hast dieses ganze Thema doch schon so lange akzeptiert; du hast es längst erledigt. Du hast so viel daran gearbeitet – been there, done that, got the T-shirt! Welchen Unterschied kann Vergebung jetzt noch machen?«

Doch ich dachte: »Weißt du was, du kannst es dir nicht leisten, auf meine negativen Gedanken zu hören. Außerdem hast du nichts zu verlieren, wenn du vergibst, sondern vielleicht alles zu gewinnen.« Also versuchte ich mein Bestes.

Und im Laufe des nachfolgenden Vergebungs-Prozesses erkannte ich, dass es einen *ungeheuren Unterschied, einen regelrechten Quantensprung zwischen Akzeptanz und Vergebung gibt.*

Ich hatte mich viele Jahre lang in einem inneren Zustand der Akzeptanz befunden. Diese Akzeptanz erlaubte es mir, eine Geschichte des Edelmutes mit mir herumzutragen – wie ich sooo nobel gewesen war, sooo voller Mitgefühl, sooo verständnisvoll, dass ich dahin gelangt war, die Gewalt zu akzeptieren, die mir als Kind zugefügt worden war. Sanfte, mitleidsvolle (arrogante!) Brandon.

Doch um bedingungslos und total vergeben zu können, musste ich mein Herz öffnen, von meinem hohen Podest heruntersteigen, dreißig Jahre meines Dramas der Vorwürfe und Schuld aufgeben und es absolut ehrlich meinen.

Es tat weh, denn ich musste mich meinem Stolz stellen. Ich war in meinen eigenen Augen so »nobel« geworden, so abgehoben; Ich musste mir meine Selbstgerechtigkeit eingestehen und schließlich die ganze Geschichte loslassen – eine Geschichte, die ein definierendes Erlebnis und ein Ausdruck der Person gewesen war, die ich zu sein glaubte. Ich musste aufhören, an der Geschichte *festzuhalten*, dass mir das Leben übel mitgespielt hatte. Und als ich schließlich vergab, als ich wirklich mein Herz öffnete und bedingungslos vergab, löste sich das ganze Drama von Schuld und Vorwürfen und »mitleidvoller Akzeptanz« in Luft auf – und mit ihr das damit einhergehende Bewusstsein.

Meine Geschichte war zu Ende.

Im Laufe des Vergebungsprozesses erkannte ich, dass der Tumor sich nie an mir festgeklammert hatte. Vielmehr war ich es gewesen, die sich an ihn geklammert hatte, und die Geschichte vom »armen Opfer«, die ich dreißig Jahre lang mit mir herumgeschleppt hatte, war in jenem Moment reiner, ehrlicher Vergebung zu Ende.

Der Rest der Geschichte ist längst bekannt: dreieinhalb Wochen später stellten die Ärzte fest, dass ich komplett frei von Tumoren war – ohne Medikamente, ohne Operation.

Die heilende Kraft der Vergebung ist ungeheuer groß. Sie kann Körper heilen. Sie kann Leben heilen. Sie kann Beziehungen heilen. Sie kann sogar ganze Nationen heilen. Und sie ist ein echtes *Geschenk, das Sie sich selbst machen können.*

***

Häufig glauben wir irrtümlich, dass wir der anderen Person um *ihretwillen* vergeben, doch die Wahrheit ist, dass jedes Mal, wenn Sie das Bewusstsein der Geschichte loslassen, an der Sie zuvor festgehalten und die Sie genährt haben, *Sie* derjenige sind, der befreit ist.

Nach meiner Erfahrung gibt es drei Schritte der Vergebung. Zunächst einmal muss die Bereitschaft gegeben sein, nicht länger an unserer Geschichte festzuhalten, unsere Arroganz zuzugeben und sie loszulassen. Wir müssen bereit sein, unsere Selbstgerechtigkeit und die »noblen« Gefühle aufzugeben, die mit unserer Überzeugung einhergehen, über den anderen zu stehen, im Recht und moralisch überlegen zu sein.

Als nächstes müssen wir uns leer machen. Wir müssen real werden und erkennen, dass hinter der Arroganz in Wahrheit der Schmerz und die Verletzung liegen, die wir nicht fühlen wollen, und wir müssen unser ganzes Wesen öffnen und all die ungefilterten Emotionen, die bis dahin verdrängt und nie zum Ausdruck gebracht wurden, voll empfinden. Wir müssen sämtliche angestauten Gefühle herauslassen, die Worte und das Bewusstsein, das sich hinter unserer Pseudo-Rüstung falschen Edelmutes verbargen. Der ganze tiefe, echte Schmerz muss losgelassen werden.

Und schließlich, wenn alle Verletzungen bewusst gefühlt, ausgedrückt und losgelassen sind, sind unsere Herzen offen, um die wahre Lektion zu lernen, die der Situation innewohnt. Wir sind bereit zu erfahren, was der andere durchgemacht und wie er die Situation empfunden hat, und unter Umständen erkennen wir, dass der Betreffende wahrscheinlich das Beste getan hat, was ihm zum damaligen Zeitpunkt möglich war innerhalb der Grenzen seiner eigenen Vergangenheit, Dramen und Schmerzen. Sobald wir unseren eigenen Schmerz losgelassen haben, wird unser Herz ganz natürlich von Mitgefühl und Verständnis für die Schmerzen eines anderen Menschen erfüllt.

Und es ist dieses Verständnis und Mitgefühl, aus dem echte Vergebung möglich wird. Sie kommt ganz automatisch, beinahe unvermeidlich, und sie ist bedingungslos. Sobald Sie sich Ihrer ganzen angestauten Emotionen und Schmerzen entledigt haben, flutet Vergebung in Ihr Herz, um als natürlicher Ausdruck der Gnade die entstandene Leere zu füllen. Vergebung befreit Sie restlos von Ihrer Geschichte des Schmerzes und erlaubt Ihnen, Ihr Leben von nun an in Freiheit zu führen.

Vergebung kann also tatsächlich zu einem Weg in die Freiheit werden, wenn Sie bereit sind, Ihre Arroganz abzulegen, sich zu öffnen, den verdrängten Schmerz endlich zu fühlen und es auf diese Weise zulassen, dass auf ganz natürliche Weise Mitgefühl für andere Ihr Herz erfüllt.

Dabei ist stets Demut der Schlüssel. Denn wahre Vergebung geht immer mit Demut einher.

Es gibt noch einen nicht zu unterschätzenden Aspekt der Vergebung, der hier besondere Erwähnung verdient. Im Laufe der Jahre, in denen ich Tausende von Journey-Prozessen miterlebt habe, ist mir klar geworden, dass wahre Heilung nur eintreten kann, wenn man *alle* abgelagerten Schmerzen, Verletzungen, Vorwürfe und Hass *komplett loslässt*. Wir können nicht einfach den Prozess des Entleerens und Loslassens übergehen und direkt zur Vergebung springen, da das mit den verdrängten Problemen verbundene Bewusstsein im Körper gespeichert bleibt und weiterhin sein eigenes Leben führt. Und das kann schädliche Folgen haben.

Sehr häufig denken Menschen, die den Journey-Prozess zum ersten Mal anwenden, dass sie die Gnade austricksen können. Naiverweise glauben sie, dass sie vermeiden können, sich ihren eigenen Problemen zu stellen, dass sie das Fühlen des wahren Schmerzes vergangener Traumata überspringen, das Loslassen der Worte und des Bewusstseins, das mit diesen Traumata verbunden ist, umgehen und statt dessen direkt zur Vergebung übergehen können. Sie machen sich selbst etwas vor und glauben, dass Heilung automatisch eintreten wird, sobald Worte der Vergebung ausgesprochen werden, und sie meinen, es reicht, wenn sie ihren Schmerz überpinseln und der »nette Mann« oder das »liebe Mädchen« sind, indem sie »ehrliche« Vergebung anbieten.

Ich nenne dies Pseudo-Vergebung. Sie bringt gar nichts.

Wenn ich darauf hinweise, dass die Betreffenden ihre Probleme einfach nur übermalen und dass erst dann, wenn sie den wahren Schmerz gefühlt und losgelassen haben, die Möglichkeit für wahre Vergebung ganz natürlich eintreten kann, entgegnen sie oft: »Aber ich möchte nichts Böses oder Verletzendes sagen. Ich weiß, dass der Betreffende momentan nicht hier ist, und ich möchte einfach keine schlechten Gedanken aussenden.«

Wenn ich dies höre, antworte ich immer:

»Das Problem und die mit ihm verbundenen Emotionen sind bereits in Ihrem Körper gespeichert. Sie können sich entweder 45 Minuten Zeit nehmen und Ihren angestauten Schmerz demütig, ehrlich und total zugeben, sich ihm stellen und ihn loslassen, die unausgedrückten Emotionen herauslassen, das ganze Problem ein für allemal klären und nie mehr darunter leiden – oder Sie können es immer wieder durchsickern lassen und die betreffende Person bis an ihr Lebensende damit verletzen. Jene hasserfüllten, verletzenden Worte sind bereits in Ihrem Inneren vorhanden. Und Sie können Sie entweder endlich zugeben, sie loslassen und nie mehr etwas mit ihnen zu tun haben, oder Sie können diese Gedanken in Ihrem Inneren festhalten und zulassen, dass sie ihre zerstörerische Wirkung entfalten, denn ich verspreche Ihnen, dass die andere Person bereits jetzt täglich Ihre intensive, ablehnende, nonverbale Kommunikation zu spüren bekommt. Und was glauben Sie ist heilender für Sie – sich dem Schmerz zu stellen und ihn loszulassen, oder ihn festzuhalten und immer wieder zu spüren?«

Natürlich stimmen die Betreffenden immer darin überein, dass es heilender ist, ehrlich zu werden, sich zu öffnen und den wahren Schmerz, die Verletzungen und den Zorn loszulassen. Sicher, es kann sein, dass intensive Gefühle und starke Worte auftauchen, die ein paar Momente lang ausgedrückt werden müssen, doch ist dies wesentlich heilsamer, als sie erneut zu unterdrücken.

Damit Vergebung wirklich effektiv und heilsam sein kann, müssen Sie *frei* sein, und Sie müssen *ehrlich* sein.

Also, warum machen Sie nicht gleich selbst einen Versuch? Sie können einen Freund/eine Freundin bitten, den folgenden Text vorzulesen und sich dann abwechseln.

Machen Sie es sich jetzt bequem, und wenn Sie so weit sind, können Sie Ihre Augen schließen.

Zuerst bringen Sie Ihr ganzes Bewusstsein in diesen Moment... Achten Sie auf die Geräusche im Raum... das Gefühl Ihres Atems, wie er sanft hereingeht... und hinausgeht... Und lassen Sie einfach Ihren ganzen Körper entspannen.

Machen Sie Ihr Herz so weit wie die Welt... weit genug, um alle Verletzungen, Vorwürfe und Unverzeihlichkeiten einzuschließen, die Ihnen in Ihrem Leben widerfahren sind... Ihre Liebe ist so unendlich groß, dass Sie sogar die Vergebungsunfähigkeit der ganzen Menschheit darin aufnehmen können.

Erlauben Sie Ihrem Bewusstsein, sich weit vor Ihnen auszudehnen... und weit hinter Ihnen... unendlich nach allen Seiten... Und ruhen Sie jetzt als weiter, offener Himmel der Akzeptanz.

Heißen Sie in diesen weiten Himmel ehrlich und wahrhaftig alle Erinnerungen, Menschen und Ereignisse willkommen, von denen Sie sich ungerecht behandelt, falsch eingeschätzt, übergangen oder betrogen gefühlt haben... Heißen Sie ehrlich jede Situation in Ihrem Bewusstsein willkommen, in der Sie nicht vergeben konnten... Alles ist in dieser weiten Umarmung willkommen.

Wenn Sie möchten, können Sie Ihr Bewusstsein auch auf Ihren Körper richten und ihn durchleuchten... und auf alle Bereiche achten, die ein wenig angespannt zu sein scheinen... Prüfen Sie, ob irgendwelche Teile sich verstecken... Falls ja, heißen sie auch diese willkommen... Lassen Sie Ihre Liebe, Ihr ganzes Bewusstsein diesen Bereich umhüllen und fragen Sie einfach: »Wenn es hier Gefühle oder Worte gäbe, wie würden sie lauten?«... Begrüßen Sie ehrlich jedes Gefühl, das hochkommt... selbst wenn es so leise ist wie ein Flüstern... Erlauben Sie einfach allen Gefühlen, hereinzufluten... und fragen Sie: »Wann habe ich schon einmal so gefühlt?«... Und heißen Sie im Stillen alle Bilder oder Erinnerungen in Ihrem Bewusstsein willkommen... Oder Sie können sich einfach eine Zeit in der Vergangenheit ins Bewusstsein rufen, als Sie Opfer einer ungerechten Behandlung oder Aktion gewesen sind, Sie sich verletzt oder von einem anderen verurteilt gefühlt haben. Wenn eine Erinnerung hochkommt oder eine Serie von Erinnerungen, geben Sie sich selbst die Erlaubnis, sich ein herrliches Lagerfeuer vorzustellen. Die Natur dieses Lagerfeuers ist bedingungslose Liebe, totale Akzeptanz.

Zu diesem Lagerfeuer können Sie Ihr jüngeres Selbst einladen,

vom Babyalter bis heute . . . Ist Ihr jüngeres Selbst da? . . . Gut . . .
Nun laden Sie Ihr heutiges Selbst ein – Sie, wie Sie jetzt hier sitzen . . . Und vielleicht wollen Sie auch einen Mentor Ihrer Wahl einladen – es kann ein Weiser sein, ein Heiliger oder ein erleuchteter
Meister – jemand, in dessen göttliche Weisheit Sie vertrauen und
in dessen Gegenwart Sie sich geborgen fühlen . . . Sind alle
da? . . . Gut.

Und jetzt ist es an der Zeit, die Person oder die Personen einzula-
den, die mit der schmerzhaften Erinnerung zu tun haben oder die
Ihnen Unrecht zugefügt oder Sie falsch eingeschätzt haben.

Sind der Betreffende oder die Betreffenden da? . . . Gut.

Jetzt möchte ich Sie bitten, sehr offen und ehrlich zu sein. Egal ob
Sie alleine sind oder mit einem Freund arbeiten, in jedem Fall müssen Sie die alten unterdrückten Gefühle, die auszudrücken Sie nie
eine Chance hatten, *laut* verbalisieren. Dies ist Ihre Gelegenheit,
endlich den ganzen alten Schmerz loszulassen, sich alles von der
Seele zu reden und Ihre Zellen von der negativen Erinnerung zu
befreien.

Lassen Sie jetzt Ihr jüngeres Selbst sprechen. Ihr jüngeres Selbst
hat viel unausgedrückten Schmerz, Verletzungen und Wut erlebt,
und jetzt ist endlich der Zeitpunkt gekommen, all diese negativen
Erinnerungen aufsteigen zu lassen und ein für allemal damit abzu-
schließen. Wenn also Ihr jüngeres Selbst endlich offen das ausdrücken könnte, *was Sie damals wirklich gefühlt haben*, was
würde es Ihnen sagen? Nehmen Sie sich genügend Zeit, um alles
hochkommen zu lassen und zum Ausdruck zu bringen – in dem
Wissen, dass die andere Person von der Akzeptanz und Liebe am
Lagerfeuer beschützt ist. Lassen Sie Ihre Worte zu jener »tieferen«

Ebene in dem Betreffenden durchdringen, damit er hören kann, was gehört werden muss.

Was könnte Ihr jüngeres Selbst sagen, um den erlittenen Schmerz auszudrücken? . . . (Geben Sie ihm genügend Zeit)

In dem Wissen, dass die andere Person damals unter Berücksichtigung ihrer Konditionierung in der Vergangenheit und den inneren Ressourcen, die ihr zu dem Zeitpunkt zur Verfügung standen, wahrscheinlich ihr Bestes tat, und wenn sie von jener tieferen Ebene aus reagieren könnte, was würde sie sagen? . . . (Geben Sie ihr genügend Zeit)

Und wenn Ihr jüngeres Selbst darauf antworten könnte, was würde es sagen? . . . (Geben Sie ihm genügend Zeit)

Und wenn die andere Person in der Lage wäre, diese Worte wirklich zu hören und nicht von ihrem Ego, sondern von einer tieferen Ebene aus antworten würde, was würde sie sagen? . . . (Geben Sie ihr genügend Zeit)

Was würde Ihr jüngeres Selbst darauf erwidern? . . . (Geben Sie ihm genügend Zeit)

Machen Sie sich immer leerer und kommunizieren Sie auf diese Weise, bis Sie beide alles ausgesprochen haben . . . (Lassen Sie sich genügend Zeit) . . . Und sagen Sie mir Bescheid, wenn Sie fühlen, dass Sie alles zum Ausdruck gebracht haben . . . (Lassen Sie sich genügend Zeit)

Wenn Ihr heutiges Selbst schließlich sagen könnte, was gesagt werden muss, und wenn die andere Person zuhören würde, was würde Ihr heutiges Selbst sagen? . . . (Geben Sie ihm genügend Zeit)

Nun lassen Sie die andere Person antworten . . . (Geben Sie ihr genügend Zeit)

Und wie würden Sie darauf antworten? . . . (Lassen Sie sich genügend Zeit)

Wenn beide Seiten alles zum Ausdruck gebracht haben, fragen Sie den Mentor, ob es irgendetwas gibt, das er vielleicht dazu sagen möchte . . . Und lassen Sie den Mentor einfach antworten . . . (Geben Sie ihm genügend Zeit)

Wenn Sie möchten, können Sie Ihr jüngeres Selbst in den Körper der anderen Person hineingehen lassen und wirklich fühlen, was sie damals gefühlt hat . . . (Lassen Sie sich genügend Zeit) . . . Wie hat sich diese Person damals hinsichtlich sich selbst gefühlt? . . . Und hinsichtlich des Lebens allgemein? . . . Gehen Sie noch tiefer . . . Wie hat sie sich *wirklich* gefühlt? . . . Wie hat sie sich heimlich in ihrem Inneren gefühlt, hinsichtlich sich selbst und des Lebens allgemein?

Und jetzt gehen Sie in das Herz der anderen Person . . . in den besten Teil von ihr . . . in den Teil von ihr, zu dem sie vielleicht keinen Zugang gehabt hat oder der verschlossen war, weil sie sich so schlecht gefühlt hat. Dieser Teil existiert in uns allen, denn in unserem innersten Kern lebt eine große Liebe, Frieden, Freiheit . . . Also gehen Sie in das innerste Herz der betreffenden Person.

Was finden Sie da? . . . (Lassen Sie sich genügend Zeit) . . . Nun schauen Sie aus den Augen der anderen Person auf Ihr jüngeres

Selbst und fühlen Sie, wie sie damals *wirklich* in Ihrem innersten Herzen empfunden hat, auf der Ebene ihrer Seele . . . (Geben Sie ihr genügend Zeit)

Wie hat sie sich gefühlt? . . . (Geben Sie ihr genügend Zeit) . . . Können Sie sehen, dass ihr Verhalten aus dem Schmerz geboren wurde, unter dem sie zum damaligen Zeitpunkt litt, doch dass sie in ihrem innersten Herzen positive, sogar liebevolle Gefühle für Ihr jüngeres Selbst hatte?

Nun treten Sie aus der anderen Person hinaus und lassen zu, dass Ihr jüngeres Selbst Ihr Herz öffnet und Ihnen im Namen der anderen Person das kostbare Geschenk lebenslanger Akzeptanz gibt. Lassen Sie es in jede Ihrer Zellen dringen. Dann *trennen* Sie von dieser Liebe das Verhalten der anderen Person, das auf ihrem damaligen Schmerz zurückzuführen war.

Wenn die andere Person endlich aus ihrem tiefsten Inneren zu Ihnen sprechen könnte, was würde sie wohl sagen? . . . (Geben Sie ihr genügend Zeit)

Was würden sie antworten? . . . (Lassen Sie sich genügend Zeit)

Und was würde die andere Person darauf erwidern? . . . (Geben Sie ihr genügend Zeit)

Sorgen Sie dafür, dass Sie sich beide aller negativen Gefühle total entledigt und zu einem vollen Verständnis gefunden haben . . . (Lassen Sie sich und der anderen Person genügend Zeit dafür)

Wenn alle am Lagerfeuer versammelten Anwesenden ihr Herz endlich ausgeschüttet haben, können Sie Ihrem jüngeren Selbst die folgende Frage stellen: »Selbst wenn du *unter keinen Umständen* das Verhalten der anderen Person gutheißen kannst, und selbst wenn ihr Verhalten nach gesellschaftlichen Vorgaben völlig unakzeptabel war und es *absolut keine Möglichkeit* gibt, ihr damaliges Verhalten zu dulden, bist du dennoch bereit, uneingeschränkt und bedingungslos dieser Person aus ganzem Herzen zu vergeben?«

Falls Ihr jüngeres Selbst »Ja« sagt, lassen Sie es diese Vergebung ehrlich zum Ausdruck bringen, mit seinen eigenen Worten.

Dann ist es an der Zeit, zu Ihrem heutigen Selbst zu sprechen und zu fragen: »Selbst wenn du unter keinen Umständen das Verhalten der anderen Person gutheißen kannst, bist du dennoch bereit, ihr uneingeschränkt und ehrlich aus ganzem Herzen zu vergeben?

Wenn Ihr heutiges Selbst diese Frage bejaht, lassen Sie es diese Vergebung ehrlich zum Ausdruck bringen, mit Ihren eigenen Worten.

(Falls Ihr heutiges Selbst sagen sollte: »Nein, ich kann nicht vergeben«, dann bedeutet dies einfach, dass Sie nicht alles ausgesprochen haben, dass es noch einen Rest der schmerzhaften Erinnerung gibt, der losgelassen werden will, was bedeutet, dass Sie alles zum Ausdruck bringen müssen, auf jeder Ebene Ihres Seins, was Sie vielleicht zurückhalten. Sobald Sie wirklich alles ausgedrückt haben, können Sie den Mentor fragen: »Was muss passieren, damit Vergebung eintreten kann?«, und dann lassen Sie genau das eintreten, dort am Lagerfeuer. (Danach machen Sie weiter mit dem Vergebungsprozess der anderen Person.)

Und falls *Sie* jetzt Vergebung für irgendetwas brauchen, nehmen Sie sie an . . . (Geben Sie sich genügend Zeit)

Lassen Sie nun alle Personen am Lagerfeuer mit dem Licht verschmelzen und senden Sie ihnen Ihre Liebe und Vergebung sowie ein Gebet, auf dass sie alle in ihrem Leben Frieden finden mögen.

Nun wenden Sie sich Ihrem jüngeren Selbst zu und sagen die folgenden Worte: »Es tut mir leid, dass du damals solche Schmerzen erlitten hast. Du hattest einfach nicht den Zugang zu der Weisheit, die mir heute zur Verfügung steht. Ich verspreche dir, dass du nie wieder diesen früheren Schmerz erleiden musst, denn von heute an werde ich dich lieben und beschützen.«

Und dann reichen Sie Ihrem jüngeren Selbst einen Ballon der Selbst-Liebe . . . Lassen Sie Ihr jüngeres Selbst diese Liebe einatmen . . . Dann reichen Sie ihm einen Ballon der Selbst-Akzeptanz . . . den es einatmet . . . und lassen Sie seinen ganzen Körper davon erfüllen . . . Dann geben Sie ihm einen Ballon der Selbstvergebung . . . Lassen Sie Ihr jüngeres Selbst auch diese Eigenschaft einatmen . . . Und lassen Sie es davon ganz durchdringen . . . Wunderbar . . .

Dann umarmen Sie Ihr jüngeres Selbst und lassen es mit Ihrem Herzen verschmelzen, wo es von nun an mit all diesen herrlichen inneren Ressourcen, der Weisheit und Vergebung heranwachsen wird. Fühlen Sie, wie diese Qualitäten Ihren ganzen Körper durchdringen.

Jetzt können Sie das Lagerfeuer verschwinden lassen, und Sie und Ihr Mentor können beginnen zu fühlen, wie sich Ihr Bewusstsein wieder ausdehnt . . . vor Ihnen immer weiter wird . . . frei und weit hinter Ihnen . . . unendlich nach allen Seiten . . . weit nach unten . . . weit wie der Himmel über Ihnen . . . Und nun ruhen Sie erneut in sich wie in einem weiten, offenen Himmel der Freiheit.

Sie werden feststellen, dass Sie erst dann Ihre Augen öffnen können, wenn alle Teile Ihres Wesens voll integriert und bereit sind, die Heilung und Vergebung fortzusetzen, die soeben begonnen hat. Und wenn alle Teile Ihres Wesens *wirklich* voll integriert sind, werden Sie merken, *dass Sie Ihre Augen öffnen können*, wenn Sie bereit dazu sind und die heilende Umarmung der Vergebung im Raum spüren können. Ruhen Sie einfach in der strahlenden Neuigkeit des gegenwärtigen Augenblicks.

Nun, wie fühlen Sie sich? Wenn Sie sich wirklich aller alten Schmerzen und Verletzungen entledigt haben, dann sollte sich der Moment der Vergebung eigentlich sehr leicht angefühlt haben, offensichtlich – beinahe automatisch, ohne willentliche Entscheidung – so als sei es das Einfachste und Natürlichste auf der Welt.

Prüfen Sie, wie sich Ihr Körper und Ihr ganzes Wesen jetzt anfühlen. Können Sie die greifbare Unbeschwertheit, die Erleichterung und den Frieden spüren?

Wenn *wahre* Vergebung eintritt, machen sich die Auswirkungen sofort bemerkbar, und sie verfehlen nie ihr Ziel. Dies ist eine Wahrheit, die von niemandem geleugnet werden kann.

Vergebung ist ein Geschenk, das Sie sich selbst machen.

Sobald Sie den Vergebungsprozess am Lagerfeuer mehrmals gemacht haben, kommt in der Regel der Zeitpunkt, wo der Scheinwerfer nicht nur nach außen strahlt – sondern zurück in Ihre Richtung.

Zu Beginn ist der Großteil unserer Vergebungsarbeit nach außen gerichtet. Wir lassen all die vielen Erfahrungen los, wie uns von anderen Menschen Unrecht zugefügt wurde, wie uns das Leben betrogen hat oder wie wir sogar von Gott verlassen wurden. Hierbei wird die Schuld immer nach außen projiziert, und die Vergebung bezieht sich auf Personen oder Umstände außerhalb von uns. Dann, im Laufe der Zeit, bleiben uns keine anderen Personen und Ereignisse mehr, denen wir die Schuld geben können, und irgendwann fordert das Leben, dass wir uns selbst anschauen und die Dinge sehen, die *wir* getan haben und auf die wir nicht so stolz sind. Das Leben fordert, dass wir uns Worte in Erinnerung rufen, die wir gesagt haben und von denen wir wünschten, wir könnten sie zurücknehmen, und dass wir verletzende Handlungen überprüfen, derer wir uns schuldig gemacht haben und die wir tief bedauern. Diese Lagerfeuer können bei weitem die intensivste, aber auch die tiefgreifendste Form der Heilung sein, die es gibt.

Die meisten von uns sind viel härter mit sich selbst als mit den Menschen, die wir lieben. Bei einem normalen Lagerfeuerprozess stellen wir vielleicht fest, dass wir anderen schnell vergeben und loslassen können, doch wenn es zur Vergebung der eigenen Fehler kommt, gehen wir hart oder sogar grausam mit uns selbst um. Zuweilen haben wir die Tendenz, uns selbst nicht so leicht freizusprechen. Doch damit wahre Heilung stattfinden kann, ist es unbedingt erforderlich, dass wir uns selbst vergeben.

Ich möchte Sie wirklich ermutigen, einige Lagerfeuerprozesse wie den am Ende des Kapitels »Jetzt-Bewusstsein« beschriebenen vorzunehmen sowie eine ganze Entleerungs-Session und einen kompletten Vergebungsprozess mit sich selbst durchzuführen. Die größte Heilung kommt durch Selbstvergebung. Es ist an der Zeit, dass Sie sich selbst dieses Geschenk machen.

Sie werden feststellen, dass Sie dann, wenn Sie in der Lage sind, sich selbst zu vergeben, auch anderen Menschen ganz automatisch leicht und mühelos vergeben können. Und in einem Bad der Akzeptanz und des Mitgefühls zu leben wird so natürlich wie das Atmen.

Schließlich gibt es noch eine heimtückische Art der Vergebung, die den meisten von uns nicht einmal bewusst ist. Wir legen innere, unausgesprochene Gelübde ab, zum Beispiel dass »wir dieser oder jener Person niemals vergeben werden«. Bald darauf vergessen wir diese Schwüre, und sie entwickeln ihr ganz eigenes Leben. Können Sie sich erinnern, wie Sie als Kind, wenn Sie jemand verletzt oder Sie mit Schimpfnamen gerufen hat, Sie vielleicht unschuldig innerlich geschworen haben: »Ich werde nie mehr zulassen, dass mir diese Person weh tut!«? Oder vielleicht haben Sie versprochen: »Niemand wird mich je verletzen können!«, oder: »Ich werde diese Person nie und nimmer in mein Herz lassen!« Und so weiter und so fort. In der Regel beginnen diese Schwüre mit: »Ich werde nie...«, oder: »Diese Person wird nicht...« Vor allem wenn wir diese Schwüre intensiv gefühlt und ausgesprochen haben, können sie sich noch lange, nachdem wir sie längst vergessen haben, ihren Weg durch unser Inneres bahnen und sehr destruktiv sein. Als Erwachsene verstehen wir dann nicht, warum wir unseren Partner nicht nahe an uns heranlassen oder keine tiefe Intimität fühlen können; wir begreifen nicht, warum wir augenscheinlich eine Mauer aufgebaut haben, um uns vor dem Leben zu schützen und warum wir keine Lebensfreude fühlen können, oder warum sich unser Herz so eingekerkert und in die verborgenste Ecke unseres Seins gedrängt fühlt. Der Grund ist oft ein Gelübde, das wir in der Vergangenheit innerlich abgelegt haben. Es setzt sich in unserem Bewusstsein fort und macht sich als Impuls auf einer anderen als der Bewusstseinsebene bemerkbar.

Solche Gelübde beinhalten in der Regel ein Element der Nichtvergebung und können den Beziehungen schaden, von denen Sie möchten, dass sie offen, intim, wahr und ehrlich sind (das kann die Beziehung einschließen, die Sie mit sich selbst haben).

Daher möchte ich dieses Kapitel über Vergebung abschließen, indem ich Ihnen den Prozess zur Aufhebung von Gelübden anbiete. Er hilft Ihnen, die schädlichen Schwüre zu erkennen, die Sie abgelegt haben und gibt Ihnen die Chance, sie durch gesunde, stärkende und befreiende Gelübde zu ersetzen. Und vor allem wird dieser Prozess Sie von jeglicher Art der Nichtvergebung befreien, die auf einer anderen als der Bewusstseinsebene stattfindet.

Ich hoffe sehr, dass Sie beim Lesen dieses Kapitels erkennen, dass die bewusste Entscheidung, zu vergeben und loszulassen, immer ein Stück Freiheit bedeutet. Darüber hinaus ist sie ein Geschenk, das Sie sich selbst in allen Bereichen Ihres Lebens machen können. Sie ist etwas, das Sie *bewusst tun* und *woran Sie aktiv teilnehmen*, nicht etwas, das *für Sie* getan wird.

Freiheit und Heilung liegen in Ihren eigenen Händen. Und alles beginnt mit Vergebung.

Prozess zur Aufhebung und Änderung von Gelübden

Wenn sie möchten, können Sie mit einem Menschen arbeiten, zu dem Sie Vertrauen haben. Auf diese Weise werden Sie in der Lage sein, sich tief zu entspannen und dem Prozess voll hinzugeben.

Begeben Sie sich in eine bequeme Position . . . Wenn Sie soweit sind, können Sie Ihre Augen schließen . . . Atmen Sie langsam und tief ein . . . und langsam wieder aus . . . und ein weiterer tiefer Atemzug . . . und langsam wieder ausatmen . . . entspannen Sie sich einfach und öffnen Sie Ihr Herz . . .

Und während Sie sich immer tiefer entspannen und öffnen . . . stellen Sie sich vor, dass Sie eine nach unten führende Treppe vor sich sehen . . . und diese schimmernde Treppe hat fünf Stufen . . . Es sind magische Stufen, denn sie werden Sie tief in das Licht Ihres eigenen innersten Wesens führen . . . in Ihre Essenz . . . Also betreten Sie jetzt die erste Stufe, Nummer fünf . . . Und in dem sichren Wissen, dass jede Stufe Sie mühelos tiefer in Ihr eigenes Selbst führen wird . . . steigen Sie hinunter auf die vierte Stufe . . . öffnen sich in die dritte hinein . . . und noch tiefer hinunter auf die zweite Stufe . . . Und bevor Sie auf die letzte Stufe treten . . . lassen Sie Ihr Bewusstsein nach vorne unendlich weit werden . . . und nach hinten . . . fühlen Sie, wie das Bewusstsein nach beiden Seiten grenzenlos wird . . . und tief wie das Meer unter Ihnen . . . Dann treten Sie in den Kern Ihres eigenen tiefsten Bewusstseins . . . während Sie nun auf die erste Stufe hinuntersteigen . . . und ruhen Sie einfach in diesem Bewusstsein . . .

Und nun sehen Sie, dass sich vor Ihnen ein Tor befindet, und hinter diesem Tor wartet das wunderbare Licht Ihrer eigenen Seele . . . Außerdem wartet dort ein Mentor . . . jemand, auf dessen göttliche

Herkunft und Weisheit Sie vertrauen können . . . Und wenn Sie nun bereit sind, gehen Sie durch dieses Tor in das Licht . . . und begrüßen Sie Ihren Mentor . . . danken Sie ihm dafür, dass er gekommen ist, um Ihnen bei der Aufhebung eines alten Gelübdes zu helfen, das Ihnen nicht länger dienlich ist . . .

Und jetzt bemerken Sie neben sich ein ganz besonderes Vehikel . . . Es ist ein Raumschiff, das Sie in eine Zeit und an einen Ort zurückbringen wird, wo Sie ein bestimmtes Gelübde abgelegt haben . . . ein Gelübde, das nicht mehr in Ihre jetzige Situation passt, das der Person, die Sie heute sind, weder nützt noch hilft . . . Jetzt können Sie und Ihr Mentor das Raumschiff betreten, sich hinsetzen und Ihre Sitzgurte anschnallen . . . Dann schauen Sie sich das Armaturenbrett vor sich an . . . und wenn Sie den blauen Knopf mit der Bezeichnung »altes Gelübde« sehen, wissen Sie, dass in dem Moment, in welchem Sie diesen Knopf drücken, das Raumschiff Sie sicher und elegant in eine andere Zeit zurückbringen wird . . . zurück in die Zeit und das Bewusstsein jenes alten Gelübdes . . . Und entweder Sie oder Ihr Mentor können nun den blauen Knopf drücken . . . und sich von dem Raumschiff an einen Ort zurücktransportieren lassen, von dem *es weiß*, dass es dorthin gehen muss . . . Wenn Sie dort ankommen, lassen Sie das Raumschiff einfach sanft landen, und Sie können mich wissen lassen, dass Sie sicher angekommen sind . . . (Geben Sie sich genügend Zeit) . . . Wunderbar . . .

Jetzt können Sie und Ihr Mentor Ihre Sitzgurte ablegen, aus dem Raumschiff heraustreten und genau in die Situation zurückgehen, in der das alte Gelübde abgelegt wurde . . . Außerdem können Sie auch einen Schutzengel herbeirufen, wenn Sie das Bedürfnis danach haben oder glauben, dass es Ihnen hilft . . .

Nun nehmen Sie sich einen Moment Zeit und schauen Sie nach, wer noch in dieser Szene ist... Sie können die Lichtverhältnisse und die Deutlichkeit der Szene so einstellen, dass sie ideal sind... Wer ist also noch da?... (Warten Sie auf eine Antwort)... Gut... Vielen Dank... Nun lassen Sie mitten in dieser Szene ein Lagerfeuer erscheinen... in dem Wissen, dass dieses Feuer das Feuer bedingungsloser Liebe ist... des Lebens selbst... Und bringen Sie auch die Präsenz Gottes zu diesem Lagerfeuer, oder die Präsenz des Unendlichen, oder des Universums... und fragen Sie entweder Ihr jüngeres Selbst in der Szene oder den Mentor... welches ungesunde Gelübde hier abgelegt wurde... Welcher Eid wurde geschworen, der im jetzigen Strom des Lebens nicht länger Sinn macht oder unpassend ist?...

Und dann – in dem Wissen, dass Gott, das Unendliche, das Universum – absolut versteht, warum dieses Gelübde ursprünglich abgelegt wurde... und dass sein Fortbestand nicht länger angebracht ist... bitten Sie um Segen und Hilfe bei der Aufhebung des alten Gelübdes... und dabei, es durch ein neues, hilfreiches, positives Gelübde zu ersetzen... Und wenn Ihnen dieser Segen und diese Hilfe zuteil geworden sind, lassen Sie es mich einfach wissen... (Nehmen Sie sich genügend Zeit)... Wunderbar... Welches alte Gelübde haben Sie abgelegt?... Wie genau lauteten die Worte?... Sehr gut. Vielen Dank.

Und nun wenden Sie sich der Person oder den Personen in dieser Szene zu und lassen Sie sie wissen, welches Gelübde damals abgelegt wurde... und warum es nicht länger sinnvoll ist, an diesem Gelübde festzuhalten... (Geben Sie sich genügend Zeit)... Sagen Sie der Person oder den Personen, dass Sie die Absicht haben, den alten Schwur loszulassen und ihn durch einen neuen, positiven zu ersetzen... (Geben Sie sich genügend Zeit)... Gut...

Und jetzt vergeben Sie den anderen Personen am Lagerfeuer für die Rolle, die sie beim Ablegen des alten Gelübdes gespielt haben . . . Bitten Sie Gott, das Unendliche, das Universum um Vergebung für alles, was vergeben werden muss . . . und erlauben Sie der Vergebung, zu Ihnen zu kommen von jeder Person, die sich am Lagerfeuer eingefunden hat . . . Sie können mich wissen lassen, wenn dieser Vorgang abgeschlossen ist . . . (Lassen Sie sich genügend Zeit) . . . Gut . . .

Nun wenden Sie sich an den Mentor und bitten Sie ihn, das alte Gelübde restlos zu bereinigen . . . es vollständig aus jeder Zelle Ihres Wesens zu entfernen . . . Lassen Sie den Mentor jeden Rest dieses alten Gelübdes wegfegen, wegwaschen, wegsaugen . . . Und Sie schauen ihm einfach dabei zu und fühlen, wie es ist, in jedem Molekül Ihres Wesens von jenem alten Gelübde befreit zu werden . . . in Ihrem ganzen Bewusstsein . . . Sie können mich einfach wissen lassen, wenn dieser Vorgang abgeschlossen ist . . . (Nehmen Sie sich genügend Zeit) . . . Wunderbar! . . .

Und jetzt bitten Sie den Mentor, jegliche Bande oder energetischen Schnüre zu durchtrennen, mit denen Sie vielleicht an die Person oder Personen in dieser Szene gebunden sind . . . Achten Sie darauf, dass während des Durchtrennens Licht durch beide Enden des Bandes gesandt wird . . . Und wenn Sie in die Gesichter derer schauen, die befreit werden . . . stellen Sie fest, wie dankbar sie dafür sind . . . Wunderbar! . . .

Und jetzt wenden Sie sich erneut dem Mentor zu und bitten ihn um Hilfe bei der Formulierung eines neuen, gesunden, passenden Gelübdes . . . eins, das Ihnen dazu verhilft, offen zu sein, gesund, erfüllt und frei . . . frei, Ihr wahres Selbst zu sein . . . frei, sich in die Lüfte zu erheben . . . Und wenn Sie soweit sind, können Sie mir sagen, wie das neue, positive Gelübde lautet . . . (Hinweis für den Begleiter dieses Prozesses: Lassen Sie Ihr Gegenüber antworten und helfen Sie ihm, wenn nötig) . . . So ist es wunderbar . . . Vielen Dank . . . Und jetzt bitten Sie den Mentor, dieses neue Gelübde in jede Zelle Ihres Wesens einzusetzen . . . Bitten Sie ihn, jeden Aspekt Ihres Seins mit diesem neuen, Kraft spendenden Gelübde zu überfluten . . . es zu einem Teil von Ihnen zu machen . . . der Sie mit neuer Lebenskraft erfüllt . . . Sie energetisiert . . . bis der Vorgang abgeschlossen ist und Sie Frieden gefunden haben . . . (Lassen Sie sich genügend Zeit) . . . Sehr schön . . .

In dem Wissen, dass dieses neue Gelübde im Laufe der Zeit nur stärker und hilfreicher werden kann . . . und in dem Wissen, dass es Sie ganz natürlich, ohne dass Sie darüber nachdenken oder irgendetwas tun müssen, heilen und perfekt führen wird . . . können Sie all den Personen am Lagerfeuer Ihren Segen schicken und ihnen dafür danken, dass sie gekommen sind . . . und ihnen erlauben, mit dem Feuer zu verschmelzen, das die Quelle allen Lebens ist . . . Nur Sie, Ihr jüngeres Selbst und Ihr Mentor bleiben zurück . . . Wunderbar . . . Dann lassen Sie sich von Ihrem jüngeren Selbst umarmen und es mit Ihrem jetzigen Selbst verschmelzen . . . Lassen sie Ihr jüngeres Selbst durch die dazwischenliegenden Jahre mit diesem neuen, hilfreichen, positiven Gelübde heranwachsen, das bereits in Kraft getreten ist . . . die Veränderungen in Ihrem Bewusstsein spürend, während das Alte sich in dem Neuen auflöst . . . bis hinein in die jetzige Zeit . . . Und Sie können mich wissen lassen, wenn dieser Vorgang abgeschlossen ist . . . (Geben Sie sich genügend Zeit) . . . Sehr gut . . .

Und indem Sie sich erneut an den Mentor wenden, fragen Sie ihn, ob es irgendeine Lektion gibt, die hier zu lernen ist . . . irgendeine Einsicht oder Weisheit, die enthüllt wird . . . und wenn dem so ist,

lassen Sie zu, dass diese Einsicht und Weisheit sich jetzt enthüllt ... (Geben Sie genügend Zeit) ... Gut ...

Wenn Sie damit fertig sind, können Sie und Ihr Mentor wieder Ihr
Raumschiff besteigen ... und sich genau vor das Tor bringen lassen, durch das Sie gekommen sind ... Und wenn Sie angekommen sind, steigen Sie einfach aus und danken Sie Ihrem Mentor
von ganzem Herzen, dass er bei Ihnen war und Ihnen bei diesem
lebensverändernden Prozess des Loslassens und Heilens geholfen hat ... (Geben Sie sich genügend Zeit) ... Und dann treten Sie
einfach durch das Tor auf die andere Seite und gehen hinüber zu
der Treppe, auf der Sie anfangs heruntergekommen sind ...

Und nun steigen Sie die Stufen wieder hinauf ... eins ... Sie kommen zurück die Gegenwart ... zwei ... Sie fühlen sich erfrischt
und erneuert ... drei ... Sie strecken sich und werden sich Ihres
Körpers bewusster ... vier ... Und nun begeben Sie sich in die
Zukunft, einen Tag später ... und spüren, wie Sie sich einen Tag
später fühlen werden, mit diesem neuen, stärkenden Gelübde, das
bereits ein Teil von Ihnen geworden ist ... Wunderbar ... Und jetzt
gehen Sie eine Woche in die Zukunft ... und sehen und hören und
fühlen Sie, wie es ist, eine Woche später dieses neue Selbst zu
sein ... Achten Sie darauf, wie anders Sie sich fühlen und wie
anders Sie mit sich selbst und mit anderen kommunizieren ...
Wunderbar ... Und nun begeben Sie sich in die Zukunft einen
Monat später ... und fühlen Ihr Wesen durchdrungen von dem
Bewusstsein Ihres brandneuen Selbst, wie es sich einen Monat
später anfühlt ... Wie fühlt sich dieses neue, freie Selbst an? Wie
fühlt es sich an, befreit. geheilt und vollkommen zu sein? ... Fan-
tastisch! Und jetzt gehen Sie sechs Monate in die Zukunft ... und
spüren Sie genau, wie Ihr Leben jetzt ist ... wie es ist, seit sechs
Monaten von jenem alten, überholten Gelübde befreit zu sein ...

mit dem neuen, positiven Gelübde, das seit sechs Monaten mühelos seine segensreiche Arbeit getan hat . . . Wie fühlt es sich also an, frei zu sein, zu schweben? . . . Wunderbar!

Und in dem Wissen, dass Zeit nur ein Konzept ist . . . und dass alles, was im Bewusstsein auftaucht, immer bereits hier ist . . . erlauben Sie dem Bewusstsein Ihres Selbst sechs Monate in der Zukunft, zurück in den gegenwärtigen Moment zu kommen . . . auf die vierte Stufe . . . und in dem Wissen, dass Sie nur dann auf die fünfte Stufe steigen und Ihre Augen öffnen können, wenn alle Aspekte Ihres Wesens von dem Wissen durchdrungen sind, dass diese Heilung, diese Freiheit nun organisch wachsen und integriert werden kann . . . ganz natürlich, von alleine . . . Wenn also alle Aspekte Ihres Wesens voll integriert und einverstanden sind, können Sie auf die fünfte Stufe steigen . . . und wenn Sie wollen, können Sie jetzt Ihre Augen öffnen . . .

Herzlichen Glückwunsch!

Erleuchtung

Die Erleuchtung, die Sie suchen, ist bereits hier,
Sie sind von ihr erfüllt. Sie leuchtet als Ihr wahres Selbst.

Wenn alle diesbezüglichen Ideen und Konzepte wegfallen,
bleibt nichts als reines, ungehindertes Bewusstsein...
Erleuchtung selbst.

Das ist es, was Sie sind.

Erleuchtung

Während der Arbeit an diesem Buch wusste ich schon seit einiger Zeit, dass dieses Kapitel irgendwann geschrieben werden musste. Mit diesem Wissen ging ein immer stärker werdender Widerwille einher, dieses Thema aufs Papier zu bringen, da ich weiß, dass bei der Erwähnung des Wortes »Erleuchtung« sofort alle möglichen Vorstellungen und Konzepte auftauchen. Es ist ein überaus kontroverser Begriff, und es scheint, als hätte jeder spirituelle Anwärter oder Sucher eine andere, jedoch bestimmte Meinung darüber, was Erleuchtung sein und wie sie aussehen *sollte*. Viele Menschen streben danach, diesen ultimativen Zustand zu erreichen oder ihn über einen längeren Zeitraum zu erfahren, doch niemand ist in der Lage, genau zu sagen, was es ist! Der Kopf dreht sich einem angesichts der Myriaden von Konzepten und Ideen, die bei der bloßen Begrüßung dieses Wortes im Bewusstsein auftauchen. Doch begrüßen müssen wir es.

Selbst beim einfachen Lesen des Wortes haben viele von Ihnen vielleicht schon eine Anzahl von Bildern im Kopf gehabt. Vielleicht haben sich einige einen weisen alten Mann in safrangelber Mönchsrobe vorgestellt, mit einem glückseligen Ausdruck im Gesicht, in der perfekten Lotusposition des Yogis ruhend und von weltlichen Aspirationen gänzlich losgelöst. Mit diesem Image geht oft die falsche Überzeugung einher, dass sich diese erleuchteten Wesen immer und ewig in einem Zustand der Ekstase und des Friedens befinden – und dass keine Emotion auch nur die leichteste Störung in ihrer sublimen Stille verursachen könnte.

Andere von uns, die nie einen so genannten erleuchteten Meister gesehen haben, können sich vielleicht überhaupt nicht vorstellen, wie Erleuchtung aussieht; was uns aber nicht davon abhält zu glauben, dass sie das Ende allen Leidens darstellt, aller Urteile, tatsächlich das Ende von allem, was wir nicht als erleuchtetes Denken oder erleuchtetes Verhalten betrachten.

Andere wiederum glauben, dass Erleuchtung bedeutet, vollkommen frei zu sein; nicht mehr an die Regeln der Gesellschaft gebunden zu sein, sondern in einem Zustand wohlwollender Liebe zu leben, die ihnen erlaubt, allen Wesen gegenüber frei und liebevoll zu agieren; und dass niemals ein negativer Gedanke oder Glaubenssatz in diese Präsenz der Gnade eindringen könnte.

Wieder andere sind davon überzeugt, dass man, um Erleuchtung zu erlangen, das Ego auslöschen und die Lüge der irdischen Illusion durchdringen muss, und dann, in einem kataklysmischen Ereignis, sind sie plötzlich erleuchtet – und bleiben es für den Rest ihres Lebens. Es ist, als müsste eine ungeheure, magische, befreiende Explosion stattfinden, und plötzlich *landet* man im Zustand höchster Erleuchtung. Einige spirituelle Lehrer sind so weit gegangen, diese Erfahrung als das »Zerschmettern des Topfes« oder den »letzten Dreh« zu bezeichnen.

Einige von uns glauben, dass Erleuchtung nur etwas für die seltenen Meister ist, die ihr Leben in spiritueller Entsagung verbracht, alle Rituale, Mantras, Yogas, heiligen Texte gelernt und ihren Geist und Körper gereinigt haben, woraufhin sie schließlich Erleuchtung erlangen – etwas, das dem normalen Menschen völlig unmöglich und unerreichbar ist.

Wieder anderen erscheint Erleuchtung als vollkommene Loslösung, so als sei der Lehrer beinahe un-menschlich und völlig vom normalen Leben getrennt, unbelastet und unberührt von den alltäglichen Leiden, die den Rest der Menschheit heimsuchen. Zu dieser Version der Erleuchtung gehört in der Regel die Vorstellung vom »Transzendieren« des irdischen Lebens, und ein solcher Meister wird emotionslos, beinahe leblos erscheinen.

Dann gibt es den Glaubenssatz, dass Sie im Falle der Erleuchtung Ihr Leben in Armut und völliger Entsagung verbringen müssen, dass Ihre weltlichen Handlungen sich in guten Taten erschöpfen und Sie anderen helfen müssen, zu ihrer eigenen inneren Reinheit zu erwachen.

Manche Menschen glauben, dass sich mit der Erleuchtung die übermenschlichen Kräfte des Gedankenlesens, Voraussagen für die Zukunft, astrale Projektion und andere »Siddhis« einstellen; dass aufgrund der Erleuchtung alle Wünsche auf magische Weise erfüllt werden und dass Krankheiten den Körper eines Heiligen nicht heimsuchen können.

Und so weiter und so fort... unsere mentalen Konstrukte häufen sich an, während wir uns vorzustellen versuchen, wie es sein muss, in diesem ultimativen Zustand der Glückseligkeit, des Paradieses, des ewigen Nirwana zu leben. All unsere Vorstellungen verdichten sich um diesen Begriff »Erleuchtung« und vergrößern ihn ins Unermessliche, bis die ganze Sache total unmöglich und weit entfernt zu sein scheint – etwas, das nur irgendwann in der fernen Zukunft erlangt werden kann, nachdem man sein ganzes Leben damit verbracht hat, alles zu tun, was man konnte, um diesen Zustand zu *verdienen* oder zu *erlangen*.

Merken Sie, worüber ich hier rede?
Welche Vorstellungen haben *Sie* bezüglich Erleuchtung?

Warum lassen Sie diese Vorstellungen nicht jetzt in Ihr Bewusstsein kommen? Tatsächlich sollten Sie jede Idee, die Sie je bezüglich des Themas Erleuchtung gehabt haben, willkommen heißen und, wenn Sie möchten, auf ein Blatt Papier schreiben, einschließlich all Ihrer Vorstellungen und Gedanken über die Möglichkeit, Erleuchtung zu erlangen.

Wenn Sie alles aufgeschrieben haben, was Ihnen dazu einfällt, und Sie sich alles, von dem Sie glauben, dass es wahr ist, bewusst gemacht haben, stellen Sie sich selbst die Frage: »Was wäre, wenn ich entdecken würde, dass das *alles eine Lüge* ist... nichts als kompletter Schwachsinn?«

Was wäre, wenn alle Vorstellungen, Ideen und Konzepte in Wahrheit nur *das* wären... einfach Ideen, geboren aus dem mentalen Konstrukt eines projizierten Ideals, das Sie sich wünschen oder nach dem Sie streben – etwas, das Sie eines Tages »zu bekommen« hoffen? Was wäre, wenn alles, das Sie sich im Zusammenhang mit Erleuchtung als wahr vorgestellt haben, in Wahrheit nichts anderes ist als irgendeine Fantasie, genährt von dem tiefen Wunsch, das Göttliche, das Sublime, das Unendliche zu erfahren? Was wäre, wenn jede Vorstellung, jedes Konzept, das Sie jemals bezüglich Erleuchtung hatten, nichts anderes war als ein Traum?

Und was wäre, wenn es der Akt des Erschaffens imaginärer Konstrukte und mentaler Bilder war, der Sie letztendlich davon abhielt, ungehinderte Erleuchtung zu erfahren, die bereits jetzt hier ist – jene unendlich weite, grenzenlose, ewige Präsenz, die Ihre eigene Essenz ist?

Was wäre, wenn es *nichts* gibt, was erreicht werden muss?... Was wäre, wenn Sie bereits in einem Ozean erleuchteten Bewusstseins ruhen, es aber nicht sehen können, weil Sie zu sehr damit beschäftigt sind, nach etwas »da draußen« Ausschau zu halten – nach jenem Ideal, jenem Paradies, jenem Nirwana – anstatt sich in die unendliche Präsenz zu öffnen, die bereits hier wartet und Sie zu Ihrem eigenen Selbst nach Hause ruft?

Was wäre, wenn es nichts gäbe, das Sie *tun* können, um Erleuchtung zu erlangen? Und was wäre weiterhin, wenn Erleuchtung nur im *Nicht-Tun* enthüllt wird, in mühelosem Sein?

Machen Sie jetzt gleich ein Experiment. Stellen Sie sich vor, wie Sie all Ihre Vorstellungen, Ideen und mentalen Konstrukte nehmen und sie mit einem großen roten »X« durchstreichen. Falls Sie sie schriftlich festgehalten haben, können Sie jetzt genau das tun. Dann stellen Sie sich vor, wie sie all diese wunderbar entworfenen Konzepte in einen hübschen Sack stecken und sie vor Ihrem inneren Auge verbrennen. Oder, falls Sie sie auf ein Blatt Papier geschrieben haben, können sie das Papier tatsächlich verbrennen oder zerreißen und in den Papierkorb werfen.

Sobald alle Konstrukte verschwunden sind, alle Gedanken bezüglich Erleuchtung weg sind, alle idyllischen Vorstellungen sich aufgelöst haben... Wenn alle diese Ideen verschwunden sind... was bleibt dann?

Gönnen Sie sich diese Erfahrung – und sei es nur einen Augenblick lang. Nehmen Sie sich einfach einen Moment Zeit, um still zu sein... Erleben Sie, wie es ist, wenn das Bewusstsein frei ist von jeglicher mentaler Aktivität... Halten Sie inne... Atmen Sie ruhig und tief... Gönnen Sie sich einfach einen Moment ohne einen Gedanken an irgendetwas... Erleben Sie eine kleine Ewigkeit lang gedankenfreies Bewusstsein...

Was bleibt?... Was ist da, wenn alle Gedanken aufgehört haben?... Was bleibt wirklich? Und ist dieses unendlich weite Bewusstsein in irgendeiner Weise von den Ideen und Gedanken berührt, die gekommen und gegangen sind?... Oder bleibt es vielmehr einfach vollkommen frei, perfekt, vollkommen?

Prüfen Sie selbst... Wenn alle Gedanken willkommen geheißen wurden und ganz natürlich wieder verschwinden... was bleibt dann?

Wenn Sie wirklich unschuldig und offen sind... Wenn Sie einen Moment lang innehalten... atmen... still sind... werden Sie ungehinderte Freiheit, Weite, Leere erfahren... reine Präsenz... erleuchtetes Bewusstsein.

Erleuchtetes Bewusstsein wird als Realität erfahren, wenn alle Gedanken, Konstrukte und Ideen losgelassen werden. Es wird als das weite, offene Feld enthüllt, *in dem* alle Gedanken kommen und wieder gehen.

Sie müssen weder Mantras lernen oder sonstige Praktiken noch müssen Sie Entsagung üben, um dieses erleuchtete Bewusstsein zu erfahren – denn diese offene Präsenz ist Ihre eigene Natur: Es ist bereits erreicht! Tatsächlich ist es so, dass jegliches Bemühen, dieses Bewusstsein zu erlangen, die unmittelbare Erfahrung nur noch weiter in die Ferne rücken lässt.

Nur wenn Sie innehalten... atmen... sich öffnen... alle Gedanken wirklich willkommen heißen... können die Gedanken endlich zur Ruhe kommen, sind frei, zu kommen und zu gehen; und Sie selbst können in der weiten, offenen Präsenz ruhen, durch die die Gedanken ziehen.

Irgendetwas heißt die Gedanken willkommen... Irgendeine riesige, leere Präsenz ist es, die sie begrüßt. Diese Präsenz ist Ihr eigenes Selbst, Ihre eigene Essenz... Und alle mentalen Konstrukte, Glaubenssätze, inneren Dialoge oder Bilder, die durchkommen, sind einfach nur das... Gedanken – eine Menge Worte und Bilder, die durch das Bewusstsein ziehen.

Sie selbst sind das Bewusstsein, durch das alles kommt und alles geht. Daher spielt es keine Rolle, ob diese Ideen richtig oder falsch sind – es sind einfach irgendwelche Silben, die durch das Bewusstsein ziehen, durch die grenzenlose Freiheit, die Sie bereits sind.

Erleuchtung ist immer hier, immer verfügbar. Sie ist das, was *Sie* sind, Ihre wahre Natur.

Vor langer Zeit habe ich einmal eine zauberhafte Geschichte gehört, die mir gezeigt hat, wie sinn- und nutzlos es ist, sich auf die Suche nach Erleuchtung zu begeben, wenn sie doch schon hier ist. Es ist eine alte Geschichte, die oft von einem Lehrer an seine Schüler weitergegeben wird, und wenn ich auch von verschiedenen Lehrern verschiedene Variationen davon gehört habe, ist sie doch jedes Mal eine neue Mahnung, die Suche abzubrechen und das zu erfahren, was jetzt hier ist.

Also möchten Sie es sich vielleicht wieder bequem machen und sich entspannen... und fühlen, wie Sie innerlich offen werden, um eine Geschichte zu lesen, die Sie an den Ozean der Gnade erinnern wird, *in dem* Sie bereits ruhen.

■ ... Es war einmal vor langer Zeit eine sehr junge, verspielte und charaktervolle Welle. Diese Welle war ganz besonders fröhlich, sie hatte den Schalk im Nacken und liebte es, aufzuwallen und zu schäumen und in den verschiedensten Kreisbewegungen zu tanzen. Sie genoss ihre wellenförmige Existenz von Herzen und spielte einfach für ihr Leben gern.

Eines Tages machte die Welle ein paar besonders vorwitzige Bewegungen, als sie einen tiefen, fast unhörbaren Ton vernahm, der aus der Tiefe des Meeres kam und der wie »Ozean« klang...

Als die Welle diesen tiefen, wohlklingenden Ton hörte, begann sich in ihrem Innersten etwas zu regen, und sie fühlte ein tiefes Locken aus dem ursprünglichsten Teil ihres Wesens und den Wunsch, seine Bedeutung zu verstehen. Er klang faszinierend und mysteriös, und die junge Welle könnte einfach nicht aufhören, an ihn zu denken.

Ihr tiefes Bedürfnis, dieses Geheimnis zu verstehen, wurde immer größer, und als eines Tages ein Delphin in der Nähe vorbeischwamm, bat ihn die junge Welle um einen Rat: »Oh, Delphin, bevor du weiterschwimmst – du hast immer so intelligent und klug ausgesehen – kannst du mir bitte was verraten? Ich habe gehört, dass es da etwas gibt, das ›Ozean' heißt, nur weiß ich nicht, was das bedeutet oder wo es ist. Kannst du es mir sagen?«

Der Delphin quietschte zurück, dass er schon seit einiger Zeit davon gehört habe und dass ein paar Theorien darüber herumschwirrten, was das wohl sein könnte – es gab sogar ein paar ältere, gelehrte Delphine, die sich regelmäßig trafen in dem Versuch, seine Bedeutung zu verstehen – doch bis heute hatte noch niemand die Wahrheit entdeckt: Das Konzept war nach wie vor nichts als eine Idee.

Der Delphin wünschte der jungen Welle alles Gute und winkte ihr zum Abschied mit seiner Flosse zu, während er lachte und fröhlich davonschwamm. Und als er beinahe ihrem Blick entschwunden war, rief er: »Viel Glück. Vielleicht wirst du die erste sein, die das große Geheimnis aufdeckt.« Und dann tauchte er weg.

Später am Tag schwamm gemächlich eine alte, weise Schildkröte vorbei, und die junge Welle stellte der Alten die gleiche Frage und spitzte die Ohren. Davon ausgehend, dass diese alte Schildkröte in den langen Jahren ihres Lebens viel Weisheit gewonnen hatte, hoffte die Welle, sie möge die Antwort auf diese Frage wissen.

»Oh Schildkröte, du bist doch sicherlich weit gereist und hast in deinem langen Leben viel gesehen. Ich bin nur eine junge Welle und habe nicht den Schatz deiner Erfahrungen... Kannst du mir daher bitte erklären... Hast du schon mal was vom ›Ozean‹ gehört?... Hast du ihn jemals gesehen? Jedes Mal, wenn ich das Wort in meinem Inneren höre, berührt es etwas tief in mir. Ich muss es unbedingt verstehen und will selbst erfahren, was es damit auf sich hat. Kannst du mir bitte helfen, oh altes weises Wesen?«

Die Schildkröte hörte still der ungestümen Welle zu und antwortete mit langsamer, tiefer Stimme: »Oh meine Liebe, das ist eine Frage, über die ich all diese Jahre auch immer wieder nachgedacht habe... Doch wenn ich ehrlich bin, kann ich nicht sagen, dass ich ihn jemals gesehen habe. Ich kann nicht einmal behaupten zu wissen, was es damit auf sich hat. Ich spüre, dass es da ein tiefes Geheimnis gibt, und es sind viele komplexe Theorien über seine Natur aufgestellt worden, doch kann ich nicht sagen, dass ich wirklich etwas darüber weiß. Nein, meine Tochter, ich fürchte, dass du den Rest deiner Tage nach der Antwort suchen wirst.

Ich wünsche dir viel Glück, meine Kleine. Du hast dein ganzes Leben noch vor dir; vielleicht wirst du das seltene Glück haben und wirklich erfahren, was der Ozean ist...«

Die junge Welle wurde traurig darüber, dass ihr bei der Suche nach dem Ozean so wenig Erfolg beschieden war, und sie fürchtete, dass ihr vielleicht niemand wirklich eine Antwort geben konnte.

Am nächsten Tag rollte eine große, alte, gut geformte Welle in ihre Richtung. Aufgeregt und in dem Gedanken, dass dieser majestätische Großvater die Antwort einfach kennen *musste*, fragte die kleine Welle mutig: »Oh große Welle – du bist alt und weise und hast viel länger gelebt als jemand, der so jung ist wie ich. Ich habe irgendwo aus meinem Inneren ein tiefes Grummeln gehört, und das Wort ›Ozean' lässt mir keine Ruhe. Ich *muss* ihn finden. Ich *muss* einfach erfahren, was es damit auf sich hat! Wo kann ich den Ozean finden?«

Die alte Welle ließ einen tiefen Seufzer vernehmen: Oh meine Kleine... Dies ist eine Frage, die nur die Weisesten der Weisen stellen. Du musst eine ganz besondere Welle sein, dass du ein solch tiefes inneres Rufen vernimmst, das Mysterium des Ozeans verstehen zu wollen... Ich wünschte, ich könnte dir helfen... Ich selbst bin mein Leben lang gereist, und dieser Durst nach dem Ozean – ihn zu finden, seine Bedeutung zu kennen – hat mich nie verlassen, doch so sehr ich es auch versucht habe, ist mir seine Bedeutung immer ein unerklärliches Mysterium geblieben...

Oh, viele haben Vermutungen angestellt und gedacht, sie hätten herausgefunden, was der Ozean ist, während andere zahllose komplizierte Theorien ins Leben gerufen haben. Alle stimmen überein, dass die Wahrheit höchstwahrscheinlich nicht herauszufinden ist, jedenfalls habe ich sie nie erfahren. Um ehrlich zu sein, ich bin mir nicht einmal sicher, ob dieser so genannte Ozean wirklich existiert.«

Die kleine Welle wurde vor Enttäuschung ganz flach, und da sie spürte, wie traurig die kleine Welle geworden war, lud die große Welle sie kühn ein: »Hör zu, meine Kleine... Warum reist du nicht mit mir? Wenn wir uns gemeinsam auf die Suche begeben, vielleicht wird sich das Mysterium dann enthüllen; vielleicht werden wir das Geheimnis aufdecken. Je älter ich werde, umso größer werde ich natürlich, aber auch umso einfacher. Ich kann einfach nichts anfangen mit all diesen hochtrabenden Theorien darüber, was es mit dem Ozean auf sich hat. Ich fühle immer wieder in den Tiefen meines Seins, dass die Präsenz des Ozeans ganz nahe ist – wenn ich sie nur begreifen könnte.

Lass uns zusammen reisen, und wir werden sehen, was uns das Leben bringen wird.«

Und genau das taten sie: die kleine, freche, verspielte Welle entwickelte ihre Kraft und ihr Volumen, während sie neben der großen, alten, weisen Welle herreiste.

Nach vielen Meilen begannen beide eine Strömung aus ihrem tiefsten Inneren zu fühlen und spürten, dass ihre Reise schneller wurde. In totaler Hingabe öffneten sie sich der Kraft, die auf mysteriöse Weise aus der Tiefe heraufkam.

Und dann erblickten sie in der Ferne etwas, dessen sie noch nie ansichtig geworden waren, worüber sie jedoch die Fische hatten flüstern hören. Die alte Welle sagte: »Oh Gott! Das ist bestimmt das, was die Fische meinen, wenn sie über die Küste sprechen und das dahinter liegende Land. Ich habe nie geglaubt, dass ich es jemals mit eigenen Augen sehen würde!«

Die Kraft in ihrem Inneren wurde immer größer, und als sie in die Nähe der Küste kamen, schien eine zwingende Kraft die beiden Wellen immer schneller anzutreiben... schneller und schneller... auf den Strand zu. Ihr Tempo beschleunigte sich wie nie zuvor, bis sie plötzlich aufschlugen... spritzend, schäumend.... sie ergaben sich total und verschmolzen mit dem Ozean, aus dem sie gekommen waren. In einer Sekunde war die Erkenntnis da: *sie selbst waren seit jeher der Ozean gewesen* – er war ihre ureigenste Essenz. Sie waren aus ihm gemacht. Sie waren von seiner unendlichen Präsenz erfüllt. Er war stets ihre wahre Natur gewesen – nur dass sie sich in der Vergangenheit damit identifiziert hatten, die Welle *auf der Oberfläche* des Ozeans zu sein und nie erkannt hatten, dass sie selbst seit Anbeginn der unendlich weite, grenzenlose Ozean waren und immer sein würden... ■

Sie sind dieser Ozean. *Sie* sind genau die Erleuchtung, nach der Sie gesucht haben.

Die Zeit ist gekommen, die Suche aufzugeben und einfach in der unendlichen Präsenz zu ruhen, die immer das gewesen ist und immer das sein wird, *was Sie bereits sind.*

Lassen Sie das ganze Spiel Ihres Verstandes auf der Oberfläche Ihres Wesens tanzen. Selbst wenn Gedanken wie Wellen aus dem Ozean des Seins auftauchen, sind sie doch *nicht* der Ozean selbst. Stattdessen sind sie, wie die Wellen, frei, zu kommen und zu gehen: die Tiefen des Ozeans bleiben von den Dramen des Lebens, die durch sie hindurchziehen, vollkommen unberührt. Sie sind der Ozean – der unendliche Ozean der Erleuchtung.

Wie die junge Welle, und wie zahllose spirituelle Sucher überall auf der Welt, habe auch ich die meisten meiner jungen Jahre damit verbracht, danach zu dürsten, zu suchen, mich danach zu sehnen, Erleuchtung zu erfahren, mit dem Göttlichen zu verschmelzen. Ich ging von Lehrern zu Meistern zu Yogis, begab mich in Klöster und Ashrams. Ich beschäftigte mich mit zahlreichen spirituellen Traditionen, las alle wichtigen heiligen Texte, unterzog mich endlosen Entsagungen, fastete unzählige Male, praktizierte, sagte Mantras auf – alles in dem Bemühen, Freiheit zu erlangen, diesen scheinbar unstillbaren Durst zu stillen, der mich antrieb, diese unendliche Präsenz als eine fortwährende, ewige, direkte Erkenntnis zu erfahren.

Auf dem Weg dorthin lernte ich zahllose Theorien kennen und kam zu der festen Überzeugung, dass Erleuchtung nur durch endlose Praxis, brennendes Sehnen, völlige Hingabe und nie nachlassenden hundertprozentigen Fokus auf das Ziel erlangt werden konnte. Ich saß im Satsang mit diversen erleuchteten Meistern, erlebte in ihrer Präsenz zahllose Erwachungsmomente und genoss glückselig die Ekstase der Freiheit.

Doch ich suchte noch immer. Selbst inmitten schillernder Präsenz, von Liebe durchglüht, brannte die Sehnsucht unverändert in mir weiter. Manchmal glaubte ich, in der heißen Glut ihrer Flammen zu sterben – tatsächlich war ich bereit, physisch zu sterben, wenn dies bedeuten würde, mit Gott zu verschmelzen, mein wahres Selbst zu erkennen, sich dem Unendlichen zu öffnen und in der Erleuchtung zu ruhen.

Ich war von Gnade umgeben; sie umarmte mich, leuchtete in allem, doch immer noch hielt ich an der Vorstellung fest, dass die Erleuchtung irgendwo »dort draußen« war und dass sie irgendwann in der Zukunft erlangt werden würde.

Ich klassifizierte meine sublimen Erlebnisse, kategorisierte sie als vorübergehende Zustände und verbannte sie in die Vergangenheit – mit der Behauptung, dass es sich bei all diesen Erfahrungen nicht um *wahre* Erleuchtung handelte – und ließ sie zu schönen, verblassenden Erinnerungen werden. All meine Aufmerksamkeit und mein Fokus waren auf mein imaginäres Ziel gerichtet. Ich projizierte mich selbst in ein ideales Bild über meine Vorstellung von Erleuchtung – und übersah dabei die unendliche Präsenz, von der ich bereits durchdrungen war und in der ich ruhte!

Wie die kleine Welle badete auch ich bereits im Ozean der Erleuchtung – doch ich suchte noch immer im Äußeren, wollte sie finden, sie erleben, ihr Mysterium ausloten. Ich hatte mich selbst auf den Umweg der Verzögerung begeben.

Dann, eines Tages, hatte ich wie die Welle eine wundervolle Kollision mit der Realität, und eine kataklysmische Erkenntnis brauste durch meine Welt des Gewussten. In diesem einen Augenblick fielen alle meine Ideen und Vorstellungen von mir ab: meine festen Ansichten darüber, was ich zu sein glaubte; meine Identifikation mit einer konstruierten Person, von der ich glaubte, sie sei ich – in einem einzigen Augenblick fielen sämtliche Konzepte darüber, was Erleuchtung war, einfach weg. Und in diesem Augenblick durchschaute ich die Lüge meiner Suche.

Nachdem alle Identifikationen, Glaubenssätze und Theorien verschwunden waren, wurde alles, was das Bewusstsein bis dahin verdeckt und obskur gemacht hatte, *sichtbar.*

Ich hatte das Offensichtliche übersehen, weil mein Fokus stets auf etwas anderes gerichtet war! Die ganze Zeit war das, was ich gesucht hatte, bereits *hier.*

Ich erkannte, dass ich in einem Ozean der Gnade, der reinen Präsenz, der ungehinderten Freiheit ruhte, und mir wurde klar, dass ich mein ganzes Leben in dieser Umarmung verbracht hatte – ich hatte es einfach nur übersehen! Erleuchtung war nicht irgendwo »dort draußen«, in meiner Zukunft. Sie war genau hier, umgab und erfüllte alles und leuchtete in allem. Und ich erkannte dies im selben Moment, in dem ich mich ihr vollkommen öffnete. Als ich aufhörte, Erleuchtung als Erfahrungen der Vergangenheit zu bezeichnen und mir nicht mehr vorstellte, wie es wohl in der Zukunft sein mochte; als ich die ganzen Gedankenspiele sein ließ und mich einfach unschuldig dem gegenwärtigen Moment öffnete – erkannte ich, dass ungehindertes Bewusstsein jetzt hier ist. Tatsächlich erlebte ich es so, als sei ich überall und *in* allem.

Was für ein kosmischer Witz! Mein ganzes bisheriges Leben hatte ich mit erfolglosem Suchen verbracht, während das, was ich suchte, mir näher war als mein eigener Atem. Und ich musste nicht einmal irgendetwas tun, um es zu erlangen. Tatsächlich war es mein eigenes »Tun«, das mich davon *entfernt* hatte!

Von jenem Tag an gab ich die Suche auf und beschloss, dass der Zeitpunkt gekommen war, einfach nur zu entspannen – in der offenen Präsenz zu ruhen, die hier und jetzt leuchtet, die in jedem Augenblick verfügbar ist, wann immer Sie Ihr Bewusstsein auf sie richten.

Ich hatte es nicht erkannt, aber irgendwie hatte ich die Vorstellung gehegt, dass Erleuchtung eine Art Landeplatz war – dass man dort ankam und plötzlich und für immer erleuchtet war.

Damals wusste ich nicht, was ich heute weiß; dass Erleuchtung einfach eine Einladung ist, sich dem gegenwärtigen Moment zu öffnen und voll präsent zu sein – ohne Gedanken an die Vergangenheit, ohne Gedanken an die Zukunft – ganz im Hier und Jetzt.

Und dieser Seinszustand ist immer dann möglich, wenn Sie Ihr Bewusstsein in den gegenwärtigen Moment bringen. Es kann nirgendwo anders hingehen, denn Sie sind selbst dieses Bewusstsein. Sie können Ihre Aufmerksamkeit wandern lassen und Ihren Verstand in das eine oder andere Konzept investieren, doch in dem Augenblick, in welchem Sie innehalten... sich öffnen... und einfach still sind, erkennen Sie, dass alles, was Sie suchen, bereits hier ist.

Ich habe erkannt, dass Erleuchtung ein kontinuierliches Sichöffnen bedeutet: Konzepte können sich nicht daran festklammern, Lügen schmelzen in ihr wie Eis in der Sonne, Dramen finden ihren Abschluss durch sie, und der ganze Tanz des Lebens geschieht in ihr – Wachen, Schlafen und alle anderen Dinge des Lebens finden in dieser unendlichen Umarmung statt.

Manchmal, wenn mein Bewusstsein sich mit irgendeiner Geschichte identifiziert, verliere ich mich auch heute noch in dem Drama von etwas »dort draußen«, und ich glaube, die Welle zu sein – ich verfange mich für kurze Zeit in ihren einzigartigen Bewegungen und sich ständig verändernden Mustern In solchen Momenten zieht sich der Ozean in den Hintergrund zurück, und das Drama auf der Oberfläche beherrscht die Bühne. Doch in der Sekunde, in der ich innehalte, die Geschichte und jeden mit ihr verbundenen Glaubenssatz loslasse, zieht der Ozean mich in sich selbst zurück – in ein endloses Meer des Friedens; und mir wird klar, dass er die ganze Zeit über präsent war, selbst als es einen Augenblick lang so aussah, als würde ich mich in dem Drama verlieren und das Spiel der kleinen Welle spielen.

Natürlich ist die Präsenz immer hier. Wie sollte der Ozean auch irgendwo anders hingehen können? Sie sind aus ihm gemacht, Sie sind dieser Ozean. Wo immer Sie hingehen, dort ist er – und alle Gedanken, Dramen, der ganze Tanz des Lebens sind lediglich Wellen auf der Oberfläche dessen, was Ihr eigenes unendliches Selbst ist.

Heute sehe ich, dass das Drama des Lebens zuweilen noch durch diesen Ozean tanzt – nur scheint dieser Tanz in einer umfassenderen Präsenz der Gnade stattzufinden. Gedanken kommen und gehen in dieser Umarmung, Gefühle sind willkommen – tatsächlich ist das Leben darin willkommen – doch die unendliche Präsenz *kommt nicht* und *geht nicht*, sondern ist immer hier.

Es ist an der Zeit, die Suche zu beenden.

Sie selbst sind das, was Sie gesucht haben.

Gestern traf ich einen strahlenden jungen Mann, den ich auf Anfang Zwanzig schätzte. Er schien einen klaren, scharfen Verstand zu haben, und es war offensichtlich, dass er ein leidenschaftlicher spiritueller Sucher war. Er hielt mich an, als ich gerade das Haus meines Freundes Isaac verließ. Ich war in Eile, um meine Verabredung mit der Gnade einzuhalten und dieses Buch weiterzuschreiben; ich war bereits etwas spät dran und glaubte, keine Zeit für ein ungeplantes Gespräch zu haben, doch etwas in den Augen des jungen Mannes ließ mich stehen bleiben, gerade als ich die Tür schließen wollte.

»Macht es Ihnen etwas aus, wenn ich Ihnen eine spirituelle Frage stelle?« fragte er.

Innerlich zog sich mir alles zusammen. Ich hatte bereits beschlossen, das Haus zu verlassen, und die Zeit drängte mich vorwärts. Zögernd sah ich ihm einen Augenblick in seine intensiven Augen, die den Ausdruck brennender Dringlichkeit hatten – ein echtes Sehnen nach Antworten auf eine echte spirituelle Frage, und ich spürte, wie eine Welle des Mitgefühls mich überflutete. Er sah so aus, wie ich meinen Lehrern oft erschienen sein muss – durstig, hungrig, auf der Suche nach Antworten auf tiefe Fragen.

Einen Moment lang schwieg ich, dann schmolz mein Herz und ich erwiderte: »Nun, dann wollen wir mal sehen. (in dem Wissen, dass alle Antworten immer und ausschließlich in den Händen der Gnade liegen und ohne zu wissen, ob ich überhaupt eine

Antwort auf seine Frage hatte.) Ist es möglich, dass wir es kurz machen?« fragte ich sanft. »Ich bin nämlich ein wenig in Eile.«

Ich beobachtete den jungen Mann, als er innerlich verzweifelt versuchte, eine Möglichkeit zu finden, seine Frage klar und knapp zu formulieren und direkt zum Kern des Themas zu kommen. Er stotterte ein wenig herum, und dann brach es in einer Flut von Worten aus ihm heraus, unterbrochen von Pausen und Neuanfängen: »Bei der Erleuchtung... Ich meine, wenn jemand erleuchtet ist... dann hat derjenige doch keine Vorlieben, oder?... Ich meine... er sieht doch alles mit den gleichen Augen, oder nicht?... Ich will sagen... wenn jemand *wirklich* erleuchtet ist, dann verurteilt er es doch nicht, wenn manche Dinge anders sind als andere... oder doch?«

Ich stand still, schaute in seine Augen und wollte gerade etwas erwidern, als noch mehr Worte aus ihm herausstürzten: »... Ich meine, wenn ich zum Beispiel ins Einkaufszentrum gehe... dann ziehe ich einige Dinge vor, und andere sagen mir nicht zu... Manchmal sehe ich Dinge dort, die so kommerziell sind, dass sie mir nicht gefallen... Und manchmal sehe ich Leute dort, die Dinge tun, von denen ich nicht glaube, dass sie richtig sind... und, naja... dann merke ich, wie ich sie verurteile. Doch im Zustand der Erleuchtung... ich meine... ist Verurteilen dann überhaupt noch möglich... wenn man *wirklich* erleuchtet ist?«

Er stotterte noch ein wenig mehr herum in dem Versuch, seine Frage besser zu artikulieren, bis ich schließlich fragte: »Wenn Sie also ins Einkaufszentrum gehen... stellen Sie dann fest, dass Sie Vorlieben haben und dass Sie gewisse Dinge verurteilen? Ist es das?«

»Nun, ja... aber kann so etwas passieren, wenn man erleuchtet ist?«

Mir kamen kurz einige Erinnerungen an die verschiedenen erleuchteten Meister in den Sinn, mit denen ich gesessen hatte, und ich musste innerlich lächeln. Sie hatten nicht nur Vorlieben; sie hatten *ausgeprägte* Vorlieben und brachten sie oft vor jedem, der ihnen zuhörte, laut und klar zum Ausdruck. Doch ich antwortete: »Meinen Sie mit Erleuchtung dieses weite, leere Feld der Präsenz, die immer hier ist?« Ich machte mit meinen Händen eine ausholende Bewegung, um auf die Weite dieses Feldes hinzuweisen, so als würde sie uns bereits umgeben und in ihrer Umarmung halten.

»Ja... eigentlich schon. Aber ist es möglich, dass es dort Unterschiede gibt?«

»Alle Arten von Unterschieden und Vorlieben zeigen sich darin – Urteile kommen und gehen; starke Emotionen kommen und gehen; Sympathie und Antipathie kommen und gehen, doch diese unendliche Präsenz (wieder machte ich eine ausholende Handbewegung) wird von alledem nicht berührt. Es hört sich an, als würden Sie Ihre Urteile *verurteilen*... Tun Sie das?«

Er nickte mit dem Kopf, und ich sah, dass er etwas zu verstehen begann.

»Wie wäre es also, wenn Sie nicht länger Dinge verurteilen würden, die durch dieses Feld der Erleuchtung ziehen? Was wäre, wenn Sie stattdessen all Ihre Urteile darin *willkommen heißen* würden? Haben Sie schon einmal daran gedacht, dass diese Urteile sich vielleicht nach Freiheit sehnen und dass sie hochkommen, um Satsang zu erleben und Freiheit zu kosten? Unsere Urteile sehnen sich nach Freiheit, genau wie alles andere auch. Was wäre, wenn Sie jetzt in diesem Moment etwas Radikales tun würden?... Halten Sie einfach einen Moment lang inne – werden Sie sich der unendlichen Weite bewusst, die bereits hier ist...

und bitten Sie alle Urteile, hochzukommen... Heißen Sie sie wirklich willkommen...«

Ein paar Sekunden lang starrte der junge Mann in weite Ferne, so als würde sich sein Bewusstsein nach innen kehren. Dann entspannte sich sein Körper sichtbar, als er seine Urteile ehrlich willkommen hieß.

Während er sie begrüßte, sagte ich: »Wissen Sie was?... Heißen sie einfach *alle* Urteile in diese Liebe, diese Freiheit hinein willkommen... Nicht nur das eine oder andere, sondern *alle*... sämtliche Urteile der Menschheit... sogar die Ihrer Vorfahren... Bleiben Sie weit offen... Das ist Erleuchtung – wird diese unendlich weite Liebe von irgendeinem Ihrer Urteile berührt?«

»Nein... jetzt verstehe ich... Nein, nichts kann sie stören.«

»Wer ist es, der die Urteile willkommen heißt?«

Ich sah, wie sich sein ganzes Wesen öffnete, als er antwortete: »Ich bin es.«

»Ja, Sie sind es – Sie sind das unendliche Feld, das alle Urteile willkommen heißt. Wenn es also keinen Widerstand gibt, wenn alles willkommen geheißen wird – gibt es dann noch irgendein Problem mit Urteilen?«

»Nein...«, sagte er beinahe ungläubig, »nein... nicht das geringste Problem.«

»Vielleicht brauchen Ihre Urteile nur ein wenig Liebe. Vielleicht mussten sie nur in diese Liebe hinein willkommen geheißen werden. Stellen sie für dieses Feld der Liebe irgendwie ein Problem dar?«

»Nein ... überhaupt nicht.«

»Nun, warum *lieben* Sie dann nicht einfach alle Ihre Urteile? Begrüßen Sie sie alle in diese Liebe, die Sie selbst sind – unberührt von allem, was durch sie hindurchzieht. Alle Arten von Dingen ziehen durch dieses Feld der Erleuchtung – Emotionen, Gedanken, Urteile, Vorlieben – doch spüren Sie, dass das, was Sie sind, von allem unberührt bleibt, was durchkommt?«

Er öffnete sich noch weiter. »Ja ... ja, ich spüre es.«

»Nun, ich habe eine Hausaufgabe für Sie. Wenn ich gegangen bin, verweilen Sie ein paar Minuten still in dieser unendlichen Weite und heißen in diese Liebe jegliches Urteil willkommen, das Sie je gefällt haben. Entdecken Sie selbst, was davon *unberührt bleibt*. Lieben Sie Ihre Urteile einfach ... Haben Sie sie zum Fressen gern.«

Er lächelte über diese Metapher, erkannte ihre Bedeutung, nickte zustimmend und erklärte sich einverstanden, genau das zu tun.

Und ich habe keinen Zweifel, dass er es getan hat. Und ich bin sicher, dass er sie alle zum Fressen gern hatte, bis nichts mehr von ihnen übrig blieb.

———

Die Liebe ist ein so weites, offenes Feld – sie verurteilt nichts, was durch sie hindurchzieht, und als Resultat gibt es keinen Widerstand. Nur wenn Sie denken, dass etwas nicht da sein *sollte* und versuchen, es zu unterdrücken oder zu verurteilen, meldet sich Widerstand.

Er hatte Recht. Im Zustand erleuchteten Bewusstseins macht die Liebe keine Unterschiede. Sie akzeptiert alles und erlaubt allem, durchzukommen – und bleibt dabei makellos, rein und von alledem unberührt.

Es hängt nur davon ab, ob Sie sich mit den Gedanken und Urteilen identifizieren – oder sich öffnen und sie durch den größeren Kontext Ihres Wesens passieren lassen. Die Entscheidung liegt bei Ihnen: Erleuchtung ist immer präsent, immer verfügbar, unabhängig davon, welche Entscheidungen Sie treffen . . . so sehr werden Sie von ihr geliebt.

Menschen, Situationen oder Dinge zu verurteilen ist nicht die einzige Falle, in der wir uns verfangen. Ohne dass wir es merken, kann ein komplettes mentales Konstrukt der Sicherheit und Überzeugung hochkommen bezüglich der Natur der Erleuchtung und wie sie *aussieht*. Nach vielen Erfahrungen des Unendlichen, und nachdem ich unzählige Male in der Präsenz von Meistern gesessen habe, kann es sein, dass eine arrogante Expertise ihr unschönes Haupt erhebt, ohne dass wir es erkennen. Wir können in die sichere, absolute Überzeugung verfallen, dass wir uns nun von allen anderen Menschen unterscheiden: Wir *wissen*, wie Erleuchtung *aussieht*, wie sie sich *anfühlen* und sogar wie sie sich *anhören* muss, und genau dieses »Wissen« kann dazu führen, dass wir sie nicht wahrnehmen, auch wenn sie sich direkt vor unseren Augen befindet.

Ich selbst bin vor vielen Jahren in diese Falle getappt.

Als spirituell Suchende hatte ich im Laufe meines Lebens das große Glück, in der Präsenz vieler außergewöhnlicher Lehrer gewesen zu sein und habe sieben Jahre zu Füßen einer besonders sublimen und strahlend erleuchteten Meisterin gesessen – Gurumayi. In ihrer Gegenwart erwachte alles mit funkelnder Gnade zum Leben. Sogar die Atmosphäre schien davon vollends durchdrungen zu sein. In ihrer Gegenwart erschien selbst der gewöhnlichste und einfachste Raum glorios, strahlend und von Frieden erfüllt.

Im Laufe dieser sieben Jahre wurden mir zahllose Erwachungsmomente, Enthüllungen, Glückserfahrungen, Erkenntnisse zuteil, und ich hatte nicht den geringsten Zweifel daran, dass ich mich in der Präsenz einer wahren Meisterin befand, in der Präsenz der Erleuchtung. Ich gab mich total dieser Gnade hin, und wie viele ihrer Schüler lernte auch ich, in jedem Moment der Wahrheit zu dienen, während ich mein ganzes Wesen in selbstlosem Dienst in ihren Ashrams und Zentren zur Verfügung stellte.

Ich hatte das Gefühl, der glücklichste Mensch der Welt zu sein, und aufgrund meiner festen Überzeugung, dass Erleuchtung »irgendwo dort draußen, irgendwann in der Zukunft« erreichbar war, wurde meine leidenschaftliche Hingabe an den Gedanken der Freiheit nur noch brennender. Die Sehnsucht, mit Gott zu verschmelzen, mit der Gnade, wurde beinahe unerträglich. Diese Sehnsucht war immer da, auch wenn ich in einem Zustand der Glückseligkeit ruhte. Wenn ich ins Bett ging, brannte ihr Feuer in mir, und wenn ich morgens aufwachte, war sie das erste, was ich fühlte.

Mein Mann, der meine große Liebe für die Wahrheit teilte, spürte das starke Verlangen, Selbsterkenntnis (Advaita) zu erlangen und wollte von einem echten Jani-Meister lernen. Er hatte von einem alten erleuchteten Meister gehört, der seit über fünfzig Jahren »voll realisiert« war und in einem sehr einfachen Dorf nördlich von Delhi in Indien lebte.

Der Meister wurde von vielen als der größte aller Lehrer betrachtet. Es wurde gesagt, dass in seiner Gegenwart viele Schüler befreit worden waren und dass mehrere erleuchtete Meister noch immer zu ihm kamen, um Satsang mit ihm zu halten, denn sein Intellekt war von durchdringender Schärfe, und er konnte alle Konzepte oder Ideen von Trennung durchdringen, die vielleicht heimlich im Bewusstsein ihr Unwesen trieben. Poonjaji, auch liebevoll Papaji genannt, führte zwar ein äußerst bescheidenes Leben, galt jedoch als die letzte Stufe auf der Reise zur Erleuchtung.

Doch ich fühlte mich in der Präsenz von Gurumayi restlos von Gnade erfüllt und empfand nicht den gleichen Drang wie mein Mann, Papaji aufzusuchen. Daher war es meine Hingabe als Ehefrau, die mich dazu veranlasste, meinen Mann nach Lucknow, Indien, zu begleiten, um in der Präsenz dieses hoch verehrten Lehrers zu sitzen.

Ob Papaji seinem Ruf gerecht wurde oder nicht, konnte ich nicht sagen. Für mich handelte es sich dabei lediglich um Gerüchte. Und letzten Endes glaubte ich im Stillen, dass niemand *wirklich* Erleuchtung erreichen konnte – dass sie einem vielmehr verliehen wurde, als eine letzte Geste der Gnade von einem Lehrer, dem man jahrelang gedient hatte und in dessen Gegenwart unser Wesen und Körper durch mannigfache Übungen und Entsagungen total gereinigt worden war. Zweifellos passte ich in diese Kategorie, da meine Hingabe an die Übungen uneingeschränkt war. Obwohl die Möglichkeit der höchsten Erkenntnis existierte, glaubte ich, sie würde letztendlich nur durch die Gnade des Lehrers realisiert werden.

Mein Weg war bereits gewählt: Mein Sadhana lag fest in Gurumayis Lehren verankert, und andere Meister interessierten mich nicht. Sie war meine geliebte Lehrerin; Ich vertraute ihr in höchstem Maße und führte mein Leben entsprechend ihrer Lehren.

Also begleitete ich meinen Mann eher ungern, mit wenig Interesse und leichter Skepsis, nach Indien, um den großen Meister Poonjaji zu sehen.

Als wir in seinem staubigen Dorf ankamen, einem Ort voller Armut, Krankheit, räudiger Hunde, Schweine, die sich in offenen Kloaken suhlten, Pferden, die so hart arbeiten mussten, bis sie kaum mehr auf ihren Beinen stehen konnten, und total verschmutzter Luft, fragte ich mich: »Was um alles in der Welt tue ich hier?« Papajis Dorf Indira Nagar ist ein Vorort von Lucknow und hatte nichts Sublimes an sich. Obwohl ich schon mehrmals in Indien gewesen war und es zu lieben gelernt hatte, sah dieses Dorf in meinen westlichen Augen dennoch wie eine einzige Kloake aus.

Ich war es gewohnt, mit Gurumayi in ihrem Ganeshpuri-Ashram in Südindien zu sitzen, einem exquisiten Kloster, von paradiesischen botanischen Gärten umgeben, malerisch, unberührt, erfüllt von inniger Andacht – nicht zu vergleichen mit diesem schmutzigen, stinkenden, viel zu heißen Dorf, wo es kaum Luft zum Atmen gab.

Am Morgen nach unserer Ankunft, nachdem wir im Dorf eine Unterkunft gefunden hatten, fanden wir uns schließlich am Ende einer langen Schlange vor der Satsang-Halle wieder. Alle drängelten sich um die Eingangstür, voller Ungeduld, in die kleine Halle zu kommen, in der es nur Platz für 200 Menschen gab, und mir schien es, als hätte sich keiner von ihnen die Mühe gemacht, sich dem Anlass entsprechend zu kleiden.

Ich war an lange, ordentliche Menschenschlangen gewohnt, die auf den Meister warten, in der jeder respektvoll und in stiller Vorfreude auf den Satsang wartete; stets frisch gebadet, in unsere schönsten Sonntagskleider gehüllt, um dem Anlass gerecht zu werden und unseren Respekt zu zeigen – doch dies hier war bestenfalls eine bunte, unordentliche und völlig unorganisierte Gruppe. Ich war nicht beeindruckt. In meinem Kopf hatte ich eine lange Liste von Regeln und Anordnungen, wie man sich in Gegenwart eines Meisters zu verhalten hat, und diese Leute schienen nicht einmal die einfachsten Lektionen gelernt zu haben, wie man sich selbst, einander oder dem Lehrer Respekt und Achtung erweist.

Wir strömten wie ein wild schubsender und schiebender Haufen durch die Eingangstür. Alle versuchten, einen Sitzplatz ganz vorne zu ergattern, und überall in der Halle saßen Menschen auf dem Steinboden, Knie an Knie – praktisch einer auf dem Schoß des anderen. Irgendwann wurden wir aufgefordert, so weit nach vorne zu gehen wie möglich, um Platz zu machen für andere, die noch draußen warteten, also rückten wir alle so dicht zusammen wie die Ölsardinen. Enger Körperkontakt war unvermeidlich und überschritt das Maß dessen, was mir angenehm ist – die Menschen schienen sich für mein Empfinden viel zu viel zu berühren. Kein Aspekt dieser Situation entsprach meiner Vision spiritueller Schicklichkeit.

Mir drehte sich schier der Kopf vor lauter Urteilen. »Benimmt man sich so in der Gegenwart eines verehrten Meisters?« dachte ich. Ich war so arrogant, fühlte mich so überlegen. Ich *kannte genau* das respektvolle Protokoll für den Satsang mit einem Lehrer, und in meinen Augen hatten diese schmuddeligen Hippie-Wanderer, die aus allen Teilen der Welt hierher gekommen waren, nicht die leiseste Ahnung, wie sie sich verhalten mussten – so dachte ich.

Papaji betrat die Halle sehr still und bescheiden, ohne jubelnde Begrüßung; ein Schauer ging durch die Anwesenden, und alle wurden ruhig und saßen schweigend da.

Papajis Verhalten war demutsvoll, offen; in keinster Weise einstudiert oder geübt. Er schien total entspannt zu sein und lachte oft und tief. Das meiste, was er sagte, hatte ich schon gehört, und ich war irgendwie schockiert über einige der respektlos erscheinenden Fragen, die an ihn gerichtet wurden. Wussten die Leute nicht, in wessen Präsenz sie sich befanden? Sich in der Gegenwart eines erleuchteten Meisters zu befinden war die seltenste, kostbarste Art der Erfahrung, die einem zuteil werden konnte. Diese Anhänger schienen lieber ihre eigenen Stimmen zu hören als die des Meisters. Die ganze Session schien ein billiges Theater zu sein, verglichen mit den zurückhaltenden, stillen, geplanten, ordentlichen, makellosen und formalen Satsangs, die ich gewohnt war.

Nichts von dem, was hier geschah, entsprach meinen Vorstellungen darüber, wie ein Suchender sich in der Präsenz eines Meisters verhalten soll. Und da mein Kopf so voller Vorurteile war, konnte ich die tiefe Hingabe und Verehrung nicht sehen, die in den Augen vieler dieser Menschen brannte. Ich konnte weder die stille Präsenz fühlen, die von ihnen ausstrahlte, noch konnte ich die Macht ihrer Hingabe an die Wahrheit spüren.

Am Ende des Satsangs standen wir alle auf. Ich badete in einer Flamme brennender Stille, und wir legten unsere Hände in der Gebetshaltung des Namaste vor der Brust zusammen und erwiesen Papaji auf diese Weise Respekt, als er die Halle verließ. Als er an mir vorbeiging, schaute er mir tief in die Augen, wandte sich dann an meinen Mann und lud uns spontan zu einem Mittagessen zu sich nach Hause ein.

Schockiert und sprachlos schaute ich die anderen Leute in meiner Umgebung an. Würde er sie auch einladen? Offensichtlich nicht. Ich fühlte mich ein wenig verlegen, doch gleichzeitig unbeschreiblich gesegnet. Wir folgten ihm zu seinem Wagen, winkten ihm zum Abschied zu und gingen dann die staubige Straße hinunter zu seinem Haus.

Sein Wohn- und Esszimmer war einfacher als alle, die ich je gesehen hatte – nichts als ein ungedeckter Holztisch mit einer Plastikdecke und alten Stühlen aus den Fünfziger Jahren. Auf dem Fußboden und entlang der Wände einer Art kleinen Empfangszimmers lagen leicht abgenutzte und nicht zusammen passende Kissen. Eine flackernde fluoreszierende Lampe erleuchtete diesen spartanischen Raum; seine einzige Dekoration waren einige Fotos von Orten und Heiligen, die Papaji auf seinen vielen Reisen gesammelt hatte.

Papaji, der damals 82 Jahre alt war, hinkte zu seinem Esstisch und las schweigend einen Stapel Briefe eifriger Schüler, die spirituelle Fragen hatten. Er bedeutete meinem Mann und mir, uns ans Kopfende des Tisches zu setzen, stellte ein paar höflich scheinende Fragen über den Grund, warum wir zu ihm gekommen waren, und wandte dann seine Aufmerksamkeit wieder den Briefen zu. Schließlich wurde das Essen gereicht, und wir nahmen ein einfaches, liebevoll zubereitetes Mahl zu uns, ohne jegliche Gebete oder besondere Opfergaben.

Vielleicht hatten Sie bislang noch nicht die Gelegenheit, mit einem spirituellen Meister zu sitzen, doch die meisten von uns sind schon mit diesbezüglichen Bildern bombardiert worden: Filme wie »Little Buddha«, »Der letzte Samurai«, »Crouching Tiger, Hidden Dragon«; »Samsara«; »Himalaya«, »Sieben Jahre in Tibet« und Dokumentationen über den Dalai Lama; die David Carradine Kung-Fu-Fernsehserie aus den Siebzigern – wir alle haben unsere eigenen Vorstellungen von einem Mönch, der ruhig in einem geheiligten Raum sitzt, in einer safrangelben Kutte, in tiefes Schweigen versunken, vorsichtig gewählte Worte profunder Weisheit von sich gebend.

Doch Papaji passte nicht im Geringsten in dieses Bild. Er hatte seine traditionelle Kurta (ein einfaches langes Hemd mit einem Nehru-Kragen und dazu passende weiße Hosen) gegen ein sauberes, ein wenig abgetragenes T-Shirt mit dem aufgedruckten Slogan »Byron Bay« ausgetauscht. Ich nahm an, dass er es vor langer Zeit von jemandem bekommen haben musste, der ihn vielleicht dazu verführen wollte, Australien zu besuchen. Papaji hatte nichts Glamouröses, Mönchsähnliches oder Asketisches an sich. Er sah so *normal* aus, so durchschnittlich – wie vielleicht Ihr Großvater aussehen würde, wenn er in seinem alten T-Shirt am Küchentisch sitzt.

Dennoch war dies der »Lehrer der Lehrer«, der »Guru der Gurus«. In meinen Augen machte dies alles nicht den geringsten Sinn.

Über uns, an der Wand hinter seinem Tisch, war ein altmodischer Fernseher befestigt, den ihm jemand gegeben haben musste – einer, der häufig flackerte, genau wie alle anderen elektrischen Geräte und Lampen in seinem Haus. Keine geheiligten Hallen, keine schweigenden, orange gekleideten Mönche, die ihm servierten, keinerlei Pomp oder Umstände – einfach nur ein alter Mann in einem bescheidenen Zimmer in einem armen Dorf in Indien.

Papaji lud uns ein, für die Zeit unseres Aufenthaltes Gäste in seinem Haus zu sein. Wir nahmen die Einladung dankbar an, und da er gerade anlässlich eines der heiligen Feste seiner Tradition fastete, taten wir es ihm gleich. Wir aßen nur rohe Früchte und Gemüse (in Desinfektionsmittel gewaschen, denn schließlich waren wir in Indien) – was mir kein Problem bereitete, da ich schon oft in meinem Leben gefastet hatte. Ich wusste nicht, warum wir eingeladen waren, und was wir lernen sollten war nicht ersichtlich. Obgleich er täglich Satsangs in der Halle hielt, gab Papaji keinerlei formale Lehren bei sich zuhause, also saßen wir einfach da und sahen einem alten Mann in den Achtzigern zu, wie er sein ruhiges, bescheidenes, alltäglich scheinendes Leben führte.

Manchmal schien Papaji übellaunig zu werden. Doch im nächsten Moment konnte er in sich hineinlachen über irgendetwas Ironisches, das er soeben in einem Brief gelesen hatte. Irritation kam und ging. Ungeduld kam und ging. Wenn ein Brief kam, der tief berührend war, saß er da und weinte über seine Schönheit.

Das ganze Spektrum menschlicher Emotionen schien durch sein Bewusstsein zu tanzen. Doch wie bei einem Kleinkind, das Emotionen frei und ungehindert fühlt, schien sich nichts an ihm festzumachen. Es war, als würde die Emotion hochkommen, gefühlt werden und restlos vergehen; und die Stille blieb davon unberührt.

Tag um Tag saßen wir ruhig beieinander. Manchmal sprachen wir, manchmal kamen Leute, um Dinge zu liefern und wurden hereingebeten, doch da wir fasteten, lud Papaji niemandem zum Essen ein. Es gab ein paar Leute, die die Früchte und das Gemüse zubereiteten, saubermachten und den Haushalt führten, während Papaji still dasaß oder im Fernsehen Cricket oder Wrestling anschaute. Hin und wieder wurde am Abend ein Film über das Ramajana oder Mahabharata gezeigt, doch nie schien irgendetwas Bemerkenswertes zu passieren. Alles war so menschlich, so real, so normal.

Am fünften Tag unseres Fastens, als wir still dasaßen, kam mir plötzlich der Gedanke: »Was tue ich hier in diesem Haus und beobachte einen alten Mann, der eine Vorliebe für lautes indisches Fernsehen hat?« Dann kam der nächste Gedanke: »Oh mein Gott – das ist der erste Gedanke, den ich seit fünf Tagen hatte!« Ich hatte so still in gedankenfreiem Bewusstsein geruht, das mir nicht einmal eingefallen war, es in Frage zu stellen... Es war so natürlich, so wenig bemerkenswert, so normal – als hätte ich nie etwas anderes erlebt als das Ruhen in reiner Gegenwart. Es gab keinen fortlaufenden inneren Dialog, keinen Versuch, etwas mit dem Verstand zu begreifen, keinen Widerstand, keine Idealisierung. Ich war erfüllt von reinem Frieden, und ich hatte es nicht einmal gemerkt, da mein denkender Verstand zur Ruhe gekommen war und es niemanden gab, der etwas kommentierte; es gab nichts als reines Bewusstsein, das sich selbst genug war.

Es hatte keine lauten Donnerschläge gegeben oder irgendeinen anderen erschütternde Erwachungsmoment. Ich ruhte einfach in gedankenfreier Stille, und es war so natürlich wie Zähneputzen.

Alle meine Vorstellungen darüber, wie Erleuchtung »aussehen« sollte, wie wir uns zu verhalten hatten; was man tun sollte, tun musste, hatten sich in Nichts aufgelöst; und ich blieb zurück als reines Bewusstsein.

Es war am Ende der Fastenzeit, als ich schließlich Papier und Stift zur Hand nahm und Papaji einen Brief schrieb, in dem ich ihn um die letzte Erleuchtung bat – ich wollte mit Gott verschmelzen. Dieser Wunsch schien irgendwie absurd, denn wer mit was verschmelzen würde, wusste ich nicht – denn alles war lebendiges Bewusstsein. Doch irgendwie hielt ich noch immer an diesem alten Konzept fest, dass ich eine letzte aufwühlende Erkenntnis und Gnadenbezeigung brauchte, um Erleuchtung zu erlangen, also bat ich darum.

Was im Laufe der darauf folgenden Tage geschah, war nicht einfach nur die Erfahrung einer einmaligen erschütternden Erkenntnis, sondern eher ein einfaches Losschälen all der Lügen, Illusionen, Identifikationen, Fantasien, Urteile, Regeln, Glaubenssätze und Konzepte, die ich hinsichtlich Erleuchtung gehabt hatte. Geduldig schälte Papaji all die Konzepte eines nach dem anderen ab, bis nichts als reines Bewusstsein zurück blieb. Manchmal kehrte er mein in Jahren erworbenes Wissen von innen nach außen und stellte es auf den Kopf, bis wir beide nur noch über seine Absurdität lachen konnten. Oder er forderte mich auf, mir die Realität, die Wahrheit der Natur meiner Ideen und Glaubenssätze genau anzuschauen, und es stellte sich heraus, dass es sich dabei nur um leere Konzepte handelte, die völlig nichtssagend waren.

Zu anderen Zeiten, wenn ich über frühere Erkenntnisse und machtvolle Kundalini-Erfahrungen sprach, fragte er: »Finden diese Erfahrungen in diesem Moment statt?«

»Nein, Papaji«, antwortete ich dann, woraufhin er sagte: »Das, was kommt, und das, was geht, ist *nicht real*. Dein wahres Wesen ist das, was *immer* bleibt – die Realität: in der ewigen Gegenwart, die nicht kommt und die nicht geht.«

Meine alten Konzepte wurden wie Sandburgen weggeschwemmt, bis die Vorstellung, dass es jemals eine von der unendlichen Gegenwart getrennte Person namens Brandon *gegeben hat*, in Frage gestellt wurde. Auch dieser Gedanke wurde als einfach nur eine weitere Idee erkannt – und als die Lüge dieser Illusion bloßgelegt war, brachen schließlich alle Beine des Tisches mit dem Namen »Erleuchtung« zusammen, und das Spiel des Glaubens an eine Erleuchtung »irgendwo dort draußen, in der Zukunft« war endgültig ausgespielt.

Es war nicht so, dass er mir eine große, abschließende Lektion erteilte. Vielmehr war es so, dass er all die Lügen und Limitationen, die ich bezüglich der Erleuchtung kreiert hatte, durchdrang und als das bloßstellte, was sie waren. Die Zeit mit Papaji war keine Zeit des Dazulernens, sondern eine Zeit des »Verlernens«. Anstatt mir Lektionen, Übungen zu erteilen, mich Mantras und Glaubenssätze zu lehren, *nahm er sie mir alle weg*. Und was blieb, war ungehindertes Bewusstsein, reine Gegenwart, strahlende Leere.

Er sagte mir, dass der einzige Unterschied zwischen dem, der erleuchtet ist, und dem, der es nicht ist, der Glaube ist; der feste Glaube, dass Sie nicht erleuchtet sind, ist genau das, was Sie vom Erlebnis der unendlichen Gegenwart abhält, die immer hier ist. Wenn Sie absolut sicher sind, dass Erleuchtung immer verfügbar ist, überall und in jedem Augenblick, dann sehen Sie sie überall: Sie können es gar nicht verhindern.

Was wäre also, wenn Sie endlich all Ihre Vorstellungen loslassen… all Ihre Ideen über Erleuchtung… und wenn Sie sämtliche Urteile fallenlassen? Was wäre, wenn Sie die Absicht haben zu entdecken, was bleibt, wenn Sie sich aller Ideen bezüglich dessen, was Erleuchtung ist oder nicht ist, entledigen?

Ich frage mich, was Sie wohl entdecken würden.

Erleuchtetes Bewusstsein ist die reine Gegenwart, die zurückbleibt, wenn alle Ideen und Konzepte abgefallen sind. Sie ist Ihre ureigenste Essenz, sie ist das, was Sie sind und was Sie immer sein werden.

Sie sind schon immer erleuchtet gewesen. Lassen Sie einfach den Glaubenssatz los, dass Sie es nicht sind, und ruhen sie einfach *als das, was ist*. Stellen Sie es nicht in Frage. Berühren Sie es nicht. Ruhen sie einfach nur darin.

Wahrheit ist. Frieden ist. Leben ist.
Sie sind es.

In den Jahren seit jenem ersten »Abschälen« bin ich zu der Erkenntnis gelangt, dass das Loslassen, Wegfallen, »Sterben« ein fortwährender, nie endender Prozess ist. Während Identifikationen, Widerstände, Tendenzen und Gedankenspiele weiterhin von der Gnade konsumiert werden, vertieft sich die Erkenntnis dieser grenzenlosen Gegenwart. Innere Reinigung findet weiterhin statt – nur findet sie jetzt in dem größeren Kontext der Gnade statt: der Gnade der Freiheit.

Erleuchtung ist keine einmalige Erfahrung oder ein Hafen, in dem man schließlich ankommt, sondern ein endloses Sichöffnen in das Unendliche.

In diesem Ozean der Liebe genieße ich nach wie vor Tanzen, Beten, Yoga, Meditation – *nicht* weil sie dazu führen, dass ich so etwas wie »Erleuchtung« erlange, sondern einfach, weil es mich glücklich macht und ich es von Herzen genieße. Ich habe keine Illusionen darüber, dass mir diese Aktivitäten irgendetwas bringen, dennoch macht es Freude, sie auszuführen. ich liebe es, zu singen und zu tanzen – es öffnet das Herz. Es ist mir eine Wonne, still in der freien Natur zu sitzen, wo Meditation ganz natürlich passiert, nach ihren eigenen Gesetzen. Sie ist nicht etwas, das ich formal praktiziere, sondern sie meldet sich einfach als innerer Drang; meine Augen schließen sich, und ich ruhe einfach. Erkenntnisse kommen weiterhin: meine Kundalini-Erfahrungen sind endlos. Nach wie vor finden Erwachung und Öffnung statt. All diese Dinge treten im größeren Kontext des Seins ganz natürlich ein.

Und etwas in mir vertieft sich. Papaji gab mir klare Instruktionen, dass ich – da ich in offenem Bewusstsein ruhte, in ungeborenem Potential – nicht behaupten sollte, irgendwo angekommen zu sein – vor allem nicht in der Erleuchtung, da auch diese Annahme eine Falle ist.

Seien Sie einfach nur zufrieden, in diesem Unbekannten zu ruhen, frei von allen Bezeichnungen, Konstrukten und Ideen.

Im Laufe der Jahre haben mich viele Menschen gefragt: »Sind Sie erleuchtet, Brandon?« Worauf ich nur antworten kann: »Ich weiß es nicht.« Wollte ich darüber nachdenken, müsste ich mir wieder ein Konzept bezüglich Erleuchtung zu Eigen machen – als *jemand*, der *etwas* erlangt hat. Dies alles erscheint viel zu mühevoll und würde nur zu Separation führen. Ich ziehe es vor, in *nichts anderem* als in reinem Bewusstsein zu ruhen. Ich bin zufrieden, im Unbekannten zu weilen. Erleuchtung ist bereits hier: ich muss mich nicht als erleuchtet bezeichnen. Sie leuchtet und strahlt bereits überall. Also können auch Sie in diesem weiten Unbekannten ruhen und jegliche Vorstellungen darüber, was Erleuchtung ist, loslassen. Sie ist nicht etwas, das man schließlich und ein für allemal erreicht – nur ein endloses Sichöffnen in diese unendliche Umarmung.

Die Erleuchtungs-Kontemplation-Selbsthinterfragung

Sie sind bereits frei und vollkommen. Ihre Essenz ist unendlich weit und grenzenlos, und das erleuchtete Bewusstsein, das Sie gesucht haben, ist bereits präsent. Es ruft Sie nach Hause zu sich selbst . . . jetzt, in diesem Moment.

Es gibt nichts, das Sie tun können, um Erleuchtung zu erreichen, also entspannen Sie sich einfach . . . denn sie ist bereits hier . . . Sie ist das, was Sie sind.

Dieser einfache Prozess der Selbsthinterfragung hat zum Ziel, die Lügen darüber, wer wir zu sein *glauben*, zu durchdringen und uns der Wahrheit dessen zu öffnen, was wir *wirklich* sind. Er besteht aus einer einfachen Frage, doch sie ist die machtvollste und tiefgreifendste Frage, die ich kenne, denn sie kann Ihnen eine direkte Erfahrung Ihres unendlichen Selbst geben und Sie veranlassen, die Bezeichnungen loszulassen, mit denen Sie sich im Laufe der Zeit identifiziert haben.

Zu Beginn kann es passieren, dass alle Ihre Rollen und Bezeichnungen als Reaktion auf die Frage ins Bewusstsein schießen. Doch wenn Sie weiterhin offen bleiben und sich hinterfragen, werden schließlich sämtliche alten Identitäten wegfallen, und übrig bleibt ungehindertes Bewusstsein, Freiheit, Ihr wahres *Selbst*.

Die Erfahrung des Selbst macht sich meistens als *nonverbale* Antwort bemerkbar. Sie kommt in Form einer direkten Erfahrung der unendlichen Weite, offener Stille, Grenzenlosigkeit.

Stellen Sie sich die Frage weiterhin und erlauben sie ihr, Sie tiefer in Ihr innerstes Wesen zu ziehen.

Erleuchtetes Bewusstsein ist Ihre ureigene Essenz, und wenn alle Rollen und Bezeichnungen wegfallen, ist diese reine Präsenz alles, was bleibt.

Also suchen Sie sich einen ruhigen Platz, wo Sie ein paar Minuten still und ungestört sitzen können.

Vielleicht möchten Sie ein paar Mal tief einatmen... und langsam wieder ausatmen.... Tief einatmen... und den Atem langsam wieder herauslassen... Langsam einatmen... und wieder ausatmen.

Dann, wenn Sie soweit sind, können Sie Ihre Augen schließen und sich selbst still und weit werden lassen... Ihr Bewusstsein dehnt sich weit nach vorne aus... weit nach hinten... unendlich nach allen Seiten... grenzenlos nach unten... und weit wie der Himmel nach oben.

Ruhen Sie einfach als ein stiller, weiter Ozean des Bewusstseins.

Fangen Sie an, indem Sie sich unschuldig die Frage stellen: »Wer bin ich?« und jeglicher Antwort erlauben, ganz natürlich hochzukommen... Öffnen Sie sich jetzt weiter und fragen Sie erneut: »Wer bin ich?« und bleiben weiterhin offen, um die von Ihnen hochsteigende Antwort direkt zu erfahren.

Fahren Sie fort zu fragen: »Wer bin ich?... Wer bin ich wirklich?«, bis alle Rollen und Bezeichnungen wegfallen... Dann entdecken Sie, was übrig bleibt – dieser weite Ozean des Bewusstseins. Dann wiederholen Sie die Frage... Sie wird anfangen, Sie immer tiefer in diese Grenzenlosigkeit hineinzutragen.

Stellen Sie sich selbst diese Frage so lange, bis alles unendlich weit und grenzenlos ist... Ruhen sie einfach in diesem Ozean... baden Sie darin... Genießen Sie dieses wunderbare Gefühl Ihrer eigenen Präsenz... im unendlichen, grenzenlosen Ozean Ihres eigenen Selbst.

Und wenn Sie bereit sind, können Sie Ihre Augen wieder öffnen.

Freiheit ist bereits hier.
Sie ist das, was Sie sind und was Sie immer sein werden.
Es ist an der Zeit, in der Freiheit zu leben,
die bereits hier ist.
Es ist an der Zeit, das ganze Leben in Gnade zu leben.

Danksagung

Es gibt so viele außergewöhnliche Menschen, die weltweit zur Journey-Arbeit beigetragen haben, dass ich sie hier nicht alle nennen kann. Aber ich möchte an dieser Stelle von ganzem Herzen all diesen wunderbaren Menschen danken, deren tiefe Liebe zu Wahrheit und Heilung sie zu unseren Journey-Seminaren geführt hat. Sie haben sich mit Leib und Seele in die Journey-Arbeit vertieft und danach daran gemacht, dieses Werkzeug der Freiheit und Transformation anderen zugänglich zu machen, um uns zu befreien und uns zu helfen, unser inneres Licht zum Scheinen zu bringen. Ihr seid die Erwecker, die Träger des Lichts, und wir alle stehen in euerer Schuld.

Ich möchte unserem engeren Kreis von Journey-Mitarbeitern danken, die in unseren Büros rund um die Welt unermüdlich arbeiten. Ihr seid ein Vorbild für »begnadete« Arbeit. Euer Dienst an der Lieben zu allen Menschen ist tief beeindruckend. Aus tiefstem Herzen verbeuge ich mich vor euch. Von euch umgeben zu sein und mit euch arbeiten zu dürfen, ist eines der größten Geschenke in meinem Leben. Jeder, der an unseren Seminaren teilnimmt, wird von euch durch Hingabe, Liebe und Integrität beschenkt. Für eure Hilfe und Großzügigkeit kann ich mich nicht oft genug bedanken. Auch wenn ich hier nicht jeden von euch nennen kann, so muß ich doch einige besonders erwähnen, denn ihr bildet den weltweiten Kreis der Heilung, der uns alle zusammenhält.

Ein Dankeschön von ganzem Herzen an alle in unserem Europa-Büro: Gaby, Cliff, Dorret, Denis, Claire, Arnold, Tricia, Michaela, Maarten, Yvonne, Julia, Richard, Sarah, Mike, Nicky, Debs, Joel, Anna-Eva, Karen, Bettina, Joanne, Melanie-Grace, Sian, und die vielen anderen, die bei euch mithelfen.

Im australisch-asiatischen Journey-Team Liebe und besonderen Dank für die Arbeit von Laurie, Katrina, Anné, Mollie, Charlene, Nada, Vanessa, Bill, Phill, Sharon, Satya, Janet, Berislava, Janine, Yollana, Roy, Yantra und die wunderbaren Journey-Practioners, die uns unterstützen.

In Südafrika gilt diese Dankbarkeit Faizel, Lisa und ihren Mitarbeitern sowie Rolene, Lydia und der ganzen Journey-Familie und den akkreditierten Therapeuten, die uns dort die Arbeit ermöglichen.

Für die USA möchte ich Skip, Kristine, Michelle, ihren Mitarbeitern und den Journey-Botschaftern für die USA und Kanada danken, die uns helfen, unsere Arbeit dort bekannt zu machen. Nochmals Dank für eure Hingabe, all die Basisarbeit und eure liebevolle Unterstützung.

In großer Dankbarkeit bin ich allen verbunden, die sich für Journey Outreach einsetzen und die als freiwillige Helfer in den Gettos der Unterpriveligierten arbeiten, wo sie Liebe und Heilung zu jenen bringen, die besonders auf unsere Zuneigung angewiesen sind. Besonderen Dank auch der Leitung von Journey Outreach, die ihre Arbeit selbstlos und engagiert nur für eine dankbares Lächeln verrichtet. Ihr seid Vorbilder für uns alle – Fackelträger für das Licht unseres menschlichen Potenzials und Heiler für die Menschheit. Wir verdanken euch so viel: Carolyn, Debbie, Paul, Phill, Bill, Faizel, Kevin, Gaby und Jan.

Mein Dank wäre nicht vollständig, wenn ich hier nicht besonders auch unsere akkreditierten Journey-Therapeuten einbeziehen würde, die mit ihrer hingebungsvollen Arbeit ihren Patienten und ihrem Umfeld die nötige Hilfe bringen. Ihr seid ein Geschenk für die ganze Welt. Danke für all eure Anstrengungen, unsere Arbeit zu vertiefen und das Öl für die Fackel der Freiheit zu sein.

Danke euch allen!

Persönlich möchte ich hier Dennis Campbell für die Hingabe, Vision, Kraft und Liebe danken, mit der er es geschafft hat, dieses Buch in so vielen Ländern erscheinen zu lassen und damit Tausenden zu helfen, ihren Weg zur inneren Freiheit zu finden. Seine Arbeit ist manifestierte Liebe.

Und Manfred und Susan von InterLicense Ltd., ich weiß gar nicht, wie ich euch für eure Unterstützung, euren Einsatz, euren Sorgfalt und euren Glauben danken soll. Danke. Danke.

Besonders möchte ich auch Michael Görden von den Ullstein Buchverlagen danken für seine liebevolle Unterstützung, den Journey-Prozess nach Deutschland zu bringen. Er ist ein wirklicher Helfer nicht nur für dieses Werk, sondern für alle Bücher, die der Menschheit helfen können und es ist ein Segen, ihn als unseren deutschen Herausgeber zu haben.

Und bei den persönlichen Danksagungen möchte ich schließlich noch einen besonders tiefen Dank aussprechen an Kevin Billett, meinen Lebensgefährten, den Managing Director von Journey International und den eigenlichen Lektor dieses Buches – und aller anderen Journey-Veröffentlichungen weltweit. Dieses Buch wäre ohne deinen scharfen Blick nicht zu dem geworden, was es ist, denn du hast den höchsten Standard für Wahrheit und Integrität immer im Auge behalten. Du hast alles Überflüssige herausgekürzt, bis die einfachen, leuchtenden Wahrheiten erkennbar wurden, die uns erlauben unsere eigene Wahrheit genauso klar zu erkennen. Du bist wirklich ein »begnadeter« Lektor. Das größe Geschenk meines Lebens ist es, an deiner Seite zu sein und den Menschen in Liebe dienen zu können. Deine Liebe zur inneren Freiheit in jedem ist überwältigend und jeder Tag, den ich mit dir verbringen darf, ist ein gesegneter Tag.

Besonders wichtig ist zum Schluss der Dank an meine Lehrer und Meister, die mir ein tieferes Verständnis der Freiheit erschlossen haben, indem sie mich über falsche Konzepte, Lügen und Illusionen hinaus zur allgegenwärtigen Essenz des Lebens geführt haben. Ich verneige mich vor diesen Lehrern, bekannten und unbekannten, deren Arbeit die große Woge des spirituellen Erwachens begleitet, die um unseren Planeten rollt.

Einige von ihnen haben eine besonders wichtige Rolle in meinem persönlichen Leben gespielt. Besonders möchte ich Gurumayi danken, einer Verkörperung der Erleuchtung, deren Gnade in jeder meiner Zellen weiter lebt. Ich danke ihr von ganzem Herzen.

Dir Gangaji, danke ich für deine gewaltige Liebe und Wahrheit und für das Feuer der Freiheit, das deine Gegenwart spendet.

Und Papaji (Poonjaji), ich weiss nicht, wie ich dir gegenüber meine Dankbarkeit ausdrücken soll. Mein Herz fließt davon über. Ich werde nie genug dafür danken können, dass du das Feuer warst, in dem all meine Vorstellungen von mir selbst verbrannt sind, wie du mich von allen alten Konzepten befreit hast, bis ich nirgendwo mehr gebunden war und mich ganz und immer tiefer diesem Ozean der Liebe zu allem öffnen konnte. Jeder meiner Atemzüge ist ein Dankgebet für die Gnade der Befreiung, die ich durch dich erfahren habe.

Endlose Liebe und Dankbarkeit gilt außerdem Ramana Maharishi, der in meinem Herzen lebt, mein Herz ist und die Grundlage meines Seins. Möge deine Gnade auch weiterhin tausenden von Seelen die Freiheit bringen.

Und schließlich geht mein Dank an die unsichtbare Gegenwart der Gnade in unser aller Leben, eine Gnade, die mich zu meinen Lehrern geführt hat und in deren Feuer weiterhin alles Unfreie verbrennt.

Ich bete darum, dass diese Gnade alles überstrahlen wird, was uns verdunkelt, bis nichts und niemand mehr davon übrig ist – nur noch die Gnade des Lebens.

Mögen wir alle in Freiheit und Gnade zueinander finden.

Weitere Informationen zur Arbeit von Brandon Bays

Vielleicht hat dieses Buch Ihr Interesse an der Arbeit von Brandon Bays geweckt und Sie haben den Wunsch, Ihre emotionalen Probleme in einem tiefergehenden Prozess aufzuarbeiten.

Brandon bietet über 44 Wochen im Jahr Seminare an, die von The Journey Seminars Ltd. organisiert werden. Wenn Sie mehr über die Autorin und ihre Arbeit erfahren wollen, wenden Sie sich bitte an ihre Niederlassung in Europa:

The Journey Seminars Ltd.
P. O. Box 2
Cowbridge, CF71 7QP
United Kingdom

oder rufen Sie an unter : 0044/1656/890 400
(unter dieser Nummer erreichen Sie auch deutschsprachige MitarbeiterInnen von Brandon Bays).

Sie können auch ihre Website besuchen:
www.thejourney.com
(auf der Homepage gibt es den Zugang zu einer deutschsprachigen Version)

oder Ihre Anfrage an folgende Emailadresse richten:
infoeurope@thejourney.com
Anfragen in deutscher Sprache
michaela@thejourney.com

Journey-Seminars unterhält Büros in Großbritannien, Australien, Südafrika und den USA. Kontaktinformationen für jedes Büro finden Sie auf unserer Website.

Journey Outreach

Journey Outreach ist eine gemeinnützige Organisation, die sich aus der Journey-Arbeit entwickelt hat. Sie wurde 2004 von einer Spendergruppe ins Leben gerufen, die in Südafrika ein Journey Center einrichtete, in dem Kinder und Jugendliche, die AIDS oder Drogenproblemen haben oder unter Gewalt- oder Missbrauchs-Traumata leiden, kostenlose Hilfe zu Heilung, Freiheit und Liebe erhalten. Inzwischen ist aus dieser Idee eine weltweite Organisation entstanden, die aus den Spendeneinahmen soziale Programme in Südafrika und Botswana unterstützt, mit Aborignes-Schulen und -Gruppen in Australien arbeitet und einer Maori-Schule in Neuseeland.

Journey Outreach wird von einer acht ehrenamtlichen Direktoren aus Australien, Neuseeland, Großbritannien, Österreich und Südafrika geleitet und hat eine hauptamtlichen Sekretär. 2005 wurden wir international als gemeinnützig anerkannt. Der Sitz ist in Australien. Sobald es unsere Spendeneinahmen erlauben, wollen wir weitere Programme in anderen Ländern unterstützen.

Das Ziel von Journey Outreach ist die Arbeit mit dem Journey-Prozess und seine Heilmethode unentgeltlich unterprivilegierten Bevölkerungsgruppen insbesondere in Entwicklungsländern zugänglich zu machen. Der besondere Fokus von Outreach liegt bei der Heilungsarbeit mit Kindern und Jugendlichen, die wir direkt oder über andere gemeinnützige Hilfsorganisationen ansprechen. Darüber hinaus unterstützen wir freiwillige Helfer, die mit diesen Kindern arbeiten und entsprechende humanitäre Organisationen. Diese Unterstützung soll gezielt Siedlungen und Gemeinde an sozialen Brennpunkten zu gute kommen, die über geringe Mittel verfügen. Neben Spenden wird unsere Arbeit von der persönlichen Hilfe vieler Freiwilliger aus aller Welt getragen, die die Ärmeln aufrollen und selbst mit anpacken, um den Journey-Prozess und die Journey-Arbeit unentgeltlich allen zugänglich zu machen.

Zu Beginn des Jahres 2006 erhielt Journey Outreach ein Stück Land mit verlassenen Farmgebäuden in Soweto, der größten Township von Südafrika mit über drei Millionen Einwohnern. Wir sammeln jetzt Spenden, um die Gebäude in Stand zu setzen, damit dort ein Outreach-Zentrum entstehen kann. Unsere Vorstellung ist, dass in diesem Zentrum akkreditiere Journey-Therapeuten unentgeltlich arbeiten. Kinder ab 5 Jahren und ihre Betreuer bis hin zu Jugendliche in den Zwanzigern sollen dort Beratung und Heilung finden. Dazu soll ein Ausbildungszentrum entstehen, in dem Jugendliche selbst Journey-Therapeuten werden können und einen Beruf erlernen. Diese Einrichtung hat die volle Unterstützung der Selbstverwaltung von Soweto und wird von der Township dringend gebraucht.

In Alexandra, einer Township in Johannisburg, haben wir ein Team von Waisen-Betreuern ausgebildet, die so über 500 Kindern in ihrer Pflege den Journey-Heilungsprozess zugänglich gemacht haben. Durch die Unterstützung von Journey Outreach und die freiwillige Mitarbeiter zahlreicher Journey-Therapeuten erhalten diese Kinder inzwischen regelmäßige Mahlzeiten und medizinische Versorgung. Seit die Kinder an der Journey-Arbeit teilnehmen, hat sich ihr verängstigtes und verschlossenes Wesen dramatisch verändert. Sie sind zu offenen, selbstsicheren und freundlichen Persönlichkeiten geworden. Ihre Gesundheit hat sich verbessert, ihr Gewicht zugenommen – es ist eine Freude diese Entwicklung begleiten zu dürfen. Südafrika erwies sich auch als der Auslöser für die Einführung des Journey-für-Kinder-Programms als Teil der Schulbetreuung. (Ein Buch zu diesem Programm ist in deutscher Sprache unter dem Titel The Journey für Kinder erschienen, KOHA Verlag 2005.) In einer Studie der Universität von Durban, die durch Outreach unterstützt wurde, wird festgestellt, dass Schulkinder die einmal in der Woche als Teil der Schulzeit am Journey-Prozess teilgenommen haben, eine Verbesserung sowohl ihrer schulischen Leistung als auch ihrer sozialen Fähigkeiten zeigen: schnellere Auffassungsgabe im Unterricht, bessere Noten, besserer Umgang mit Klassenkameraden und Familienangehörigen und größeres Vertrauen in ihr Leben und ihre Zukunft.

Dieses Schulprogramm findet nun immer größere Verbreitung. Neben den Schulprojekten, die vom der Cape-Town-Schulbehörde fortlaufend in jweils Gruppen von zehn Schulen eingeführt und umgesetzt werden, wird die Journey-Arbeit inzwischen von Schulen in Namibia, Botswana, Australien, Neuseeland und in Europa angewender. Outreach unterstützt Lehrer und Schulbehörden dabei die Journey-Arbeit in die Curricula aufzunehmen und so das Potential von Kindern in aller Welt zu steigern.

In Ceduna, einer australischen Gemeinde, in der fast ausschließliche Aborigines leben, widmet sich Outreach einem weiteren wichtigen sozialen Projekt. Die Probleme dieser Gemeinde bestehen aus Alkoholabhängigkeit, Drogensucht, häuslicher Gewalt und verbreiteter schlechter Gesundheit. Seit das Journey-Programm dort eingeführt wurde, berichte der Gemeinderat und die Sozialarbeiter von einer schnell einsetzenden positiven Entwicklung. Outreach bildet zu Zeit für diese Gemeinde 100 soziale Helfer in der Journey-Arbeit aus, um den Aborigines dort Würde, Heilung und Selbstbefreiung zu geben.

Wenn Sie mehr über die Arbeit von Journey Outrech erfahren oder sich mit einer Spende beteiligen wollen, nehmen Sie bitte Kontakt mit uns aus unter: *info@journeyoutreach.com*

Wir freuen uns, von Ihnen zu hören.

Das Einführungsbuch für jeden – der EFT-Bestseller von Erich Keller

Emotional Freedom Techniques (EFT) ist eine völlig neuartige, einfach zu erlernende Methode, mit der man sich selbst von Phobien, psychosomatischen Schmerzen, Depressionen, inneren Zwängen und Beziehungsproblemen befreien kann. Durch Affirmation und das rhythmische Berühren bestimmter Akupressur-Punkte verlieren sich alle Arten von inneren Blockaden mit ein bis zwei Anwendungen in wenigen Minuten.

ERICH KELLER
Endlich frei! Mit EFT
€ 7,95 · 160 Seiten
ISBN: 978-3-548-74278-6

ERICH KELLER
Endlich frei in der Partnerschaft
Geb. € 16,– · 182 Seiten
ISBN: 978-3-7934-2016-3